◎司法部国家法治建设与法学理论研究专项任务
◎山西省软科学重点项目（2019042012-3）
◎山西省哲学社会科学规划课题（2020YJ166）
◎山西省高等学校哲学社会科学研究项目（2020W133）

YONGNENGQUAN JIAOYI ZHIDU YANJIU
LILUN CHANSHI YU FAZHI GOUJIAN

用能权交易制度研究
理论阐释与法制构建

王文熹 ◎ 著

知识产权出版社
全国百佳图书出版单位
—北京—

图书在版编目（CIP）数据

用能权交易制度研究——理论阐释与法制构建／王文熹著.—北京：知识产权出版社，2022.4

ISBN 978-7-5130-8079-8

Ⅰ.①用… Ⅱ.①王… Ⅲ.①能源管理—研究 Ⅳ.①F206

中国版本图书馆 CIP 数据核字（2022）第 033815 号

内容简介

用能权交易制度是建设生态文明的一项制度安排，其不仅事关经济发展问题，也涉及相关法律制度的不断完善。本书遵循"理论基础—经验借鉴—制度构建"的思路，在对用能权交易的基本理论进行全面剖析的基础上，对我国用能权交易试点的现状及存在的问题进行了系统梳理，并对国外节能量交易实践进行分析和总结。本书通过把国内外用能权交易的理论与实践进行系统集成分析，力图在一定程度上解决我国用能权交易法律制度建设的问题，并对一些理论上的难点问题进行探索研究。

责任编辑：徐　凡　　　　　　　　责任印制：孙婷婷

用能权交易制度研究——理论阐释与法制构建
YONGNENGQUAN JIAOYI ZHIDU YANJIU——LILUN CHANSHI YU FAZHI GOUJIAN
王文熹　著

出版发行：**知识产权出版社** 有限责任公司	网　址：http://www.ipph.cn
		http://www.laichushu.com
电　话：010-82004826	
社　址：北京市海淀区气象路 50 号院	邮　编：100081
责编电话：010-82000860 转 8533	责编邮箱：laichushu@cnipr.com
发行电话：010-82000860 转 8101	发行传真：010-82000893
印　刷：北京中献拓方科技发展有限公司	经　销：新华书店、各大网上书店及相关专业书店
开　本：720mm×1000mm　1/16	印　张：15.75
版　次：2022 年 4 月第 1 版	印　次：2022 年 4 月第 1 次印刷
字　数：250 千字	定　价：78.00 元

ISBN 978-7-5130-8079-8

前　言

　　能源资源是人类生存和发展的物质基础。随着社会的发展，能源资源的稀缺性、区域性等特征导致能源供需矛盾日益加剧、生态破坏问题日益尖锐。现实社会中能源资源的低效利用现象屡见不鲜，如何实现能源资源的公平分配与高效利用已经成为可持续发展道路上的一个难题。随着国内外排污权交易和碳排放权交易的成功实践，目前已经出现了在总量控制的框架下，企业借助价格信号和市场调节机制，以边际成本最小化的方式控制污染物和温室气体排放的举措。由此，以市场交易和经济激励为特征的第二代环境规制被广泛运用于排污权、碳排放权、用能权等环境权益领域。相比以命令和控制为特征的第一代环境规制，以市场机制为核心的第二代环境规制被誉为一种"人为创建市场"的资源环境管理工具，其核心就是将资源环境外部性问题内部化。

　　作为一种政策驱动下的变革，用能权交易意指政府设定用能权指标总量并按规则将其分配给纳入用能权交易体系的用能单位，用能单位可依法在市场中自由进行指标交易，但必须在履约期限之前根据审查核定的实际能源消费量按时、足额向政府缴纳相应的指标数量，以确保其能源消费不超过其获取的用能权指标数量。由于用能权指标可以作为有价资源在用能单位之间进行有偿转让，所以当用能单位的技术改进成本低于用能权指标的价格时，用能单位就可以从交易中获益。这种在交易过程中形成的价格机制不仅对节能减排具有持续性的激励作用，而且可以内化能源资源利用时产生的负外部性。用能权交易市场由一级市场和二级市场构成。一级市场主要涉及用能权指标总量控制和指标初始分配制度；二级市场则是指用能权指标供需双方进行指标交易的场所和相关交易行为的总和。用能权交易制度试图在经济发展与生态环境保护之间形成一种社会可接受的平衡，以实现经济效率与生态环境、市场利益、社会利益之间的均衡。在用能权交易的两级市场设计中，政府规制与市场化运作相互衔接与配合，构成一种"公共目的私人运作"的复合制度安排。这种设计一方面印证了现代经济分析法学倡导的行政机制让渡于社会机制的新视野、新主张，另一方面沿袭了环境资源保护领域公法和私法良性互动的融合趋势，形成在行政规制主导下多种协调机制并存的法律调控模式。

用能权交易制度作为生态文明建设背景下的一项现实制度安排，需要法律与政策的共同规制以应对复杂多元的治理问题。现代规制国家中，公共政策大量涌现，政府对经济与社会的干预无处不在，具有价值导引和行为规范功能的公共政策已经全面渗入了人们的社会生活，同时也不断地向法律渗透。针对这种现状，各种政策工具的试验都是一种有益的尝试，都具有暂时的正当性。而法律作为所有制度中最具反思能力的社会建制，具备增强各种社会制度相互反思、相互规训的能力，有能力承担起构建一个健康的用能权交易市场的重任。因此，应将用能权交易市场的构建纳入法制的边界内，在充分汲取公共政策的价值与养分用以实现自我完善的同时，也为市场主体提供确定性和权威性的法律框架，并约束政府权力和保护用能权主体权益，使用能权成为可排他、可确定、可交易的权利进而走向市场。

用能权交易制度不仅是重要的经济发展问题，还涉及与其相关的法律制度不断完善等重要法学问题。换言之，政策驱动下的用能权交易市场一方面体现了政策较强的导向性和较高的灵活性，另一方面也凸显出我国对用能权交易市场进行系统性法律规制以有效实现制度目标的必要。本书在归纳、总结和提炼用能权交易已有成果的基础上，综合运用经济学、社会学和法学等不同学科的基础理论，对用能权交易制度的基本原理做了深入分析和探讨，在此基础上系统地提出了构建用能权交易法律制度的思路和建议。

本书共6章。第1章是用能权交易制度的产生背景，主要对我国能源消费的现状与趋势、节能政策的演进与趋势及用能权交易制度的形成等作了简要介绍，为后续的理论分析奠定了基础。第2章是用能权交易制度的本体指向，在分析用能权的概念和法律属性的基础上对用能权进行了界定，并从狭义、中义、广义的角度分析和解读了用能权交易的概念及制度构成。第3章是用能权交易制度的理论基础，从经济学、社会学、法学等层面分析用能权交易的理论基础，探寻用能权交易制度的基本原理、运行机理和价值追求，为用能权交易法律制度的构建提供了理论前提。第 4 章是用能权交易制度的应然与实然，一方面根据前述理论从应然层面构建了用能权交易制度的范畴体系，另一方面从实然层面对我国各试点地区在用能权交易实践中取得的成就和存在的问题进行了全面的实证研究。第 5 章是国外节能量交易制度的比较与启示，通过分析欧盟和美国的节能量交易立法与实践，为我国用能权交易制度的构建提供有益借鉴。第 6 章是我国用能权交易法律制度的构建，其建立在前 5 章内容的基础上，特别是在第 4 章有关我国试点地区用能权交易实践的实证分析的基础上，从总体思路、一级市场、二级市场、市场监管四个方面有针对性地提出了构建我国用能权交易法律制度的合理性建议。

我国的用能权交易制度正处于试点探索和发展阶段，需要研究和解决的新问题和新挑战仍然很多。本书对我国用能权交易制度进行了系统的研究，在构建用能权交易法律制度的理论方面进行了探索，提出了一些创新性研究成果。用能权交易市场是一种特殊的市场，需要依法对用能权交易秩序及其相关活动进行监管。任何法律都是通过规范行为实现其价值目标的，故而法律规范的要素结构是其范式的核心。不论是传统规范模式下以构成要件和法律后果为要素的规制模式还是反身法规制范式下以组织规范、程序规范、权限规范和沟通规范为要素的规制模式，其都是用能权交易法律制度构建中不可或缺的一部分。其中，反身法规制范式下用能权交易法律制度的构建是一种反思型的、强调自我规制的法律治理路径，其既强调规制依据的规范性，又强调多元主体参与的法律权威分享性，能够有效回应用能权交易制度的内生需求，与用能权交易制度所体现的"公共目的私人运作"理念相契。因此，在构建和完善用能权交易法律制度的过程中，可以充分吸收反身法的理论内核所提供的养分，使用能权交易法律制度逐步完善并发挥其应有的实际效能。

虽然本书部分章节的内容已在国内核心学术期刊公开发表，但是，作者在书中的诸多观点远未成熟，势必存在诸多疏漏和不足之处，敬请各位专家学者和同仁批评指正。

目　　录

第1章　用能权交易制度的产生背景

能源是保障经济社会发展和人民生活的重要物质基础，能源消费对经济的增长和生态环境的保护具有不同程度的影响。在不同的历史时期，我国能源政策呈现不同的侧重点，总体上表现为从保障能源供给为主向节能、提高能效、优化能源结构等可持续发展的方向转化。用能权交易制度的产生与我国的能源消费趋势、能源发展战略和节能政策等密切相关。因此，对我国的能源消费趋势、能源发展战略和节能政策进行分析有助于更好地了解用能权交易制度，为后续有关用能权交易制度的理论分析奠定基础。

1.1　我国能源消费的现状与趋势

1.1.1　我国能源消费的总量、行业及结构特征

2010—2019 年，我国能源消费总量持续增长，但增速总体呈下降趋势（见图 1-1）。据《中国能源革命进展报告（2020）》和《中国能源发展报告 2020》显示，2019 年，我国能源消费总量达 48.6 亿吨标准煤，同比增长 3.3%。其中煤炭消费量增长 1.0%，原油消费量增长 6.8%，天然气消费量增长 8.6%，电力消费量增长 4.5%。我国调整优化能源消费结构成效显著，清洁低碳仍为结构调整的主力方向。2019 年，我国非化石能源消费达 7.4 亿吨标准煤，同比增长 12.1%，约占世界非化石能源消费总量的 22.7%，位居世界首位，已超额完成占比 15% 的目标。2019 年，我国单位国内生产总值（Gross Domestic Product，GDP）能耗较 2015 年下降 12.9%（以 2015 年价格计算，约为 0.55 吨标准煤/万元），能效实现稳步提升。但是，我国单位 GDP 能耗相对于国际先进水平仍然较高，为发达国家的 2~3 倍，为世界平均水平的 1.4 倍。

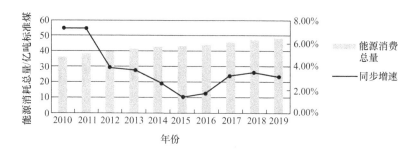

图 1 - 1　2010—2019 年我国能源消费总量及同比增速

数据来源：中国统计年鉴

我国能源消费具有工业集中和行业集中的特点（见图 1 - 2）。由于能源是工业部门的"粮食"，所以这必然决定了工业部门有较高的能源消耗量。2018 年，我国工业部门约消费 311 151 万吨标准煤，占能源消费总量的 65.93%。与经济合作与发展组织（Organization for Economic Co-operation and Development，OECD）国家工业、交通、建筑约各占 1/3 相比，我国能源消费中工业消费比重过高，工业能源消费仍占主导地位。能源消费在工业中的行业集中度很高，其中，占全部能耗总量比重超过 5% 的细分行业有五个，分别为黑色金属冶炼和压延工业、化学原料和化学制品制造业、非金属矿物制品业、电力热力的生产和供应业、石油制品炼焦业。这些行业具有高能耗、高污染的特点（张倩倩，2018）。

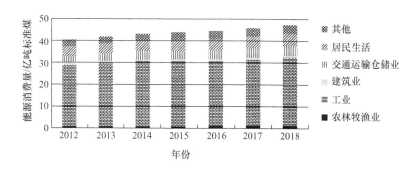

图 1 - 2　2012—2018 年我国各行业能源消费量

数据来源：中国统计年鉴

我国能源消费结构具有"高碳"和"非均衡"的特点。目前，此特点已趋于改善，逐渐向清洁低碳方向转变（见图 1 - 3）。由于我国能源消费结构长期以煤为主，非煤能源比例较低，所以能源消费子系统存在非均衡性。随着煤炭消费比例的逐步下降，天然气和一次电力及其他能源消费比例的逐步增加，能源消费结构不断优化，呈现出多元化发展的趋势，我国能源结构均衡度整体呈上升状态。根据《中国能源革命进展报告（2020）》和《中国能源发展报告2020》显示，2019 年，我国煤炭消费占能源消费总量比重为 57.7%，比 2015 年下降 6 个百分点；非化石能源和天然气等清洁能量是能源消费增长的主要拉动力，天然气、水电、核电、风电等清洁能源消费量占能源消费总量比重为 23.4%，同比提高了 1.3 个百分点，非化石能源占能源消费总量比重为 15.3% 比 2015 年提高了 2 个百分点，已提前实现到 2020 年非化石能源消费比重达到 15% 左右的目标。

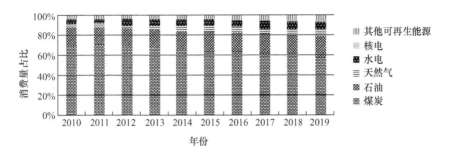

图 1 - 3　2010—2019 年我国能源消费结构变化

数据来源：中国统计年鉴，中国能源统计年鉴

1.1.2　我国的能源发展战略

能源问题是关系国家经济社会发展的全局性、战略性问题，对国家繁荣发展、社会长治久安、人民生活改善至关重要。经过多年发展，我国能源发展的主要矛盾已经由建国初期的能源短缺问题转变为传统能源供给能力总体过剩、能源结构不合理和传统能源发展对生态环境的破坏等问题。作为最大的能源消费国，我国要实现能源的清洁、低碳、安全、高效发展，不仅任务艰巨且责任重大，挑战与机遇并存（吕涛等，2019）。党的十八大以来，以习近平同志为核心的党中央高度重视能源问题，特别是习近平总书记关于能源革命的重要论述为中国特色能源发展道路指明了方向。

2014 年 6 月 13 日，习近平总书记在主持召开中央财经领导小组第六次会议时指出，面对能源供需格局新变化、国际能源发展新趋势，为保障国家能源安全，必须推动能源生产和消费革命，并就推动能源生产和消费革命提出了 5 点要求：推动能源消费革命，抑制不合理能源消费；推动能源供给革命，建立多元供应体系；推动能源技术革命，带动产业升级；推动能源体制革命，打通能源发展快车道；全方位加强国际合作，实现开放条件下能源安全。这一论述是我国顺应世界能源变革大势的战略选择，标志着我国能源发展进入了新时代。习近平总书记的"四个革命、一个合作"是一个有机整体，其中，节约能源、提高能源利用效率和经济产出效益是能源消费革命的核心内容和关键对策；推动能源体系的清洁化和低碳化，以多元化能源结构保障能源供应安全是我国能源生产革命的战略目标和根本途径；技术创新是推动能源生产和消费革命的重要支撑；能源体制革命是实现能源生产和消费革命的根本保障；全方位加强国际能源合作是对新形势下企业走出去战略的综合部署（何建坤，2015）。

2016 年，国家发展和改革委员会（以下简称国家发展改革委）和国家能源局联合印发《能源发展"十三五"规划》（以下简称《规划》）。《规划》提出要对能源消费总量和能耗强度实施"双控"，从根本上扭转能源消费粗放增长方式，并要求 2020 年煤炭消费在一次能源消费中的比重降到 58％以下，非化石能源与天然气等低碳能源的联合占比要达到 25％以上。2017 年，国家发展改革委和国家能源局联合印发《能源生产和消费革命战略（2016—2030）》（以下简称《战略》）。《战略》在《规划》的基础上进一步提出了我国能源发展的短、中、长期目标，到 2020 年，实现能源消费总量控制在 50 亿吨标准煤以内，煤炭消费比重进一步降低，非化石能源占比 15％；到 2030 年，能源消费总量控制在 60 亿吨标准煤以内，非化石能源占能源消费总量比重达到 20％左右，新增能源需求主要依靠清洁能源来满足，单位 GDP 能耗达到目前世界平均水平；到 2050 年，能源消费总量基本稳定，非化石能源占比超过一半。由此可见，在"十三五"及中长期规划中，尽管我国能源需求仍将增长，但供给相对宽松，能源发展的核心是提升发展质量和效益，构建清洁低碳、安全高效的能源体系，即中国能源发展的核心目标已从"扩能保供"转变为"提质增效"（杜祥琬，2017；田磊等，2018）。

为实现经济效率与环境效率双提升的宏观管理目标，我国的能源战略或能源政策实际上存在双目标导向，即在增加经济效益的同时获得环境效益。"十三五"以来，我国加快推动能源消费结构调整，持续推进"四个革命、一个合作"的能源安全新战略，能源宏观管理取得了一系列显著成效。然而，新冠肺炎疫情后全球政治经济格局发生重大变化，中国能源革命也面临进一步的挑战。例如，随着新型能源消费方式、新业态的陆续涌现，继续深入推进节能减排的难度加大、不确定性增加；区域协调发展与能源高质量发展的预期增强，能源供给安全压力日趋增大；能源技术仍与绿色发展要求存在差距，关键核心技术面临瓶颈制约；能源体制机制改革进入深水区，市场化改革阻力仍然较大；国际能源格局的深度调整，国内疫情防控常态化与经济高质量发展等多重压力，使得能源领域高水平开放的难度有增无减。当然，这些挑战也为我国迎来了历史性的发展机遇。从"十四五"开始，我国将致力于构建国内国际双循环相互促进的新发展格局，推动实现碳中和的目标；通过加快能源革命，以科学的供应满足合理的需求；持续优化区域能源布局，谱写能源高质量发展的新篇章（《中国能源革命进展报告（2020）》）。

1.2　我国节能政策的演进及趋势

由于能源的节约比开发更具有显著的节约资源、改善环境的效果，具有明显的成本优势（何建坤，2015），因此面对当前世界范围内的资源和环境制约，节能和提高能效被各国提到首要战略地位，节能政策已成为世界上绝大多数国家应对能源供应紧张和保障能源安全的重要举措之一（史丹等，2015）。习近平总书记曾指出，要把节能贯穿于经济社会发展的全过程和各领域。在节能和提高能效正在发挥着"第一能源"重要作用的今天（徐强，2019），分析改革开放以来我国节能政策的演进过程和发展趋势，不仅对我国绿色发展目标的实现具有重大战略意义，而且可以为进一步梳理我国用能权交易政策的产生背景和分析用能权交易制度的本质奠定深厚的理论和实践基础。

1.2.1　改革开放以来我国节能政策的演进过程

节能政策是政府为了缓解能源、资源的有限性与人类对物质财富追求的无限性之间的矛盾，综合运用行政、经济、法律等调整手段，以节约能源消耗为目的而制定的一系列行为规范和行为准则（胡红，2019）。改革开放以来，我国经历了40余年的经济高速增长，取得了举世瞩目的伟大成就，据2019年《新中国成立70周年经济社会发展成就系列报告》显示，1979—2018年我国不变价GDP年均增长率为9.4%，远超世界平均增速（2.9%），我国GDP在世界经济版图中的分量也越来越重，从1.8%提高至16%，充分向世人展示了中国的崛起。然而，持续快速的经济增长使得我国很多地区的资源环境承载力接近极限，生态环境严重恶化，面临着前所未有的严峻挑战。为推进经济社会发展和保护生态环境，我国政府不断加强对节能工作的领导，从无到有、从简单到完善逐渐建立起一整套节能管理体系，取得了巨大成效。依据我国经济体制改革的推进和经济发展阶段的变化，我国节能政策的演进过程大致可以分为以下三个阶段。

1. 以行政指令性节能政策为主的起步阶段（1978—1989年）

改革开放初期，指令性节能政策占据主导地位。在这一时期，由于经济建设规模的扩大和建设速度的加快，能源供应出现全国性短缺，面对能源消费紧张，特别是电力供应紧张局面对经济发展的制约，1980年第五届全国人大第三次会议首次正式将节能工作纳入国家宏观管理，明确节能管理的战略地位，从而确立了节能这一宏观社会发展目标（吴滨等，2018）。

1980—1982年，国务院颁布节能指令并通过指令形式直接管理经济事务，由此逐步建立起节能管理体制机制，包括全面将节能管理纳入发展规划、设立专门的节能管理机构、建立节能工作会议制度、研究节能法律法规与方针政策、成立节能技术服务中心等（赵晓丽，2010）。例如，1979年国务院转发了国家计划委员会《关于提高我国能源利用效率的几个问题的通知》，该通知对我国在能源利用效率方面提出了具体规定。1980年，国务院批转国家经济委员会、国家计划委员会《关于加强节约能源工作的报告》和《关于逐步建立综合能耗考核制度的通知》，自此，节能作为一项专门工作被纳入国家宏观管理范围。1980—1982年，我国政府先后发布了《国务院关于压缩各种锅炉和工业窑炉烧油的指令》《国务院关于节约成品油的指令》《国务院关于节约用电的指令》《国务院关于节约工业锅炉用煤的指令》和《国务院关于发展煤炭洗选加工合理利用能源的指令》等 5 个节能指令，这些政策举措有力地支持和推动了当时的节能工作。1982 年，为促进地区能源节约和环境保护，由我国政府、法国政府和联合国开发计划署共同在北京设立具有独立法人资格的事业单位——北京节能环保中心，这是我国首家从事节能环保综合性工作和承担政府委托职能的专业机构，标志着节能在我国作为一个独立的行业进入社会生产领域。同年，中国能源研究会在借鉴国内外经验的基础上，在《中国能源政策研究报告》中首次提出制定节能法的建议。1984 年，国家计划委员会、国家经济委员会和国家科学技术委员会组织制定和发布了《中国节能技术政策大纲》，对推动我国节能降耗工作，引导各行各业节能技术开发、示范和推广，促进节能技术进步发挥了积极作用。1986 年 1 月 12 日，国务院颁布了我国第一部综合性节能法规《节约能源管理暂行条例》[1]，该条例一方面从国家对能源实行开发和节约并重的方针出发，为实现合理利用能源、降低能源消耗，从各方面和环节规定了节能的措施，另一方面也对国务院和地方各级人民政府如何部署、协调节能工作做出了明确的分工。总之，该条例的发布是我国节能法律法规建设中的一个重要里程碑，既是我国开展各项节能工作的法律依据，又为 1997 年《中华人民共和国节约能源法》的出台奠定了基础，对我国节能工作的进一步开展起到了巨大的推动作用（邱立新等，2016）。

这一阶段我国节能政策的演进特点主要表现为以行政指令性政策为主，财政激励性政策为辅。由于改革开放以来我国能源需求逐渐步入"起飞"阶段，能源供不应求，所以节能政策的目标重点在于鼓励企业节能技改，提高能源供应水平，即通过一些强制性的行政手段对高耗能行业进行一定程度的限制，以缓解能源供求矛盾。随后，政府通过制定特定领域的节能奖励办法、实行税收优惠与补贴、对节能贷款给予低利率优惠等财政政策激励企业对节能工艺、技术的投资，初步取得了一定的成效。特别是 20 世纪 90 年代前后，随着我国经济体制改革方向逐渐明确，节能政策市场化的端倪初现，国家政策整体上处于

---

[1]　该条例已于 1997 年 11 月 1 日失效。

向市场化节能政策过渡的准备时期（吴滨等，2018）。

2. 市场化节能政策的导入阶段（1990—2000 年）

这一时期，伴随着我国社会主义市场经济由确立到逐步建立，市场化节能政策逐渐导入。党的十四大以后，我国经济社会发展进入新阶段，社会主义市场经济逐步建立，非公有制经济迅速发展。由于这一时期国内经济发展正处于上升阶段，能源的开发利用在社会生产中基本属于粗放式，政府对节能减排工作处于认识逐步加深、观念逐渐改变、管理水平逐渐提升、节能科学发展观念逐渐树立的引导阶段，系统健全的法规政策机制和强有力的长效工作措施正在逐步形成和完善。

例如，为了加强对节约能源的宏观管理，促进节能降耗和提高经济效益，原国家计划委员会于 1990 年出台了《节约能源监测管理暂行规定》，依据国家有关节约能源的法规和技术标准，对能源利用状况进行监督和检测。1995 年，国务院批准了国家计划委员会、国家科学技术委员会、国家经济贸易委员会共同制定的《新能源和可再生能源发展纲要 1995—2010》，提出了我国能源建设应遵循的基本原则，即节约能源、提高能源利用效率、尽可能地用洁净能源替代高含碳量的矿物燃料等。同时，为了推动全社会节约能源、提高能源利用效率、保护和改善环境、促进经济社会全面协调可持续发展，我国从 1995 年起开始制定《中华人民共和国节约能源法》，并于 1997 年 11 月 1 日经全国人大常委会审核通过。《中华人民共和国节约能源法》的公布和实施确定了节能在中国经济社会建设中的重要地位，用法律的形式明确了"节能是国家发展经济的一项长远战略方针"，为中国的节能行动提供了法律保障。以此为依据，各省市开始制定相关实施办法、配套实施方案与条例，相关法律法规在一些具体行业中开始实施，如铁路行业、交通行业、建筑行业等，节能法治化建设大幅推进（王衍行等，2012）。1998 年起，我国开始推行节能产品认证制度，其标志便是中国节能产品认证管理委员会于 1999 年 2 月 11 日出台的《中国节能产品认证管理办法》，该办法明确了"节能产品"的定义。1999—2000 年，国家经济贸易委员会及相关部门依次颁布了《重点用能单位节能管理办法》和《节约用电管理办法》等相关配套法规，在《中华人民共和国节约能源法》的统摄下，我国节能法律法规体系逐渐完善，这对我国节能工作向纵深发展起到了重要的推动作用。

与此同时，市场化节能政策工具在法治化与标准化制度的基础上得到逐步导入和推进。例如，各级政府通过增值税、消费税减免以及免征关税等税收优惠以鼓励节能，通过财政金融等扶持方式支持节能技术研发等。总体而言，随着我国财税与金融体制市场化改革不断深入，政府的财税政策更加广泛而灵活，经济激励政策的应用更为广泛，节能标准化建设得到大幅推进，节能法律法规逐渐丰富和完善（吴滨等，2018）。

3. 节能政策的组合推进和体系构建阶段（2000—2020年）

2000—2020年，我国的节能政策体系经历了从"十五"到"十三五"四个完整的"五年规划"。这一时期，我国的工业化和城镇化快速发展，宏观经济体制改革加快，经济发展面临产业结构转型升级的新任务，以往粗放式的工业发展所带来的环境污染和生态破坏问题日益凸显。同时，随着国内经济持续高速发展，在资源环境约束趋紧、气候变化国际谈判形势较为严峻的背景下，我国的能源结构矛盾日渐加剧。为有效应对这些问题和矛盾，我国确立了以优化能源供给与消费结构为核心的能源政策，并通过行政规制、经济激励、法律调整等多种方式对节能工作进行了健全和完善，取得了显著的效果（吴滨等，2018）。特别是党的十九大以来，以生态文明建设的总体指导思想为引领，面对生态文明建设和国家能源安全的更高要求，节能政策继续深入并朝着构建节能政策体系、加强政策系统性和协同性的方向发展（张国兴等，2018）。

1）"十五"时期是以淘汰落后产能为主的组合政策形成阶段

这一时期，由于我国经济运行主要依靠投资驱动，出现了货币信贷投放过快，煤电油供应紧张等问题，因此，本阶段节能工作的主要任务是缓解能源供应紧张的状况。一方面，政府采取了紧缩性宏观经济政策以规范高耗能行业建设行为，通过颁布一系列政策文件重点淘汰了一批高耗能、高污染和不符合安全生产条件的落后生产能力。另一方面，2004年，《节能中长期专项规划》这一节能工作指导性文件的颁布标志着我国的节能工作从粗放式管理进入精细化提升和完善的新阶段，迈出了我国节能管理工作向科学化转变的第一步。这一规划也成为了"十一五"乃至今后相当长时期指导节能工作的纲领性文件，为节能政策体系的健全和完善奠定了基础。另外，政府也在实施能源效率标识制度、开展清洁生产审核及清洁发展机制的项目运行方面进行了探索。例如，2004 年国家发展改革委联合国家质检总局发布了《能源效率标识管理办法》，首次对节能潜力大、使用面广的用能产品实行统一的能源效率标识制度（胡红，2019）。

2）"十一五"时期是以节能目标责任考核为主的多种节能政策组合推进阶段

这一时期，由于受到粗放式经济增长下的"先污染、后治理"这一传统思想的广泛影响，各地政府对节能工作的重要性认识不足，特别是在淘汰落后高耗能生产能力和设备方面对中央政策的贯彻执行力有待进一步强化。因此，本阶段节能工作的当务之急是统一思想认识，从顶层设计上将节能减排规划与节能目标任务分解考核机制相结合，确保淘汰落后产能规划及节能减排约束性目标的顺利实现（胡红，2019）。

2006 年，"十一五"规划纲要首次提出施行节能目标责任考核评价制度，将规划期内单位 GDP 能耗降低 20％、主要污染物排放总量降低 10％作为约束性指标，进一步明确政府要通过合理配置公共资源和有效运用行政力量将目标层层分解并落实到市（县），以确保总目标的实现。2007 年 5 月 23 日，国务院发布《关于印发节能减排综合性工作方案的通知》。同年，政府及相关部门通过出台一系列政策文件，建立健全了节能减排统计监测与考核评价机制，将节能管理政策逐步向建筑、金融、公共机构等重点用能领域渗透，强化重点用能单位管理，并发布了首个《可再生能源中长期发展规划》，加快可再生能源发展以促进节能减排，更好地满足经济和社会可持续发展的需要。2008 年 4 月 1 日，经全国人大常委会修订的《中华人民共和国节约能源法》正式施行，该法将节约资源定为我国的基本国策，使得节能减排成为全社会共同参与的大事。修改后的《中华人民共和国节约能源法》进一步完善了我国的节能制度，规定了一系列节能管理的基本制度，明确了重点用能单位的节能义务，强化了监督和管理，同时政府机构也被列为监管重点。2009 年，在全球金融危机持续扩散蔓延的影响下，政府持续加大对产业结构的调整力度，通过出台"一揽子计划"及十大重点产业调整和振兴规划来保增长、扩内需和调结构。2010 年，政府综合运用法律、经济、技术及必要的行政手段，持续发力推动淘汰落后产能工作，更加强化淘汰落后产能和节能目标责任考核目标结果行政问责制，主要措施包括加大高耗能行业结构调整力度，持续推进节能产品和技术，加快培育和发展节能环保、新能源、新能源汽车等战略性新兴产业，大力促进合同能源管理等节能服务产业健康发展，通过颁布《能源计量监督管理办法》《电力需求侧管理办法》等政策文件持续健全和完善节能管理工作机制。

总体而言，"十一五"期间，我国政府把节能减排作为宏观调控的重点，把淘汰落后产能作为加快调整经济结构和转变经济发展方式的突破口，从行政措施到经济措施、从组织建设到宣传教育，全面贯彻落实节能目标责任考核制度，使节能减排呈现多管齐下、综合治理的显著特征（胡红，2019）。

3）"十二五"时期是节能政策与促进生态文明建设融合的阶段

这一时期是全面建设小康社会的关键时期，也是深化改革开放、加快转变经济发展方式的攻坚时期。然而，与发达国家相比，我国的能源利用效率总体上依然偏低，单位 GDP 能耗仍是世界平均水平的 2 倍以上，有利于节能的财税、金融、价格等经济政策尚不完善，基于市场的激励和约束机制尚不健全，企业缺乏节能的内生动力，节能标准尚不完善，能源消费计量、统计体系建设滞后，监测和监察能力亟待加强（胡红，2019）。

2011 年 3 月，国务院颁布了"十二五"规划纲要，明确提出到 2015 年年末实现非化石能源占一次能源消费比重达到 11.4%，单位 GDP 能耗比 2010 年降低 16%，单位 GDP 二氧化碳排放降低 17% 的目标。同年 8 月，国务院印发了《"十二五"节能减排综合性工作方案》。其主要内容包括：细化了"十二五"规划纲要确定的节能减排目标，强化节能减排目标责任，实施节能减排重点工程，大力发展循环经济，加强节能减排技术的开发、推广和应用，完善节能减排经济政策，推广节能减排的市场化机制，强化对节能减排的监督检查，动员全社会参与节能减排。2012 年是"十二五"时期承前启后的重要一年，在这一时期，国务院出台了《"十二五"节能环保产业发展规划》《节能与新能源汽车产业发展规划（2012—

2020年）》《"十二五"建筑节能专项规划》等一系列节能减排重点产业、重点行业的规划。2013年是新一届政府依法履职的第一年，在党的十八大将生态文明建设纳入"五位一体"总体布局的背景下，新一届政府出台了《大气污染防治计划》，该计划标志着我国的节能降耗政策由传统的节能、提高能效向综合性、全方位提质增效、绿色环保、促进生态文明转变。2014年国务院办公厅印发了《2014—2015年节能减排低碳发展行动方案》《煤电节能减排升级与改造行动计划（2014—2020年）》等一系列政策文件来确保完成节能降耗减碳的目标，强化对大气污染的防治工作。国家发展改革委还制定了《节能低碳技术推广管理暂行办法》，引导用能单位采用先进适用的节能低碳新技术、新装备、新工艺，促进能源资源节约集约利用，缓解资源环境压力。2015年既是全面深化改革的关键之年，也是完成"十二五"规划的收官之年，党中央、国务院于当年5月6日出台了《关于加快推进生态文明建设的意见》，这是我国首个部署生态文明建设的专题文件，也是推动我国生态文明建设的最重要的纲领性文件。该意见明确了生态文明建设的总体要求、目标愿景、重点任务和制度体系，充分体现了党中央对生态文明建设的高度重视。为贯彻落实《关于加快推进生态文明建设的意见》，党中央、国务院于当年9月21日印发了《生态文明体制改革总体方案》，提出到2020年构建起由自然资源资产产权制度、资源有偿使用和生态补偿制度等八项制度构成的产权清晰、系统完整的生态文明制度体系，推进生态文明领域国家治理体系和治理能力现代化。

总之，"十二五"时期，我国节能工作所面临的挑战和机遇并存，节能工作突出的亮点和创新是将全社会确保实现节能目标任务上升到建设生态文明的战略高度，并在淘汰高耗能产业的同时积极培育和发展战略新兴产业，推动产业结构提质、增效、深度融合调整，且更加注重创新市场机制推动能源革命，推动电力行业体制改革，完成天然气非居民用气价格改革，节能新技术、新产品推广利用程度更加深入、范围更加广泛，还通过开展绿色金融信贷机制创新，不断强化市场化手段推进节能减排（胡红，2019）。

4）"十三五"时期是我国节能政策体系化的成型阶段

这一时期是中国全面建成小康社会、实现第一个百年奋斗目标的决定性阶段，也是促进经济全面绿色转型升级的关键时期。党的十九大报告提出，我国经济已由高速增长阶段转向高质量发展阶段，正处在转变发展方式、优化经济结构、转换增长动力的攻关期。虽然我国经济发展进入新常态，产业结构优化明显加快，能源消费增速放缓，资源性、高耗能、高排放产业发展逐渐衰减，但是我国能源需求持续增长，资源环境问题仍是制约我国经济社会发展的瓶颈之一，能源系统仍将处于新旧发展动能并行的状态，依然面临较为严峻的节能降耗形势。因此，节能政策自然成为了推动经济高质量发展、加快生态文明建设、实现经济发展与环境改善双赢的重要抓手和突破口。相应地，我国节能政策的特点主要表现为以下几个方面（胡红，2019）。

第一，规划引领和目标导向。2016 年 3 月 17 日发布的《中华人民共和国国民经济和社会发展第十三个五年规划纲要》（以下简称"十三五"规划纲要）成为了新时期统领我国经济社会发展的总纲领。围绕"十三五"规划纲要，国务院印发了《"十三五"节能减排综合工作方案》，该方案从 12 个方面明确了推进节能减排工作的 47 项具体措施，不仅内容非常全面，具有很强的实操性，而且引入了监测和预警机制等一些新举措来应对近几年出现的新问题。同年11 月 29 日，国务院印发《"十三五"国家战略性新兴产业发展规划》，加快落实供给侧结构性改革，培育壮大新动能，引导全社会资源来支持发展新兴产业。另外，国家发展改革委、国家能源局联合印发《能源生产和消费革命战略（2016—2030）》《能源技术革命创新行动计划（2016—2030 年）》《清洁能源消纳行动计划（2018—2020 年）》等系列文件以推动我国经济发展方式向绿色低碳转型，促进生态文明建设和可持续发展。

第二，优化产业结构和能源结构。在推动产业结构优化方面，我国一手促进传统产业转型升级，一手加快新兴产业发展。例如，通过深入实施《中国制造 2025》促进制造业高端化、绿色化、智能化发展；加强分类指导，支持老工业城市和资源型城市产业转型发展新动能，大力促进汽车动力电池产业发展、推进燃气轮机创新发展、推动节能环保服务产业发展、促进储能技术产业规模化发展、积极推进"互联网＋"智慧能源发展等，推动产业结构全面升级。在推动能源结构优化方面，强化煤炭替代工作监督管理，积极推进电能替代；出台煤电联营指导意见，促进煤电高效清洁有序发展；鼓励热电联产，因地制宜发展可再生能源，推进多种清洁能源协同发展。

第三，建立和推动市场化节能机制。首先，积极推进电力体制改革，不断完善电力市场化机制。比如，积极推进输配电价市场化机制和改革试点，根据电力市场建设进程，放开竞争性环节电价，由市场形成电能交易价格；积极开展增量配电业务改革试点和启动电力现货市场建设试点工作，大力推进电力市场化改革与发展。其次，在用能领域探索建立有偿使用和市场化交易机制。例如，为发挥市场配置能源资源的决定性作用，探索开展用能权有偿使用和交易试点；在能源领域推广政府与社会资本合作（Public-Private Partnership，PPP）模式，通过政府和社会资本合作模式，改革创新能源领域公共服务供给机制；开展发电行业全国碳排放权交易市场建设。再次，健全绿色标识认证体系，继续发布节能低碳技术推广目录，提高能源利用效率，试行可再生能源绿色电力证书核发和自愿认购交易制度。

第四，加强节能管理，强化节能目标责任考核。一方面，节能相关的法律法规标准体系不断健全，例如，2016 年 1 月 15 日国家发展改革委公布《节能监察办法》以规范节能监察行为，提升节能监察效能，提高全社会能源利用效率；2016 年 7 月 2 日和 2018 年 10 月 26 日全国人大常委会分别对《中华人民共和国节约能源法》进行了修正，主要是新增了对政府投资节能项目审批建设的相关规定及将产品质量监督部门修改为市场监督管理部门。此外，国家发展改革委会同相关部门修订并颁布了《能源效率标识管理办法》《清洁生产审核办法》《固定资产投资项目节能审查办法》《重点用能单位节能管理办法》等一系列部门规章，从源头控制不合理能源消费，在促进完成能耗"双控"目标等方面发挥了积极作用。另一方面，"十一五"规划把单位 GDP 能耗降低作为约束性指标，"十二五"规划在此基础上提出合理控制能源消费总量的要求，"十三五"时期，在前两个规划的基础上制定能耗总量和强度"双控"目标，明确要求到 2020 年单位 GDP 能耗比 2015 年降低 15％，能源消费总量控制在 50 亿吨标准煤以内。

1.2.2　我国节能政策的演进趋势分析

改革开放以来，我国的节能政策逐渐由指令性方式向市场化方向不断改革，体现了从单一化到多元化再到系统性协同的特点（吴滨等，2018）。从节能经济政策到节能产业政策、节能技术政策、节能管理政策、节能宣传政策等，节能政策内容不断丰富；从运用指令性手段实现节能目标到运用经济性手段实现节能目标、鼓励和保护节能技术的创新和运用、鼓励和引导全民参与、充分发挥市场机制的作用，节能政策工具不断升级。总体而言，我国的节能政策呈现出与欧美发达国家的节能政策同一化的演进规律，均经历了命令控制政策为主、经济激励政策为主、市场政策为主这三个不同的发展阶段（黄鑫等，2008），即逐渐由命令控制型政策向基于市场机制的系统性政策演进，这一演进规律的形成主要受到我国经济体制改革和国内外能源形势变化这两个因素的深度影响。从内部动因而言，我国的节能政策主要受到经济体制改革的影响。改革开放以来，我国社会主义市场经济体制的建立使得计划经济体制下的指令性节能政策难以适应市场经济的发展需求，为配合价格和财税政策体系改革，节能政策也需要适应市场取向而进行改革。伴随节能政策市场化广度与深度的不断拓展，我国逐渐形成以市场为主体进行节能减排的内生动力，诸如排污权、碳排放权、用能权等交易机制不断形成和完善，节能市场化机制不断创新发展。从外部因素来看，国内外能源形势的转变是导致节能政策变化的直接因素。如前所述，"十二五"期间我国能源资源约束日渐加剧，生态环境问题日益凸显，能源对外依存度上升，能源安全形势严峻，因此，"节约优先"原则便成为这一时期节能政策的重点，"十三五"时期，随着我国能源消费增速放缓、能源需求整体宽松，节能政策要实现的关键任务在于结构优化升级。可见，节能政策的制定和实施归根结底会受到国内外能源形势的直接影响，其在顺应能源形势的过程中也在不断演进（吴滨等，2018）。

当前，随着我国经济发展步入新阶段，我国能源经济形势也已进入"新常态"（吴滨等，2018），能源经济的发展模式呈现出新特点：能源需求总量增速持续放缓，能源需求结构加速转型，能源效率明显提升，能耗强度大幅降低，能源消费结构逐渐低碳化、清洁化，能源价格面临下行压力，能源消费的区域化特征愈加明显（郝宇等，2016）。面对新的经济发展阶段和能源经济"新常态"，我国的节能政策也在朝着新的方向演进。为实现全方位提高能效、推进能源转型的目标，新时代的节能政策要适应经济体制机制改革与能源形势的新要求，向市场机制主导、技术创新引领和多元治理方向演进（吴滨等，2018）。

第一，由政策推动向以市场机制为主导转变。长期以来，我国的节能工作主要依靠政策推动。虽然税收支持政策、财税激励政策、金融支持政策、资源价格和税费政策等市场性政策工具的运用均体现出市场在节能工作中发挥着越来越重要的作用（蒋金荷，2016），但是市场机制的主导作用尚未得到充分发挥，政府在节能减排中的主导作用依然比较突出，节能的体制机制仍然需要深刻变革（吴滨等，2018）。党的十九大报告提出要"着力构建市场机制有效、微观主体有活力、宏观调控有度的经济体制"，要"使市场在资源配置中起决定性作用，更好发挥政府作用"。可见，进一步处理好政府与市场的关系就成为了我国经济体制改革的核心和供给侧结构性改革的深层次着力点。能源领域的长期健康发展同样离不开健全的体制机制。习近平总书记在中央财经领导小组第六次会议上提出要推动消费、供给、技术和体制四方面的能源革命，只有构建有效的市场结构和市场体系，才能让体制产生更大的倍数效应，以体制革命推动能源革命（林卫斌等，2016）。在当前的经济发展阶段和能源环境形势下，要通过市场机制的深化改革为我们创造更为丰富的市场化手段，并积极发展合同能源管理、用能权有偿使用和交易试点等市场化机制，充分发挥市场机制在节能工作中的主导作用，有效推动节能政策的市场化转变，从而在提高全社会资源配置效率的同时实现节能目标（吴滨等，2018）。

第二，由技术扩散向创新引领转变。能源技术变革是节约和有效利用能源的决定性因素，是推动能源绿色低碳、安全高效及可持续发展的重要手段（景春梅，2016）。在过去较长一段时间，我国的节能政策侧重于通过高耗能、高污染、高排放等重点行业的技术应用和扩散带动其他行业的节能发展，导致重点行业与一般行业、发达地区与欠发达地区之间在节能技术开发应用方面的差距逐渐扩大，并且自主研发的核心节能技术较为缺乏（吴滨等，2018）。在新形势下，我国经济已由高速增长阶段转向高质量发展阶段，由要素驱动、投资驱动转向创新驱动，创新成为了推动经济发展的决定因素。相应地，我国要节约和有效利用能源，就要加快推进节能技术革命，将过去关键领域、重点行业的节能技术扩散思路转向节能技术创新引领（史丹等，2014）。当今社会正在经历新一轮的技术革命，人工智能、移动互联网、云计算、区块链、量子通信等诸多领域均不断涌现出革命性的新技术，这必将在更大范围、更深层次上引发一场更为深刻的科技革命和产业革命（杨灿明，2020）。随着新一轮科技革命和产业革命的发展，我国要加大基础性、综合性、战略性节能技术的研发，以自主创新引领节能技术发展，实现能源领域创新发展，使节能技术创新成为建立节能型生产和消费新模式的重要途径（吴滨等，2018）。

第三，从政府规制到多元治理转变。如前所述，在长期的节能管理实践中，我国已经形成了以行政、经济、法律等为主要管理手段的政府主导型节能管理模式，并在提高产业部门能源效率和节约能源方面发挥了较大的作用。然而，"政府规制模式在设计和运行过程中存在难以克服的目标冲突、管理行为冲突和政策工具冲突等弊端，造成能源利用和经济增长某一方面的效率损失甚至双重效率损失，从而出现管理上的规模报酬递减现象"（刘险峰，2019）。这就为既有模式自我革新及新的多元治理模式的构建和供给提供了现实需求。党的十九大报告提出要"打造共建共治共享的社会治理格局"，落实到节能管理领域，就是要建立包括政府、市场、社会等多元治理主体和多维治理机制在内的节能治理格局。现实情况表明，"我国节能管理正在由单一主体的政府规制向政府、市场和社会多元治理主体转变，由单一的政策工具向政策工具、市场工具、社会工具相结合的多元化工具体系转变，由政府和社会外生约束向企业内生需要转变"（刘险峰，2019）。也就是说，"多元治理模式是一种包括政府规制在内的新型节能管理模式，其基本内涵是管理主体的多元化、管理机制的多维化、管理工具的多样化和节能行为的内生化"（刘险峰，2019）。在多元治理模式中，节能管理不仅需要直接管控手段也需要依靠市场化调节手段，而市场化调节的重点是运用市场交易手段使节能成为企业投资经营的内生需求，譬如建立用能权交易市场。

1.3 用能权交易制度的形成

长期以来，由于缺乏一定的约束机制，作为市场经济主体的企业仅注重到能源的经济属性对生产经营需求的满足，在企业的经济核算中仅仅将能源消耗作为一种生产成本来对待，而忽视了能源利用所带来的耗竭效应给人类社会可持续发展带来的影响。在这种重能源经济价值轻能源生态价值的理念主导下，我国能源使用领域普遍出现低效利用甚至无效利用的现象（张立锋，2017）。伴随着可持续发展理念的传播和全球应对气候变化共识的达成，各国政府纷纷采取各类举措积极探索绿色发展道路。用能权交易制度是我国提出的具有一定创新性的节能政策，是改革过程中的一项尝试，其对我国环境保护制度的整体构建大有裨益。从政策背景和推动力来看，用能权交易制度发端于国内地方实践，先有地方节能量交易、用能权交易实践，后上升到中央的指导政策，再返回到地方试点。

1.3.1 从排污权交易制度到节能量交易制度

目前，以排污权、碳排放权、节能量、水权、绿色电力证书等环境权益的交易制度为代表的市场化机制已成为各国解决资源环境和气候变化问题的重要政策工具（刘航等，2018）。20 世纪 60 年代，以科斯为代表的环境产权学派提出运用市场化的方法配置稀缺环境要素的理论构想。1968 年，美国经济学家保罗·戴尔斯提出了排污权交易的理论设计，它是指在污染物总量控制的前提下，通过政府分配或市场交易来取得排污指标，从而达到环境资源的最有效配置。20 世纪 70 年代，美国率先将这一制度应用于环保领域，到 20 世纪 90 年代已形成了比较完善的排污权交易制度体系，在美国《清洁空气法》的实施过程中，这一制度得到应用并取得了较好的效果。由于排污权天然地具备维护环境公益的色彩，体现了对生态价值的重视，从而成为社会不断发展的必然产物并被其他各国所借鉴（于文轩等，2017）。随后，排污权交易制度作为一种有效的排放控制方式已逐渐拓展运用于化学需氧量、氨氮、氮氧化物、臭氧及铅等重金属污染的控制。由于二氧化碳等温室气体在法律上是否为污染物在许多国家并不明确，所以交易对象的性质已从"污染物"拓展到"非污染物"，交易行为也从"排污权交易"拓展到了"碳排放权交易"（彭本利，2012；李爱年，2017）。仿照排污权的概念和实践，一些发达国家和经济体在能源使用领域引入了市场化认证和交易机制，欧洲的白色证书制度就被认为是节能量交易领域最具代表性的实践（郑婕等，2015）。佩雷尔斯（Perrels）（2008）指出，白色证书制度是一项高效的政策工具，相比于能源税，白色证书制度体系的设计使其原则上能够以最低的成本发掘节能潜力。总体而言，各国主要围绕环境生态功能和环境资源开发利用功能进行研究，并分别基于排放权益管理控制和资源开发利用权益管理控制来构建其环境权益交易制度体系，其核心是将资源环境外部性问题内部化，通过界定环境生态和资源开发利用领域环境权益的产权属性，在总量控制的前提下，使环境权益成为一种稀缺性资源，产生价格信号并发挥市场的自我调节功能，实现环境权益在不同主体、部门或地区之间的高效配置，从而倒逼各类社会主体形成资源节约、污染物和温室气体减排的动力，最终提升环境资源配置效率（刘航等，2018）。

　　如前所述，我国节能政策的演进路径体现了以命令控制政策为主到以经济激励政策为主再到以市场政策为主的发展历程。近年来，我国在不断强化行政手段和完善资源环境领域政策法规的同时，大力推进以排污权交易、碳排放权交易为代表的环境权益交易制度体系建设，通过多样化制度安排，在污染物、温室气体减排和资源节约领域做出了巨大努力（刘航等，2018）。从国家政策层面来看，党的十八大报告提出，要积极开展节能量、碳排放权、排污权、水权交易试点。2013 年，党的十八届三中全会通过的《中共中央关于全面深化改革若干重大问题的决定》要求推行节能量、碳排放权、排污权、水权交易制度。2014 年，国务院印发的《2014—2015 年节能减排低碳发展行动方案》提出，建立碳排放权、节能量和排污权交易制度，加快制定节能量交易工作实施方案，依托现有交易平台启动项目节能量交易。具体而言，我国自 20 世纪 80 年代开始排污权交易的酝酿工作，90 年代末，我国从美国环保协会引入排污权交易用于国内酸雨的控制，2001 年，我国首例排污权交易在南通市实施。

从 2007 年开始，财政部、环境保护部和国家发展改革委批复了江苏、浙江、天津、湖北、湖南、内蒙古、山西、重庆、陕西、河北和河南等 11 个地区开展排污权交易试点。碳排放权交易制度则是在 1997 年年底《京都议定书》签订后逐渐推广开来的，欧盟排放交易体系是当前国际上最为成熟的碳排放交易体系。2004 年，国内第一个 CDM 项目获批，中国开始以卖方身份参与国际碳排放权交易。2011 年，国家发展改革委同意在北京市、天津市、上海市、重庆市、湖北省、广东省及深圳市 7 省市开展碳排放权交易试点。在参考排污权交易和碳排放权交易的基础上，国家发展改革委提出"十二五"期间将根据节能量交易机制的研究情况，适时在部分省市进行试点，并在总结试点经验的基础上在全国推广节能量交易，进而从简单的末端治理转变到末端治理与源头治理并重，排污权交易、碳排放权交易、节能量交易等多项节能减排政策并行。

"十二五"期间，节能量交易先后在山东、江苏、福建等地开始实践。2011 年，国家发展改革委印发了《关于印发万家企业节能低碳行动实施方案的通知》后，山东省确定了 1188 家重点用能企业，同时，"十二五"期间国家也对山东省下达了 2530 万吨节能量的目标任务，山东省政府将这些任务分解到 1188 家重点企业，并于 2011 年率先进行了区域之间节能量的交易试点。随后，山东省人民政府节约能源办公室在 2013 年 11 月 4 日出台全国首个节能量交易管理办法——《山东省节能量交易管理暂行办法》，该办法明确了节能量和节能量交易内容、交易原则、主体、方式和地点等内容。山东省经济和信息化委员会、省节能办在 2014 年 4 月 1 日下发了《关于开展重点用能单位节能量交易的通知》，该通知提出将在重点用能单位之间首先实施节能量交易（施健健等，2017）。江苏省于 2015 年 3 月发布了《江苏省项目节能量交易管理办法（试行）》（以下简称《办法》）。根据该办法第四条的规定，节能量交易是指"用能单位根据所在区域能源消费增量控制和部分高耗能行业新增产能实行能耗等量或减量置换的规定，向节能量所有权人购买节能量而产生的市场交易行为"。江苏省节能量交易主要为项目节能量交易，是指节能改造项目节能量和淘汰生产装置的能耗削减量，节能量的体现形式为获取节能量证书，由项目实施单位向第三方节能量审核机构申请节能项目认定（施健健等，2017）。

福建省于 2015 年 7 月发布了《福建省人民政府关于推进节能量交易工作的意见（试行）》（以下简称《意见》），为规范节能量交易活动，福建省经济和信息化委员会在《意见》基础上，于 2015 年 8 月印发了《福建省节能量交易规则（试行）》（以下简称《规则》）。《规则》第二条规定，"节能量交易是指用能单位在其具体年度节能指标下，为实现节能义务而采取的买入/卖出节能量的市场交易行为"。节能量交易的指标依据来源于省节能主管部门根据产业发展政策、行业单位产品能耗水平等因素综合确定的行业主要耗能产品节能量交易标杆值，交易实践已在该省水泥行业和燃煤发电机组先行展开（施健健等，2017）。

从节能量交易的实践可以看出，各地节能量交易制度具有一定差异。就政策目标而言，山东省的节能量交易制度与重点用能单位节能目标责任制密切结合；江苏省的节能量制度与能源消费总量控制目标相联系；福建省的政策设计能给予重点行业内企业提升能效的激励。就政策内容而言，山东省所称节能量可以分为目标节能量（在具体节能目标总量约束下各用能单位应完成的节能目标责任）和项目节能量（通过项目实施节能技术改造、提高能源利用效率而形成的节能量）这两类；江苏省所指节能量包括淘汰生产装置的能耗削减量和项目节能量，用能单位新建、改建或扩建固定资产投资项目新增能耗可与上述两类节能量进行交易；福建省所指节能量则是在设定行业标杆值的基础上，根据产出水平计算的节能量（裴庆冰，2017；施健健等，2017）。

1.3.2　从节能量交易制度到用能权交易制度

"十二五"期间，节能量交易制度与用能权交易制度先后展开试点，两者皆是为节能与提高能效而制定的环境权益交易制度。用能权交易制度的实践展开稍晚于节能量交易制度，在国家层面的政策文件颁布以前，我国先期在小范围内尝试开展过用能权交易，最早开展用能权交易制度的地区是浙江省，如海宁市 2013 年出台了《用能总量指标交易实施意见（试行）》，成为全国第一个用能权有偿使用和交易试点，迈开了用能权交易机制探索的第一步。2014 年，浙江省人民政府办公厅发布了《浙江省人民政府办公厅关于在杭州市萧山区等

24个县（市、区）推广开展资源要素市场化配置综合配套改革的复函》，同意将杭州市萧山区等24个县（市、区）列为首批省资源要素市场化配置综合配套改革地区，该市场不是省级层面的统一市场，各个市县的用能权交易制度也不归于统一，而是允许根据自身条件设计。2015年，浙江省经济和信息化委员会发布《关于推进我省用能权有偿使用和交易试点工作的指导意见》，进一步指导各试点地区做好用能要素配置改革。浙江各试点城市用能权交易的基本原则是"用能总量指标实行核定配额使用（配额内不增加收费）、新增量有偿申购、超限额差别收费制度"，即企业的实际能耗在政府核定的用能总量指标之下，对企业基本没有影响；一旦能耗超过总量指标，则须根据企业不同的超限额能耗执行有差别的收费制度，而企业的固定资产投资项目新增能耗则需要购买用能指标。浙江省制度实践的优点在于将用能权有偿使用和交易制度与资源要素市场化改革工作两者密切结合起来，这不仅能够控制能源消费量，还能够优化地区产业结构。如前所述，福建省也于2015年开始进行节能量交易试点工作，要求年耗能5000吨标准煤及以上的重点用能企业开展节能量交易。可以说，浙江省和福建省的节能量交易实践为其之后的用能权交易市场构建奠定了良好的基础。

目前我国面临资源环境对经济社会可持续发展的约束，党的十八大以来，我国将生态环境保护上升到人类文明兴衰的高度，提出了生态文明的理念并强调从制度层面加强生态文明建设（梁兴印等，2016）。在此基础上，我国开启了建立用能权交易的制度化进程：2015年9月我国《生态文明体制改革总体方案》提出要开展项目节能量交易，并将节能量交易逐步改为基于能源消费总量管理下的用能权交易，建立用能权交易系统、测量与核准体系；2015年10月，党的十八届五中全会公报提出，建立健全用能权、用水权、排污权、碳排放权初始分配制度；2016年，"十三五"规划纲要提出，建立健全用能权、用水权、碳排放权初始分配制度，培育和发展交易市场；2016年7月，国家发展改革委印发《用能权有偿使用和交易制度试点方案》（以下简称《试点方案》，内容详见表1-1），要求浙江、福建、河南、四川开展用能权有偿使用和交易制度试点（张海滨等，2018）；2021年，《中华人民共和国国民经济和社会发展第十四个五年规划和 2035 年远景目标纲要》也提出要推进用能权市场化交易。从上述国家政策要求的变化可以看出，在能源消费总量控制制度的前提下，为以较低成本实现能耗总量和强度"双控"目标，发挥市场配置能源资源的决定性作用，国家逐步从要求开展节能量交易过渡到用能权交易，并从政策研究阶段发展到政策试点阶段。

表 1-1　《用能权有偿使用和交易制度试点方案》具体内容

用能权有偿使用和交易制度试点方案	总体要求	1. 指导思想		2. 基本原则		3. 主要目标	
		牢固树立创新、协调、绿色、开放、共享的发展理念，推动实现"十三五"能源消耗总量和强度"双控"目标任务，提高绿色发展水平		坚持市场主导，政府培育； 坚持重点突破，综合施策； 坚持制度创新、总结推广		在试点地区建立较为完善的制度体系、监管体系、技术体系、配套政策和交易系统，推动能源要素更高效配置	
	范围和时间	1. 试点范围		2. 试点时间			
		选择在已有一定的工作基础、开展试点工作积极性较高、具有代表性的浙江省、福建省、河南省、四川省开展试点		2016 年做好试点顶层设计和准备工作； 2017 年开始试点，根据情况完善实施方案； 2019 年形成可复制、可推广的经验和制度； 2020 年开展试点效果评估，总结提炼经验，视情况逐步推广			
	试点内容	1. 科学合理确定用能权指标 区分产能过剩行	2. 推进用能权有偿使用 配额内的用能权以免费为	3. 建立能源消费报告、审核和核查制度 用能单	4. 明确交易要素交易主体一般为试点地区用能单位；	5. 完善交易系统交易实施登记注册制，交易主体需	6. 构建公平有序的市场环境制定用能权交易	7. 落实履约机制建立奖惩机制，确保责任主体及时

用能权有偿使用和交易制度试点方案	试点内容	业和其他行业、高耗能行业和非高耗能行业、重点用能单位和非重点用能单位、现有产能和新增产能	主，超限额用能有偿使用	位年综合能源消费量通过自我报告、第三方审核、政府抽查（核查）等方式予以确认	交易标的为用能权指标，以吨标准煤为单位	在交易所开设交易账户。推动用能权交易平台与统一的公共资源交易平台有效对接	管理办法，明确交易规则及流程等，完善交易争议解决机制	履行履约义务
	保障措施	1. 完善政策引导 加大财政、税收等激励政策力度，支持企业节能改造。鼓励金融机构积极创新和运用金融产品，为用能权交易市场参与者提供灵活多样的金融产品和服务		2. 提升基础能力 加强用能权相关理论和重大问题研究，强化能源计量统计工作。推进重点用能单位能耗在线监测系统和能源管理体系建设。积极培育和规范第三方技术机构，强化能力建设，壮大专家资源，加大培训力度，提升管理人员业务水平		3. 加强监督管理 建立用能单位、技术机构黑名单制度。充分发挥节能监察机构作用，对违法失信行为建立信用记录，纳入当地信用信息共享平台。严厉打击扰乱交易市场秩序、利益输送等不法行为		
	组织实施	1. 加强组织领导 按照本方案要求，抓紧研究制定实施方案，落实工作责任，细化任务分工，确保实现改革		2. 强化支持指导 强化能源消耗总量和强度"双控"目标责任评价考核和结果运用，将用能权交易工作开展		3. 做好效果评估 对试点过程中发现的问题和实践中存在的漏洞，要及时纠正，不断调适制度，逐步完善政策		

续表

用能权有偿使用和交易制度试点方案	组织实施	各项目标任务。试点地区用能权有偿使用和交易工作实施方案报国家发展改革委批准后实施	情况纳入考核内容,鼓励试点地区努力推进改革工作。完善节能标准体系,继续推进用能产品能效标准、单位产品能耗限额标准等强制性标准和能源统计、计量、审计等基础性标准的修订工作	措施。国家发展改革委同有关部门及时总结试点地区有效做法和成功经验,凝练推广模式,根据成熟程度分类总结,视情况逐步推广应用

　　从《试点方案》的思路和内容来看,目前我国用能权交易制度是以推动地方"十三五"能源消费总量和强度"双控"为主要实施目标,充分体现出用能权交易机制在控制地方能源消费总量上的推动作用。《试点方案》要求,设计用能权有偿使用制度应兼顾公平和效益,平衡产能过剩行业和其他行业、高耗能行业和非高耗能行业、重点用能单位和非重点用能单位、现有产能和新增产能的利益,既有利于鼓励先进,推进结构调整,推动能源要素高效配置,又能防止大幅增加现有企业负担。配额内的用能权以免费为主,超限额用能有偿使用。同时还把握住公平和效率原则,摆脱了严格的条条框框。《试点方案》鼓励地方根据当地的实际情况设计制度框架,这为突出地方特色、增加政策协同性提供了良好的基础。

　　用能权交易制度和节能量交易制度均旨在从供给侧约束用能行为,从而实现节能降耗的目标。这两项制度作为优化能源资源配置的一种市场化手段或市场机制,有助于激发企业节能技术创新的积极性,缓解环境资源约束,更好地实现可持续发展。其实,用能权交易与节能量交易的制度设计目的、对节能义务主体的约束功能、规制对象和规制手段都是相同的,因此,用能权交易与节能量交易存在制度重复建设的问题(刘明明,2017)。根据成本效益原则,在两种手段都有益于实现节能目标的情形下,政府应当选择更富有效率的手段。

因为，有效率的制度能够给社会主体以充分的自由发挥自身优势，降低交易费用，从而使整个社会的生产潜力得到最充分的发挥（杨德才，2016）。进一步比较这两项市场化节能制度可以发现节能量交易制度存在内生性缺陷。节能量交易用的是减法，属于反向控制，即用能单位在履约期间届满时才进行节能审核，发现节能义务未完全履行时，重点用能单位再通过购买节能量的方式履行节能义务，这种事后追责的模式不利于提高重点用能单位的节能积极性，并且还存在很高的违约风险。另外，在履约完成后用能单位才会知道自身是否有资格出售节能量，这就导致了节能量的市场供给滞后，直接影响了市场配置资源的效率。用能权交易能有效解决上述问题，其对重点用能单位的控制具有事前性，属于正向控制，在履约开始前政府就通过初始分配制度将用能权指标分配至各履约主体，履约主体可以根据自身用能情况自由决定是否进行交易，如此一来不仅能充分发挥市场配置资源的优势，也能使制度目标的实现更加具有保障。总之，相较于节能量交易，用能权交易更能确保区域节能降耗目标的实现，其效率也更高，从某种程度上来说，用能权交易可以被视为节能量交易的一种更高级形态（刘明明，2017）。所以，为了提高节能资源的市场配置效率，有效降低行政成本，有学者建议取消项目节能量交易，以用能权交易替代之。这也充分说明了为什么我国要在《生态文明体制改革总体方案》提出要结合重点用能单位节能行动和新建项目能评审查，开展项目节能量交易，并逐步改为基于能源消费总量管理下的用能权交易。

第2章 用能权交易制度的本体指向

概念乃是解决法律问题所必需的和必不可少的工具，没有限定严格的专门概念，我们便不能清楚地和理性地思考法律问题，没有概念，我们便无法将我们对法律的思考转变成语言，也无法以一种可以理解的方式把这些思考传达给他人"（博登海默，2017）。用能权交易法律制度的构建和完善，首先必须对"用能权""用能权指标""用能权交易"等核心概念有一个深入、准确、具体的认识和界定。从某种程度上来说，科学的基本概念是构造用能权交易法律体系的基础，也是推动研究共识形成的关键。

2.1 用能权的界定

何谓"用能权"？它与"能源使用权"之间有何区别？"用能权"与"用能权指标"之间有何关系？如何对"用能权"进行法律上的表达和解读？科学界定用能权的概念与性质是对用能权进行理论研究的基点，对这些问题的分析亦构成了用能权交易的研究起点。

2.1.1 用能权及其与相关概念的甄别

1. 用能权的概念

用能权交易的核心是围绕用能权来创设两个层级的市场：用能权交易一级市场和用能权交易二级市场。其中，一级市场主要涉及用能权指标总量控制和用能权指标的初始分配，政府在此过程中扮演主导角色；二级市场主要涉及用能权指标的买卖行为，用能单位等市场主体在此过程中扮演主角。由此可见，用能权是用能权交易的关键（陈志峰，2019）。然而，对于什么是用能权这一关键定义，国家政策和法律法规尚无统一界定。目前，我国的四个用能权交易试点省份都制定了关于用能权交易的制度文本，各试点在其管理暂行办法中都明确界定了用能权的定义（见表 2-1）。对用能权的定义进行文本考察有助于全方位地认识用能权，进而从理论层面科学地把握用能权的概念。

表 2-1　各试点用能权交易管理暂行办法中用能权的定义

文件名称	施行时间	用能权的定义
《四川省用能权有偿使用和交易管理暂行办法》	2018 年 11 月 26 日	第三条：用能权，是指在能源消费总量和强度控制的前提下，用能单位经核发或交易取得的允许其使用或投入生产的综合能源消费量权益
《河南省用能权有偿使用和交易管理暂行办法》	2019 年 3 月 23 日	第三条：用能权，是指在能源消费总量和强度"双控"目标及煤炭消费总量控制目标下，用能单位经核定或交易取得、允许其使用的年度综合能源消费量的权利
《浙江省用能权有偿使用和交易管理暂行办法》	2019 年 8 月 12 日	第二条：用能权是指用能单位经各级人民政府节能主管部门确认，在一定时期内依法取得的可使用、可交易的能源消费量的权属
《福建省用能权交易管理暂行办法》	2020 年 3 月 1 日	第二条：用能权，是指在能源消费总量和强度控制的前提下，用能单位经核发或者交易取得的、允许其使用的年度综合能源消费量的权利

如表 2-1 所示，尽管各试点对用能权的具体表述不尽一致，但基本上都在定义中体现了用能权的形成背景、权利主体和权利特征等内容。其一，用能权的概念是在能源消费总量和强度控制这个大背景下提出的，是国家为促进节能减排、提高能效而对特定主体（目前主要是用能单位）能源使用权设置的一把新锁，是国家对能源使用权的限制。用能单位在能源使用过程中不但要支付经济对价以获得能源产品之所有权，还需依照用能权交易制度的相关规定取得

与能源使用相匹配的指标配额（韩英夫等，2017）。其二，用能权交易的主体是纳入用能权交易体系的用能单位。能源消费总量控制制度的要求是以国民经济和社会发展规划、国家相关部委发布的计划及政府职能部门发布的规范性文件等形式出现的。在国民经济与社会发展规划中，能源消费的总量是一个需要控制的预期性指标，该目标主要通过市场主体的自主行为来达成（王伟，2018）。由于《中华人民共和国节约能源法》和《重点用能单位节能管理办法》规定了重点用能单位的法定节能义务，因此能源消费总量控制的指标对重点用能单位具有约束力。除此之外的法律主体（公民、法人和社会组织），其是否需要控制能源消费量则取决于自愿，政府部门可以通过一些措施加以引导，如发挥能源价格和资源环境税的杠杆作用来引导节能消费和绿色消费（柳思维等，2013）。其三，用能权具有排他性和可交易性的特征。首先，用能权通过行政机关的授予和确认产生，包含了对客体排他功能的必然要求，获得了一般性财产利益的外在表征，即具有一定经济价值且可以排他地享有。其次，在行政机关的初始分配之外，用能权交易制度体现为超出核定范围的用能主体与结余主体之间进行配额交易的一个市场化过程，是一种具有排他性且可交易流通的新型财产利益（韩英夫等，2017）。随着我国用能权交易试点工作的逐步推进和经验积累，有必要从理论层面对用能权的概念、性质、行使、保护等方面进行准确清晰的界定，这是合理构建用能权交易法律制度的前提条件之一，也是建设法治社会的基本要义。

从理论层面来看，目前学界对用能权概念的界定也不尽一致。例如，韩英夫和黄锡生（2017）认为，用能权"是在能源消费总量控制的背景下，用能单位经由国家初始分配和二级市场交易获得的以单位时间内（通常为一年）能源使用配额为主要内容的复合性财产利益"。张立锋（2017）认为，用能权"是指用能主体在一定条件下获得的使用能源的权利，这种权利的获取途径因为国家公权力的介入而从自由使用变为须经国家许可或者确认，这种经由国家许可或者确认而由市场主体享有的'权利'本质是一种资格，而这种资格在市场经济体制下具有一定的价值，因此属于一种财产权益"。刘明明（2017）认为，用能权"是在能源消费总量控制的背景下，用能单位经政府分配或二级市场交易取得的以用能权指标的使用为核心内容的权利"。以上这些观点都充分地体现了用能权的产生背景、内容和本质。本质上，用能权是一种因国家实行能源消费总量控制而生成的一种权利或利益，国家通过公平保障用能权人的财产权益来激励用能权人积极采取节能措施，从而保障节能目标的达成。换言之，就是通过法律控制促使私人偏好转化为符合公共利益的内在偏好，使私人运作方式切实符合公共目的（孙斯坦，2002）。用能权作为实现节能目标的一种技术性或工具性权利，其作用的发挥还有赖于进一步从理论层面明晰其构成要素。

狭义上，权利是一种在法律上得到承认和被划定界限的利益，相对于权利，利益是一个更加灵活而广泛的概念，法律承认和保护利益的主要方式是对各种利益冲突进行权衡、取舍（庞德，2010）。换言之，权利是对人之行为的正当性评价，其创设即是法的价值准则或价值尺度的体现，其可使价值判断通过规定和约束来影响和指导人们的行为选择（孙伟平，2000）。从广义的角度来看，"权利本质上就是一种利益，广义上的利益可分为未受法律保护的一般利益、受法律保护却未法定化的利益（新型权利）及被法律明文规定的法定化权利"（李晓宇，2019）。

用能权作为一种依附于行政许可而产生的财产性利益（韩英夫和黄锡生，2017），其可以被视为一种受法律保护的新型权利。用能单位生产的内因和动力是获取经济利益，利益这一动因引致用能需求。但需求产生于主观，实现于客观，有了内在需求的刺激，各个用能单位才能积极实施用能行为并促成外部联系。如果用能单位的用能需求仅停留在主观层面，那么他们并不需要调整权利机制。用能需求外部化后的利益具有个人倾向性，这种个人倾向主要表现为个体经济利益的最大化，但不包含社会所承担的环境成本，这就产生了法律对个人利益正当性进行评价的需求，因为生态文明视域下的市场经济不仅是效率经济，还应当是生态经济（范战平，2016），经济效益和生态效益的双重实现离不开市场的驱动，也离不开企业这一市场主体对绿色发展理念的积极回应。企业既是用能主体，又是节能主体，对用能权予以法律上的表达和安置，明确各方主体的权利和义务，可以使企业对用能和节能行为及其相应的成本收益率有稳定而明确的预期，从而激发更多的社会资本流向节能事业（韩英夫等，

2017）。换言之，用能权就像一种"经济刺激因子"（吕忠梅，2000），不论用能单位申购还是出让用能权指标都涉及用能单位经济收益的变化，当节能事业有利可图时，用能单位就会通过对生产规模、生产过程、生产技术的调整和改进来减少能耗，有效推动我国节能环保政策的实现和生态文明建设的进程。

综上所述，本书认为，用能权是指参与用能权交易的法定主体依法取得的、允许其使用的年度综合能源消费量的权利或资格。具体而言，用能权具有如下特征：①除了要支付经济对价以获得能源产品之所有权之外，用能权的取得还需要支付额外的配额对价；②用能权的特定主体，主要为具有法定节能义务的用能单位；③用能权的客体表现为某一特定的综合能源消费量，即用能权指标；④用能权的存在具有一定的时间限制；⑤用能权可以依法进行交易。

2. 用能权与能源使用权

从字面意思来分析，用能权与能源使用权存在密切的关联，也最容易产生混淆，但实际上却是两种不同的权利类型。在用能主体生产生活过程中使用能源的行为语境下，能源并非自然资源意义下的整体"能源"概念，而是指能源产品，相应地，能源使用权是指能主体在不改变财产本质的前提下依法加以利用的权利，通常是指能源所有权的一项权能。在用能权这一概念出现之前，用能单位通过合法途径取得能源使用权后，可以根据自身的经营目标和相关权益自由决定欲使用的能源品种和数量。用能权的出现充分表明，用能主体的自由用能行为有必要因环境资源保护目的而受到国家的干预和管制，这意味着用能单位必须取得在一定时期内对一定数量能源的使用资格后才能行使能源使用权，即依法取得用能权是能源使用权行使的前提条件（张立锋，2017）。

虽然用能权和能源使用权之间具有高度关联性，但是为避免在用能权交易制度构建和贯彻实施过程中出现混淆，二者之间的差异性也不容忽视，其具体差异主要表现在以下几个方面。

第一，二者的理论基础不同。能源使用权反映的是"物"的经济属性对私主体需求的满足。长久以来，煤炭、天然气、电力等能源的使用与消耗被视为是经济主体的经营自由，用能单位有权按照自身经济效益最大化，决定本单位的能源使用情况。受其影响，用能单位在生产过程中大多不去考虑能源使用对社会资源产生的耗竭效应，而是简单将企业能耗作为一种生产成本进行经济核算（张立锋，2017）。传统能源理论认为，能源效率与经济效率的内涵具有趋同性，能源问题的本质是经济问题，依此理论，能源价格只反映资本成本而忽视了环境成本（肖国兴，2012）。近年来，能源的生态价值在生态文明理念的贯彻下得到了应有的重视，兼顾"物"之经济与生态双重价值的"资源社会性"理论把能源利用的视角转向了社会公共福利的增加，反对将能源视为私主体确定无疑的自由财产（黄锡生等，2011），能源资源消耗的机会成本及生态功能价值应包含在投入成本中，这也为用能权的产生提供了坚实的理论基础。

第二，二者的主体不同。用能权的权利主体范围是特定化的，为一定具体标准下的能源消费量较大的用能单位和自愿参与用能权交易的其他单位或组织；能源使用权的主体则包括民法上的自然人、法人或其他社会组织。

第三，二者的客体不同。用能权的客体是容许综合能源消费量，即用能权指标；能源使用权的客体是任意数量或类型的能源。

第四，二者的时限性不同。用能权的权利行使具有时限性，用能权指标一年一分配、一年一清缴；能源使用权的行使无此限制。

第五，二者的法律性质不同。能源使用权属于私法中典型的物权类型，是一种纯民事权利，国家干预色彩相对于用能权而言较低；然而，用能权是一种兼具公权和私权属性的新型权利，具有明显的国家干预色彩，其法律体系归属目前难以确定，这也是下文要重点探讨的内容。

2.1.2 用能权的法律属性

国家公权力对环境资源开发领域的介入不仅促使了传统的探矿权、采矿权、渔业权等准物权的形成，也造就了诸如排污权、碳排放权、用能权等一批新型权利。这些新型权利概念的出现和相关研究对传统的物权理论体系带来了巨大的冲击。对这些新型权利的法律性质的探讨一直以来是我国学术界的研究热点，并且形成了百家争鸣的局面（张立锋，2017）。

1. 有关用能权法律属性的学说及其评析

目前，虽然关于用能权法律属性的学理研究成果并不丰硕，但也呈现出了泾渭分明的观点。例如，张立锋（2017）认为，用能权兼具私权属性和公权属性，政府在创设和取消用能权方面享有的最终管理权对用能权财产性权益的对抗性产生重大影响，即用能权的行使不具有完全的对抗性，主体可以对抗私法关系上的第三人，但是不能完全对抗政府。刘明明（2017）将用能权定性为管制性财产权，即用能权是公法属性与私法属性相融合的一种权利，其中，公法属性优先，即管制性财产权的设定、运行及其保障均以公法目的的达成为前提和归宿，兼顾私法属性是指在实现公法目的的同时要注重保障权利主体的财产权益。韩英夫和黄锡生（2017）认为，用能权的复杂性在于其兼具国家管控的公法内核和财产利益的外在属性。李遐桢和王虹玉（2018）则认为，用能权主体享有对用能权的全面支配权，具有所有权的全部权能，也具有物权的排他效力，在权利属性上更似所有权，可以类推适用物权法的有关规定。由此可见，学界主流观点认为用能权兼具公法属性和私法属性，且以公法属性为内核。用能权公权性质说认为，作为用能权客体的用能权指标既不是通过私人合意制造出来的财产，也并非客观实在的有体物，因此有别于传统私人财产，用能权具有特殊的公法规制特征，归结起来，其理论依据主要源于权利来源与权利目的这两个方面。

第一，用能权来源于行政机关的授予与确认，用能权交易的全过程受行政机关的严格管控。从一级市场到二级市场，从用能权产生的静态层面到用能权行使的动态层面，行政机关在用能权交易制度中都具有非常重要和特殊的法律地位，国家公权力对用能权的干预和限制无处不在。例如，用能权主体范围的确定，用能权指标的分配，用能量的核定，用能权的确权、交易与清缴等环节都会受到行政主管机关的干预。在权利发生层面，用能权并非传统财产权那般与生俱来，其来源于政府公权力的创设，是一种依附于行政许可行为而产生的财产性利益（韩英夫等，2017）。纵观行政许可之"特许权授予说""解禁说""赋权说"和"确认说"，行政许可本质上还是政府对市场机会资源进行分配的政府管制行为（刘素英，2009）。用能权作为实现国家能耗"双控"目标的创新手段，其终究难以脱离公法调整的窠臼。在权利行使层面，依照传统民法中的支配权理论，用能单位有权在用能权指标范围内自由决定能源使用数额而不受外部干涉。如此一来，政府因市场调节需要而做出的紧缩或收回指标的行为便构成征收，而补偿性支出易造成过高的财政负担，因此，将用能权定性为政府对于节能降耗的行政规制权，能够顺利且低成本地为前期的初始分配和后期的指标缩减等干预行为找到法律依据（刘明明，2017）。

第二，用能权交易的公益目的使政府公权力的介入不仅正当而且必要（周海华，2019）。用能权交易制度的逻辑起点是实现国家节能减排之目标，这是我国节约资源这一基本国策的体现。公权力可以有效避免"公地悲剧"，保障资源在全社会范围内得到公平、合理、高效的利用。而且，用能权也是平衡用能主体与社会公众利益的调节器，这种"平衡"需要公权的介入。利益是支配人类活动的最为本质的原则，利用和保存自然资源是社会公共利益的重要部分（陈海嵩，2016）。社会公共利益一方面为国家的管控行为提供了正当性支持（罗尔斯，2009），另一方面，国家也有必要作为社会公共利益的天然代表伸出有形之手以维护各方利益的平衡，利益平衡机制的形成反映在具体的法律制度范畴就表现为公法对私法的干预，即所谓的"私法公法化"现象（田喜清，2011）。

其实，用能权与近年来法学界热议的排污权和碳排放权（下文统称排放权）具有一定的相似之处，即这三种权利交易的标的都是经政府分配而取得的配额或指标（刘明明，2017）。鉴于用能权作为与排放权一脉相承的新型权利出现在法学理论视域中的时间较短，且用能权与排放权在客体上具有相似性，因此，通过对比有关排放权法律性质的研究，可以进一步阐明用能权的法律属性。

关于排放权的法律性质，国内外学界大致有财产权说、规制权说、环境权说、用益物权说、准物权说、新财产权说等观点。财产权学说认为，权利界定明确的财产制度是解决环境问题的最佳选择。在环境保护领域中，财产权概念的最大贡献当数可交易的财产权利，其中，排放权交易机制最具代表性。排放权具备了财产权的所有特征，如排放权可以在二级市场上进行交易，法律保护排放权所有人的占有、受益和处分权益。对排放权的所有者而言，排放权完全代表了一种资产或准财产权。排放权的所有者可以对排放权进行交易，政府不能通过缩减排放权总量的方法变相征收这种财产（Krier，1994；Dales，2002）。规制权说认为，排放权是融合了公权与私权的规制权，具体又包括特许权、行政规制权、行政许可权等类别。虽然该观点承认配额可以作为交易标的，但不承认排放权具有财产权地位，因为政府对这种规制性财产权享有最终的分配和管理权力（Button，2008；王慧，2016；王慧，2017；田丹宇，2018）。环境权说认为，排放权一方面承载了生态保护功能，即排放权能够确保温室气体处于合理的排放水平，它要求限制碳排放行为；另一方面又承载了财产权利保护的功能，即排放权是一种合法的权利，它要求保护单位和个人的碳排放行为。换言之，排放权内含经济价值与生态价值，经济价值使其具有财产权属性，而生态价值使其具有环境权属性，且环境权属性是其首要属性（丁丁和潘方方，2012）。用益物权说认为，排放权体现了权利主体对环境容量资源的使用和收益的特征，故应归入用益物权之列（李霞等，2006；叶勇飞，2013）。准物权说认为，作为排放权客体的环境容量满足了物权客体的确定性、可交易性和可支配性特征，故属于准物权的一种（王明远，2010；杜立，2015；于文轩等，2017）。新财产权说在批判排放权物权化的基础上，借鉴美国学者莱克（Reich）提出的"新财产权"理论对排放权进行扩张解释，将排放权作为新型财产权的一种，或者更进一步地将其认定为新财产权之下的一项工具性或功能性权利，认为排放权具有公权和私权的双重属性，受公法和私法双重调整。由于这种新型的财产与现行的物权概念难以兼容，理想的做法是针对这种新型的财产制定单行法（王清军，2011；史玉成，2018）。

通过细致梳理和分析学者们关于排放权的诸多学说可以发现，其主要呈现出两大特点。其一，从学说内容而言，学者们基本将排放权定性为财产权和非财产权（规制权）这两大类型。其中财产权说内部又包括财产权、用益物权、准物权等不同观点；而规制权说内部则包含特许权、行政规制权、行政许可权、环境权等不同主张。其二，从方法论角度而言，学者们对排放权的定性采用了两种不同的途径，一种试图通过解释论的方法将排放权纳入既有的理论体系，如行政许可权说、特许权说、用益物权说、准物权说等；而另一种则尝试在既有理论体系之外另起炉灶，如新财产权说（夏梓耀，2016）。

相比较于排放权，学者们对用能权法律属性的分析主要基于解释论的角度展开，均主张从现行法律制度的框架下探寻用能权的栖身之所。在学说内容方面也可以将其归入以公法属性为内核的"规制权说"和以私法属性为内核的"财产权说"这两大理论类别。具体来看，这两大理论学说各有利弊。

一方面，根据规制权学说的主张，只有将用能权界定为规制权才有助于用能权交易市场的健康发展，并有助于提高能效和实现节能目标。之所以将用能权纳入规制权的范畴，一是因为用能权带有较多的公法色彩，与传统的财产权存在较大的差异；二是因为在公法理念主导下设计出来的用能权交易制度可以最大限度地保障用能权指标的分配、调整和回收行为都在政府的管控下完成，以减少制度执行的阻力。换言之，认定用能权为规制权有助于政府借助用能权交易机制实现预期的能源消耗双控目标，让政府可以根据实现节能目标的需要对用能权指标加以管理，在调整指标数量或收回指标时无需补偿用能权主体。然而，究其弊端，规制权说过于强调用能权的公法属性，政府虽然在创设和取消用能权指标方面可以享有较大的灵活性，但是这会导致用能权主体缺乏稳定预期，以至于对用能权主体的节能减排激励不足，进而削弱了用能权交易的激励功能（刘明明，2017）。

另一方面，根据财产权学说的思想，只有将用能权界定为财产权，用能权交易市场才能健康发展。之所以主张用能权具有财产权地位，一是因为深受近年来较为流行的环境保护自由市场思潮的影响，毕竟市场的稳定和发展需要清晰的权利界定，而财产权的功效恰恰在此，故该学说认为财产权是解决环境问题的最佳选择，其有助于推动用能权交易市场的发展，从而以较低的成本实现节能目标；二是因为从用能权交易机制的试点实践来看，用能权确有财产权的诸多特征，即用能权主体对用能权享有诸多私法上的权益。论其弊端，则主要在于这一认定易对政府监管用能权交易的行为形成掣肘。这是因为一旦将用能权规定为财产权，政府实施的影响用能权指标价值的行为（如因用能权指标过度分配而紧缩或收回指标）便构成了征收行为，从而致使政府因过高的行政负担和程序掣肘而缩手缩脚，对政策的顺利实行和节能目标的实现造成一定影响（刘明明，2017）。

财产权学说和规制权学说分别依据抽象的财产理论和规制理论来论证各自的合理性，虽暴露出一定的局限性，但主要目的都是为了确保用能权交易机制的可持续发展（王慧，2016）。我国能耗总量和强度"双控"目标的实现程度及节能环保的绩效取决于制度逻辑起点的选择。如果将用能权打造为公权，一级市场中的用能权指标分配作为逻辑起点，则其将有利于政府后期进行灵活管理。如果将用能权打造为私权，以二级市场中的用能权交易行为作为逻辑起点，则其将有利于权利主体的利益保护和支撑未来担保融资、质押等法律行为的创设和发展需要（田丹宇，2018）。总体而言，用能权的法律属性不仅仅是一个单纯的学术问题，它不仅直接决定了用什么样的法律制度来创建、交易和撤销用能权，而且也直接影响到它在会计法、行政法、税法、破产法等其他法律部门中的定位（曹明德，2016）。如前所述，我国学者主要从解释论的立场来探讨用能权的法律属性，且主流观点认为，用能权是兼具公法属性和私法属性并以公法属性为主的复合型权利，这一观点与规制权说相符。但是，这种将公权性质作为用能权的理论内核的观点及其方法论范式仍有待进一步商榷，具体理由如下。

第一，从内容方面而言，如果一味强调用能权的公权性质和公法属性，那么就会使该制度与现行重点用能单位节能目标责任制下的直接管控手段并无二致，难以发挥用能权交易赋予交易主体的充分自主性（王文熹等，2020）。首先，用能权的行政许可方式恰恰说明私法领域权利客体价值化、观念化和虚拟化的特征在数字化经济时代日渐凸显（杜晨妍和李秀敏，2013）。行政程序难以掩盖行政许可通过公共利益与个人自由的平衡创设财产性权利的构成性事实（王智斌，2006）。因此，用能权的取得方式并不会消解其私权特征。其次，20 世纪以来，自由竞争的弊端使国家不再充当守夜人的角色，而是转为加强对社会经济生活的干预。这种干预在法律领域体现为西方国家的私法公法化潮流。私法公法化的实质就是通过国家公权力对私权利的干预以保证社会公共利益的最大化。申言之，在私法公法化的过程中，整个私法领域仍然要依据其固有的规则运作，尽管私有财产权保护、契约自由原则等在社会公共利益保护这一目标下受到了一定修正，但私法的地位和意义并未遭到否认（田喜清，2011）。正如克尼佩尔（2003）所言："公法制度应在伦理上给私法减轻负担，而不是让其解体"。公权向私权体系的过渡渗入容易破坏私权固有的逻辑体系和既定的私法秩序，影响既定目标的达成（冯晓青等，2004）。同理，过多地强调直接管制在用能权交易规则中的渗透容易形成过渡强制，导致制度的实施效果欠佳，反而难以实现其既定的节能降耗目标。

第二，从实践经验方面而言，大量的经验可以证明，市场机制主导比行政规制主导的立法或政策选择更有利于制度目标的实现。命令控制型的第一代环境规制和经济激励型的第二代环境规制是节能环保领域的两大重要治理方式（郭武，2017）。其中，包括排污权交易、碳排放权交易和用能权交易在内的产权交易制度是第二代环境规制的典型手段。这种市场交易机制借助价格信号引导企业以社会效益最大化的方式节约能源和控制污染排放，以期达到经济与环境双赢的"波特效应"（Porter et al.，1995）。在我国，节约能源的法律制度及实施一直由行政规制型的管理模式主导，传统公法规制型的法律规范，如《中华人民共和国节约能源法》《中华人民共和国电力法》《中华人民共和国煤炭法》等均强调国家对节能工作自上而下的管控，节能事业几乎被政府演绎的"独角戏"所包揽（周海华，2019）。这使得对政府和行政权的依赖充斥着我国节能领域的制度设计，我国能源消耗总量始终居高不下，传统以政府管控为主导的立法难以产生节能环保的实效（韩英夫等，2017）。近年来，我国的能源政策虽逐步从命令控制型向经济激励型转变，但命令控制型仍属于目前的主基调，经济激励型政策的主导作用有待进一步发挥（刘海英等，2019）。实证研究表明，实施用能权交易机制可以解决由于命令控制型的强制节能导致的能源配置无效率问题，实现整体更高的期望产出（张宁等，2019；王兵等，2019）。当然，能源配置效率的提高和节能目标的实现还有赖于节能交易市场成熟度的培育和用能权主体参与度的提升（范战平，2016）。

　　第三，从各试点地区用能权交易管理办法的相关规定来看，用能权指标被视为用能单位的资产，因而具备了法律意义上财产的诸多特征（见表 2-2）：①用能权指标的交易。在规定期限内，用能单位对其获得的用能权指标有权自由使用、转让和获取收益。②用能权指标的承继。当纳入交易管理的用能单位发生合并、分立、改组、兼并等变更行为时，通过用能权指标的整合或分割，其用能权指标及相应的权利义务由变更后存续或新设的单位承继。③用能权指标的有限收回。用能单位关停或迁出用能权交易系统所在行政区域的，主管部门可无偿收回用能单位免费获得的当年剩余用能权指标，但是用能单位有偿获得的剩余用能权指标不得无偿收回，由用能单位自行交易处理。④用能权指标的投放和回购。政府管理部门可以卖出初始分配时预留的用能权指标或使用财政资金买入市场中的用能权指标以对市场价格予以调节。⑤用能权指标的结转。试点期间，用能单位清缴履约剩余的用能权指标可结转至次年使用。

表 2-2　用能权的财产特征在各试点规范性文件中的体现

规范性文件名称	施行时间	具体条文	用能权的财产特征
《四川省用能权有偿使用和交易管理暂行办法》	2018 年 11 月 26 日	第三条 第十条	用能权指标的交易 用能权指标的承继 用能权指标的有限收回
《河南省重点用能单位用能权配额分配办法（试行）》	2019 年 5 月 22 日	第十四条	用能权指标的结转
《福建省用能权交易市场调节实施细则（试行）》	2018 年 1 月 15 日	第五条	用能权指标的投放和回购
《福建省用能权指标总量设定和分配办法（试行）》	2018 年 1 月 17 日	第十六条 第十九条 第二十条 第二十一条	用能权指标的结转 用能权指标的承继 用能权指标的有限收回

第四，从技术角度和物理属性来看，用能权指标是一定数量能源消费额度的数字化表现形式，其并没有固定的物质形态，但这种人为界定的无形利益边界可以给主体带来特殊的经济利益。在现代科技和经济发展的推动下，非物质化的财产、任何有价值的利益已然成为了社会的重要财产类型（吴汉东，2003）。用能权指标作为用能权的外在量化表征，其所具有的可确定性、可排他性是进行市场交易的基础。从法律的角度来看，用能权的客体充分体现了财产权的使用和收益特征，是具有保护价值并有明确归属的经济利益，具备可交易性、可确定性和排他性（韩英夫等，2017）。因此，要使用能权主体通过用能促进节能，关键在于立法对用能权主体合法权益的保护程度。过于强调用能权的公权属性，可能会使用能权主体缺乏稳定的预期而导致其节能动力不足，从而使用能权交易的激励功能难以有效发挥（刘明明，2017）。激发用能权主体的积极性需要在私权体系和自由竞争市场秩序的主旋律下辅以政府的间接推进，使公权力的作用充分发挥，克服市场的不完全性缺陷。这是因为，经济和社会的现代化革命使公私法领域在规范与价值上相互流通，对财产的归属、流转关系的调整需要任意性法律规范与强制性法律规范同时发力。管制革新和意思自治的技术化结合促使管制和自治的范围进一步扩张，在法律技术的调整下，管制也可以被视为为了扩大意思自治的生存空间而必备的一种自治工具（苏永钦，2002）。只有对用能权这类新型财产权予财产法上的确认和保护，使用能权成为可排他、可确定、可交易的权利而走向市场，使利益可期，才能激发用能者的节能兴趣，从而使用能权主体的行为朝着有利于节能环保的方向发展。作为公共目的的私法运作安排，只有当用能权所承载的财产性权益得到法律的重视与保护，才有利于用能权交易机制的有效运转和制度目标的实现。

第五，从方法论角度而言，需要注意的是排放权与用能权这类新型权利形成的理论源头是经济学中的产权理论。产权交易机制形成于美国实践，基于产权交易而产生的新型权利与普通法中的财产权理论并无抵牾，但是与大陆法系的财产权理论却存在权利归属和理论支撑方面的疑难（张立锋，2017）。如果难以在解释论的助力下将用能权这一新型权利顺利内嵌于我国的财产权体系，那么从立法论的视角来探讨用能权的法律属性也不失为一种可行的选择。

2. 用能权的应然法律属性

用能权的定性应当以用能权交易制度的设计宗旨为主要导向。源于产权制度安排的用能权交易，其最终目的在于以较低的成本实现节能目标，于是经规范构造而形成的用能权是环境规制政策选择下由产权理论化身而来的一项工具性产权。用能权交易制度中的产权属于新财产权范畴，它不属于传统财产法体系中的权利类型。现代法律体系所确立的权利谱系是为了保护私主体的合法权益并排除公权力的非法侵害（胡炜，2013）。而新财产权所关注的重点是政府与权利持有者之间的关系，而非私有财产与其持有者之间的关系（Powell，1990）。进一步而言，用能权交易制度体系中的产权是为了实现节能目标和环境保护责任这一公法框架下嵌入的私法机制，而用能权则是为了交易的便利性和稳定性而拟制的一项功能性权利（胡炜，2013），其公法属性和私法属性应在用能权交易制度目标的导向下得到合理的平衡。

1）用能权交易制度中的产权

用能权交易制度中的产权涉及我们对财产权的理解。在古罗马财产权体系中，以"物"作为客体范畴，可以将其分为"有体物"和"无体物"。罗马法上的财产权，其对象主要体现为物质财富的有体物。罗马法所构建的物质化财产权体系显然受到了古罗马社会生产力和人们认识能力的局限，但罗马人创制的无体物或无形财产理论为近代的财产非物质化革命提供了关键性的概念工具和必要的理论准备，也为后世的人们拓展了财产形态的广阔空间（吴汉东，2003）。随着科学技术与资本主义商品经济的发展及法律制度的嬗变与创新，西方诸国法理意义上财产的范围被迅猛拓宽，其中，知识的财产化是罗马法诞生以来私权领域中最具革命意义的制度创新。知识产权制度的建立是财产非物质化革命的结果，但不是无形财产权体系化的终结。继知识财产出现以后，新的非物质性财产不断产生，知识类财产、资信类财产与特许类财产共同构成了现代非物质性财产的完整体系（王卫国，2012）。而产权概念是由科斯等经济学家提出来的，产权的本质表现为人们（主体）围绕财产（客体）所形成的经济权利关系，即产权主体之间的行为性关系。产权与财产权既有联系又有区别。现代意义上的产权不仅包括物权，也包括准物权、债权、知识产权等财产权，而且还进一步包括与人自身不能分离的人力资本产权等等，即凡是在市场经济活动中体现为经济利益的权利都被涵盖在产权范畴内（程承坪，2007）。

罗马法中的财产权到用能权交易中的拟制产权的发展经过了一个漫长的过程，这是人类社会为实现可持续发展而做出环境经济政策工具选择的结果。用能权交易的标的是用能权指标。政府将允许使用的综合能源总量等量划分为若干基本单位，每一个基本单位代表一定时间单位内使用 1 吨标准煤的权利，并以一个用能权指标为其表征。用能权指标是指用能权交易主管部门分配给用能单位指定时期内的能源消费额度，是用能权的凭证和载体。用能权交易制度将交易机制嵌入公法体系，为了交易的激励效应和操作上的便利而赋予用能权指标一定意义上的产权属性。

一方面，"私法部分的产权是一项附确定公法义务的权利"（胡炜，2013）。用能权交易制度的根本目的是节能降耗，而节能降耗可以通过多种不同的政策工具实现，其中，最传统的政策工具就是命令控制型的第一代环境规制。由于传统行政规制手段在实现节能降耗目标方面的实效不足，通过配额交易方式来控制能耗的制度试验应运而生。如果用能权交易制度无法实现节能降耗这一目的，它也会面临在制度竞争中被淘汰的危险。因此，"公法的目的始终是私法产权的目的和评判标准"（胡炜，2013）。

另一方面，私法部分的产权是一项工具性权利。用能权交易制度是一项复合型制度体系，市场机制是嵌入到用能权交易制度这一公法体系中的功能性部分，用能权交易制度中的产权设置属于市场机制的一部分。用能权交易制度这一公法框架之所以将产权和交易机制嵌入其中，根本原因在于其认可产权和交易机制在以较低成本实现节能降耗目标方面的可行能力。尽管私法目的在法律约束下会产生激励相容的效应，但私法部分只是公法部分的一种功能，从而使得用能权交易制度成为了由公法目的和私法运作方式共同构成的一种复合型法律制度（胡炜，2013）。也就是说，用能权交易制度中的产权是政府与用能单位共同缔约的结果，用能单位负有公法上的保证节能降耗的确定性义务，在此基础上，用能权交易中的产权才可以被作为其追求财产利益的手段。

2）法学上的用能权

从经济学意义上而言，用能权指的是用能指标的产权。然而，经济学上的产权一旦通过规范构造转化为法学上的概念，那么随之而来的问题是，如何在现代权利体系范畴内对法学意义上的用能权加以理解。

现代民法上的权利类型以客体的法理属性为基础，其中物权是权利体系中的典型类型。我国的物权法承袭了大陆法系中物权法的知识体系和逻辑范畴，而这些逻辑范畴本质上是预先确定的、基础上是不可动摇的，这使其自身难以顺应生活中不断产生的新事物。落志笃（2016）认为物权制度是产权制度在法学体系中的现实表达，物权法律制度是解决自然资源利用问题的制度利器。《中华人民共和国民法典》第一百一十四条规定："物权是权利人依法对特定的物享有直接支配和排他的权利，包括所有权、用益物权和担保物权"。理论上物权是权利主体对特定物进行管领、支配，享受其利益的权利，其直接表现就是权利人对物的直接支配权。物权一方面表现为物权人有权在法律规定范围内按自己的意愿对物进行支配，包括对物进行占有、使用、收益和处分；另一方面表现为物权人有权排除他人对自己支配之物所进行的侵害和对自己行使物权的行为造成的干涉和妨碍，因而物权主体以外的其他任何人都负有不得侵害和干涉物权、不得妨碍他人行使物权的义务（曾宪义等，2013）。

虽然权利界定明确的产权制度是解决环境问题的最佳选择，但是由于我国对产权的制度保护主要依赖于物权法，所以学界理所当然地在现行的物权法框架下探寻可以容纳用能权的栖身之处（王慧，2016）。不容否认的是，为了保持物权法律概念的准确和清晰，将物权关系中的"物"限于"有体物"更为可取，这关系到物权体系的逻辑基础和物权法体系的存亡（孙宪忠，2018）。依据《用能权有偿使用和交易制度试点方案》的典型化描述，用能权以用能权指标为主要标的，但用能权指标本身并非一种有体之客观实在，其获得与使用尚需借助数据性的统计和技术性的测算。从这一角度来说，用能权指标具有无体无形性特征，是借助于政府颁发的确权凭证和计算机数据平台的媒介表现出来的一组统计结论和数据组合（韩英夫等，2017）。有鉴于此，在我国现行物债二分的理论体系和物权法定原则的约束下，试图将用能权指标纳入物权法客体进行规制的解释进路存在法理上的障碍。

与大陆法系惯有的物债二分的财产权体系不同的是，普通法系中的财产权体系是开放性的，各种权利之间不仅能够便利地相互转换，而且可以自由地流转，另外，普通法系通过财产权制度的变革还实现了对新型财产所涉社会关系的调整，从而较为顺利地将新型财产权纳入其较为开放的财产权体系中（王卫国，2012）。例如，美国的新财产权理论大量汲取了经济学特别是新制度经济学的理论，不再像传统罗马法一样强调排他性，其与传统罗马法体系下的财产权有根本性的区别（胡炜，2013）。在过去，长期占据主导地位的所有权几乎就是财产权的代名词，进入现代以后，具有不同内容、效力和类型的新型财产不断涌现，例如商标、商业信誉、经营利益、信息与数据利益、行政特许利益等非物质化的、政府公力制造的新型财产等，布莱克斯通式理论的财产界定标准逐渐被瓦解（冉昊，2005）。美国哈佛大学法学院莱克（Reich）教授认为，财产不仅包括传统的土地和动产，现代社会之下政府正在源源不断地创造诸如职业许可、专营许可、政府合同、公共资源的使用权等财富，这些财产是现代社会重要的财产形态，也应被看作一种"新的财产"，因而应给予适当的法律保护并通过法律保障此类财产分配的公正（高秦伟，2007）。新财产权理论汲取了新制度经济学的理论精髓，不论是在内涵上还是在功能上都与大陆法系中的财产权相去甚远。大陆法系中的财产权是传统罗马法体系下财产权的演化，罗马法强调所有权，主张权利的排他性，而"新财产权"强调交易性而不慕排他。申言之，用能权交易中的产权是以实现节能减排目标为目的的一项制度安排，是为了交易的稳定性和便捷性由管制机构授予且可以变更、取消的但又具备可交易性的权利，具有公共治理目的下"新财产权"的若干特征。

由此可见，用能权不是物权法体系内的一项权利，而是新财产法范畴内的一项权利。现代权利体系中权利概念的含义是极为复杂的。权利这一内涵丰富的术语曾被用于六种意义：第一，是指应当得到承认和保障的利益；第二，是指得到法律实际承认和保护的利益；第三，是指一种通过政治强力来强制他人去从事或不从事某一行为的能力；第四，是指一种设立、改变或剥夺各种狭义法律权利从而设立或改变各种义务的能力；第五，是指对某些自然能力不加法律限制的情况，即自由权及特权；第六，是指纯伦理意义上的正当之物（庞德，2010）。由于抽象的权利概念内涵不完全确定，也在不断发展之中，因此，如果仅就权利的定义去理解用能权这一功能性权利是难以获得其确切含义的。美国分析法学派代表人霍菲尔德认为，必须在相反或相关的法律概念的比较和司法实践中才能确立一项权利的具体内涵。他从法律关系的角度来分析新型财产权，认为法律关系是人与人之间的关系，而非人与物之间的关系。这一观点与产权理论的本质思想如出一辙，反映了人们使用财产时所处地位的经济社会关系，每个人或者遵守这些关系，或者承担不遵守这些关系的成本。霍菲尔德进一步区分了八种构成财产要素的基本法律关系（见表 2-3），其中，相反关系是指两个基本法律概念在语义或逻辑上相互否定，互为反义词；相关关系是指两个基本法律概念不论在逻辑上还是经验上都相互依存，有一者就必有另一者（霍菲尔德，2009）。一个人拥有财产就表明他具有一系列的权利、特权、权力及豁免，反之，他相对于所有者来说就是无权利、无权力，只承担义务和责任。该理论可以帮助人们更好地解读用能权这一新型财产权内涵。能源的稀缺性使得对有限能源资源的利用必须建立在低额度、高效率的基础上。通过主管机关的初始用能权指标分配，用能单位便享有在一定指标内使用限定数额的能源进行生产的"特权"，同时有"权力"要求他人不妨碍其在限定数额内权利的正常行使，他人亦有"义务"不妨碍其正常用能。在用能权交易中，享有用能权的单位有"权力"通过交易行为使对方获得指标外的用能权，同时使之享有用能权指标限额内的"豁免"。

表 2-3　构成财产要素的基本法律关系

相反关系	权利	特权	权力	豁免
	无权利	义务	无权力	责任
相关关系	权利	特权	权力	豁免
	义务	无权利	责任	无权力

用能权在西方的新型财产权理论中得到了较好的诠释，这与英美财产法理论体系具有极其广阔的发展空间，随时允许被各种法定或约定理由补充和超越有关。虽然大陆法系以所有权为中心构筑起来的财产法框架已在我国根深蒂固，但从不同法系中寻求财产法的共同基础在世界加速融合的今天具有强劲的实践动力。用能权交易是消除能源资源无效或低效配置现象的最佳手段。对用能权主体的权利予以越明确的界定，主体之间合作的可能性就越大，因监督和管理而产生的交易成本也越低，从而以较低成本实现"双控"目标，推动能源要素配置市场化改革的目标就具备了更大的可能性。用能权交易结构的创造、保护和促进需要对用能权这类新型财产权予以财产法上的确认和保护。

虽然从解释论的角度来看，此种"新财产权"还难以融入我国现行的权利谱系，但这并不妨碍从立法论的角度为这种新型权利创建一个合适的"安身立命"之处。因为，理论上来说，不同法系间相互学习和借鉴的趋势使我国权利谱系的完善不存在不可逾越的鸿沟（冉昊，2006）。欲在我国全面推广资源要素市场化配置的设想，有必要通过新生权利的自身特性，通过确定其在权利体系中的位阶以扩充现有权利谱系，并形成权利的特定秩序（李建华等，2012）。综上所述，在我国对"新财产权"的概念达成共识之前，可以对用能权现已呈现的诸多特征进行总结，以便于更好地把握这一权利的边界。

第一，用能权并非物权法体系下的能源使用权，而是环境规制政策选择下诞生的一项拟制的权利。用能权是由新制度经济学下的产权理论经规范构造而成，并非一项推定的权利。新制度经济学通过产权理论设计了"限额交易"，这是对具有公共性质的资源，以在设定供给上限计划基础上的市场交易为主要手段进行产权界定，以避免"公地悲剧"的一种治理形式（陈晓晨，2020）。

第二，用能权是一项政府保留规制权力的附确定公法义务的权利。在用能权交易中，这种确定的公法义务通过限额得以体现。用能权的产生、转移、消灭都依赖于政府的管控行为，其在公法层面表现为一种特殊的附有公法义务的权利。这种公法义务来源于国家能源消耗总量和强度双控这一公共目的，即政府依法确定总量控制目标并进行指标分配，对用能单位的能源消耗数量进行限制，一定数额的用能权指标虽不直接体现为用能单位的义务，但政府最终通过要求其履行相应的指标清缴行为来承担这一节能义务。申言之，在用能权指标总量确定之后，总量被分配为等量的用能权指标，每个用能单位所获得的用能权指标数额便成为该单位能源消费数量的限制，用能权指标可以在市场上进行交易，履约期限届满之时用能单位通过用能权指标清缴程序来完成指标清缴义务，用能权也就成为附带确定数量限制之结果的公法义务，公法目的始终是私法产权的目的和评判标准（胡炜，2013）。换言之，用能权的行使不具有完全的对抗性，主体可以对抗私法关系上的第三人，但是不能完全对抗政府。因此，用能权是一项用能单位享有的政府保留规制权力的附确定公法义务的权利。

第三，用能权是一项公私结合的混合财产权，用能单位对用能权享有诸多私法上的权益。混合财产权制度源自在一个给定资源的数目总量下分配配额给私主体，这些私主体可以与他人买卖交易这些混合财产（Krier，1994；Hahn et al.，1990）。用能权交易制度是一个由公法目的和私法运作方式共同构成的复合型法律制度，故用能权也是一种混合财产权。

2.2　用能权交易制度的界定

用能权交易是我国环境资源保护领域制度创新的产物之一，是生态文明体制这一大厦中四梁八柱的有机组成部分。开展用能权交易，通过严格控制各地区的用能总量来促进企业的转型和企业节能技术的进步，是发展绿色经济的重要举措。本节将结合试点规范，对用能权交易的概念、用能权交易与相关概念的别及用能权交易制度的基本构成进行学理分析。

2.2.1　用能权交易的概念

用能权交易是我国供给侧结构性改革背景下的制度创新，我国的用能权交易试点在相关规范性文件中对用能权交易做出了不同界定。根据表 2 - 4 可知，目前各试点主要是从狭义方面将用能权交易局限于用能权指标的交易活动中。

表 2 - 4   各试点用能权交易管理暂行办法中用能权交易的定义

文件名称	施行时间	用能权交易的定义
《四川省用能权有偿使用和交易管理暂行办法》	2018 年 11 月 26 日	第三条：用能权交易是指用能单位及其他交易主体通过省用能权交易机构进行用能权指标交易的行为
《河南省用能权有偿使用和交易管理暂行办法》	2019 年 3 月 23 日	第三条：用能权交易是指交易主体按照本办法规定开展用能权指标交易的活动
《浙江省用能权有偿使用和交易管理暂行办法》	2019 年 9 月 15 日	第二条：用能权交易是指相关主体间依法进行的用能权指标市场化交易的行为

理论上，用能权交易是指纳入用能权交易体系的用能单位从用能权一级市场和二级市场取得、使用和买卖用能权指标的行为（刘明明，2017）。该定义从中观角度对用能权交易进行界定，将用能权交易的前提、主体和涉及的范围都涵盖其中。具体而言，在用能权交易的两级市场中，一级市场以政府管控为主，用能权交易主管部门采取免费和有偿相结合的方式将用能权指标总量在用能单位之间进行初始分配，初期以免费分配为主，随后逐步提高有偿分配比例。可见，用能权指标的初始分配源自主管机关对用能单位一定时间内用能额度的确认和资格许可，是对一般意义上的能源使用权的一种限制，属于行政许可行为。二级市场以市场激励为主，用能单位既可以充当用能权指标的出让方也可以充当申购方。单位时间内，实际能耗总量低于用能权指标的用能单位可以选择将富余指标售出获益或者留存结转使用。实际能耗总量高于用能权指标的用能单位可以选择从交易市场中购入指标或接受相应处罚。当然，是否购入将取决于用能单位对"技术改进成本"与"资源环境权证价格"之间的权衡（王兵等，2019）。申言之，如果用能单位的节能技术改造成本高于用能权指标的价格，用能单位就会选择购入用能权指标从交易中获益，反之用能单位则有动力使用更先进的生产技术。由此可见，二级市场的建立和用能权指标价格的形成是激励用能单位进行技术创新的关键因素之一，而价格的形成有赖于市场

竞争机制的不断完善和市场活力的充分释放。

综上所述，用能权交易旨在通过约束和激励双重机制从供给侧实现能源消费总量和强度的"双控"目标。其约束机制主要表现为通过指标总量设定和初始分配为用能单位公平合理地设定节能义务，以及用能单位在履约期限届满前提交相应的用能权指标以实际履行节能义务，而其激励机制则主要表现为持有富余用能权指标的用能单位可以在用能权交易市场出售用能权指标以获取节能收益（刘明明，2017）。本书认为，试点文件中定义的用能权交易实际上是指狭义上的用能权指标交易，从广义上说，用能权交易意指在能源消费总量和强度"双控"的目标背景下，政府设定用能权指标总量并按规则将其分配给纳入用能权交易体系的用能单位，用能单位可依法在市场中自由进行指标交易，但必须在履约期限之前根据审查核定的实际能源消费量按时足额向政府缴纳相应的指标数量，以确保其能源消费量不超过其获取的用能权指标。

2.2.2　用能权交易与相关环境权益交易的比较

与排污权交易、碳排放权交易、节能量交易这些资源环境权益交易相比，用能权交易不论是在学界的关注度还是实践领域的普及度都稍显不足。其实，用能权交易与排污权交易、碳排放权交易、节能量交易具有相同的经济理论基础，都是科斯的产权理论在环境资源保护领域的应用，即通过市场化的手段解决环境资源使用的外部性问题，实现环境资源配置的帕累托最优。理论上，用能权交易、节能量交易、排污权交易及碳排放权交易都有利于实现环境资源保护和减缓气候变化的绿色发展目标，但是它们在产生背景、实现路径和制度功能等方面存在差异。

第一，排污权交易、碳排放权交易和节能量交易均是欧美国家环境保护领域制度实践的产物，国际上充足的理论和实践经验为我国相应制度的理论构建和实践探索提供了丰富的借鉴。而作为环境产权交易制度的新成员，用能权交易是我国节能降耗领域的创新产物，在国际上并无先例可循，在国内也仅初具雏形，其制度目标和运作机理可从与其具有异曲同工之处的节能量交易中窥见一斑。欧美国家在 21 世纪初推行的节能量交易制度为我国早期节能量交易制度的展开提供了经验借鉴。我国节能量交易的概念在 2011 年《"十二五"节能减排综合性工作方案》中被首次提出，并于 2013 年开展示范试点工作。节能量是指在满足同等需要或达到相同目的条件下所减少的能源消费数量，是一个相对量，通常用实际消耗的能源数量与某一个能源消耗定额的差额表示。以节能量为交易标的的市场交易行为就是节能量交易，其可分为基于能源消费指标的交易和基于项目的交易。如第 1 章所述，由于节能量交易和用能权交易存在制度重复建设的问题，而且用能权交易是节能量交易的一种更高级的形态，因此，我国提出要将早前推行的节能量交易逐步转变为用能权交易。

第二，用能权交易与排放权交易之间存在制度设计上的同质性，两者均通过明晰产权来规范主体之间在资源环境利用方面的相互关系，但同时也存在制度功能上的异质性。排污权交易和碳排放权交易制度主要是从排放侧约束主体的排放行为，通过控制输出侧以减少环境污染和温室气体排放，从而实现大气污染物控制和温室气体减排目标，属于应对环境问题的末端治理方式。用能权交易制度主要是从供给侧约束主体的用能行为，通过控制输入侧以降低能源消耗总量和能源强度，从而实现节能降耗目标，是应对环境问题的源头治理措施。

第三，用能权交易与碳排放权交易存在制度功能上的互补性。用能权交易和碳排放权交易的目的虽然不同，但是在实施效果方面具有协同共赢效应。这是因为，能源消耗（主要是化石能源）与温室气体排放之间存在正相关关系（张宁等，2019）。一方面，温室气体的重要排放源之一就是化石能源的消耗，用能权交易在促进能源效率提高、降低能耗的同时也会带来温室气体减排效应，另一方面，温室气体减排的一个重要途径就是能效提高和能源节约，因此，碳排放权交易在达到温室气体减排目标的同时也具有节能效应（刘明明，2017）。换言之，用能权交易和碳排放权交易具有制度功能上的互补性，且其规制对象具有互通性，理论上，能源消耗与温室气体排放存在可量化的换算关系，用能权指标和碳排放配额可以经过特定换算在市场进行出售，所以未来可以着眼于用能权交易制度和碳排放权交易制度的共性特征，构建用能权与碳排放权之间的科学换算与抵扣机制，建立两项制度间的衔接机制和接口规范（韩英夫等，2017）。

2.2.3 用能权交易制度的基本构成

本质上，用能权交易制度的宗旨在于国家通过限制一定范围内主体的能源使用权，推动能源资源要素的市场化配置。这种能源消耗总量控制不是一般的指令性控制，因为它并不干预用能单位的微观经营。用能权交易中企业用能的数量受市场影响，起决定性作用的是用能单位提高能效的边际成本。企业根据边际成本与用能权指标的市场价格进行比较从而决定是出让还是购买，以使自己的用能成本最小化。因此，用能权交易汇聚了政府管控和市场激励双重因素，一级市场主要体现政府的行政管控，二级市场以市场激励为主并辅之以政府监管，是市场机制对行政管制方法的修正。在国家能源消费总量控制的背景下，用能行为能否向高效化的方向发展还取决于政府管控和市场激励这两种因素内在张力的相互作用。随着用能权交易市场的逐步推进和用能权交易相关法律规范的逐步形成与完善，这些规范所调整的相关主体之间的用能权法律关系可以分为两类：其一，有关用能权指标初始分配和管理、市场监管等方面的纵向公法关系；其二，有关用能权指标交易行为的平权私法关系（张立锋，2017）。这与用能权的公法属性和私法属性的双重性质也是相符合的。在这种复合型的法律关系中，涉及三类法律关系主体，即政府、市场交易主体和市场服务主体。其中，政府主要是指用能权交易主管部门和其他政府相关职能部门；市场交易主体主要包括纳入用能权交易体系的用能单位和符合交易规则要求的其他法人单位；市场服务主体包括政府批准设立的用能权交易机构和用能权主管部门确认的第三方核查机构等。

从内容构成而言，用能权交易制度总体上包括五大构成要素，即确定总量控制目标、用能权指标初始分配、用能权指标交易、用能报告核查和用能权指标清缴。具体来说，用能权交易制度体系主要由以下几个基本环节构成。第一，政府设定特定时间内的总量控制目标，即可分配给用能单位的用能权指标总量；第二，政府按照一定的标准、方法和程序将用能权指标公平分配给纳入用能权交易机制的用能单位；第三，用能单位和符合交易规则要求的其他法人单位等市场主体在二级市场中自由交易用能权指标；第四，政府根据用能单位提交的能源消费量报告和第三方审核机构出具的审核报告确认用能单位上年度的能源消费量；第五，用能单位按照规定履行指标足额清缴义务。

用能权交易市场是政府主动创制的市场，可以说，"交易"一词始终贯穿于用能权交易制度的逻辑发展过程。制度经济学家康芒斯认为，"交易"是经济学、法学和伦理学中的共同活动单位，根据其理论，"交易"本质上所体现的是人与人之间的关系，是个人之间按照某种社会运行规则对某种未来所有权的转让与获得，而非具体意义上的商品的交换（康芒斯，2017）。简言之，"交易"即所有权的转移，它由"买卖交易""管理交易"和"限额交易"这三种在机能上相互依赖的交易类型构成。其中，买卖交易是所有权或合法控制权的相互转移，它强调交易主体之间在法律地位上的平等；管理交易和限额交易分别是以财富创造为目的和以未来利益及负担的分配为目的的交易，它们所体现的则是交易主体之间在经济和法律上的上级与下级、管理与被管理的关系。从这个意义上说，用能权交易制度中的"交易"不仅仅是指狭义上的用能单位之间对于用能权指标的买卖，它还涵盖了政府和用能单位之间关于分配用能权指标和清缴用能权指标的一系列交互活动。

结合用能权交易制度的构成要素及制度经济学关于交易的相关理论可以发现，用能权交易制度是由用能权指标核定、用能权指标交易和用能权指标清缴这三大组成部分构成的一个有机结合的规则体系（见图2-1）。

用能权交易制度深刻体现了用能权从产生、流转到消灭这样一个循环反复的逻辑发展过程。其中，政府通过设定指标总量并制定指标分配方案将用能权指标分配至用能单位，并由其占有和支配，这表现为用能权的产生。用能单位也可以通过用能权指标交易和清缴将用能权指标转让给他人获利或者将其冲抵自身实际的能源消耗量，这表现为用能权的流转和消灭。下面从这三个方面对图2-1进行解读。

1. 用能权指标核定

用能权指标核定制度是构建用能权交易市场的逻辑前提，在一定程度上是"限额交易"理论在这一领域的反映。"限额交易"是在设定供给上限的基础上对具有公共性质的资源进行产权界定，并通过市场交易激励以避免"公地悲剧"的治理方法。用能权指标核定制度主要由用能权指标总量控制和用能权指标的初始分配这两个关键要素构成。具体而言,用能权指标来源于政府的授予与确认,政府在用能权指标产生的静态层面具有非常特殊和重要的法律地位。首先,用能权指标总量控制并非简单地确定一个削减能源消费量的目标,否则难以实现其创造稀缺市场的功能。用能权指标总量的设定受经济发展程度、产业发展政策及能耗总量和强度"双控"目标等众多因素的影响。其次,用能权指标初始分配是实现总量控制的重要手段。为达到总量控制目标,政府主管部门根据一定的规则对用能权指标进行分配,以形成可测量、可排他、可交易的用能权,并开启用能权交易市场的大门。这一过程是以能源消费为基础的第一次利益或负担分配,能有效实现资源的初始配置。由此可见,在用能权指标核定制度中,用能权指标总量控制是初始分配的前提,而用能权指标初始分配则是总量控制的逻辑延伸。

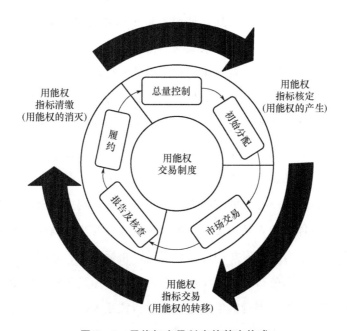

图 2-1 用能权交易制度的基本构成

由前述用能权的概念可知,用能单位取得用能权的方式包括政府核发取得和市场交易取得这两种方式,类似于法学理论中权利的原始取得和继受取得。其中,政府核发取得又可称为用能权的初始取得,是指政府通过用能权指标核定机制设定能源消费总量控制目标，并对用能权指标进行初始分配的过程，是创造一级市场中用能权指标的稀缺性，并使其在二级市场得以流动的前提。由此可见，用能权指标的核定是用能权交易制度体系的逻辑起点，而用能权指标核定的结果，从法学理论的角度而言则表现为用能权的初始取得。

权利的初始取得需具备一定的前提、条件和方式。首先，用能权初始取得的前提在于国家对一定区域一定时期内允许使用的能源消费总量和强度进行限制，亦称总量控制。总量控制的本质是"限额交易"规则，即在设定供给上限的基础上对具有公共性质的资源进行产权界定，目的在于创造用能权指标的稀缺性，使用能权交易有发生之可能。其次，并非任何用能单位都必须且有资格取得用能权，用能单位取得初始用能权须符合一定条件。出于制度成本效益的考虑，除自愿参与履约单位外，用能单位应属于总量控制所覆盖的行业范围且达到能源消耗的门槛条件。例如，河南省将年综合能源消费量达到5000吨标准煤及以上的用能单位纳入用能权交易的范围。最后，用能权指标作为用能权的外在量化表征，用能单位获得用能权指标即取得用能权。根据各试点的相关规定，用能权指标的分配方式有无偿分配和有偿分配两种，初期以无偿分配为主。相应地，初始用能权取得方式的核心问题是用能单位取得用能权指标的数量与价格问题，这不仅是实现总量控制的重要手段，而且它还反映了以能源消费为基础的第一次利益或负担分配，分配的结果事关分配正义及资源的高效配置。由此可见，初始用能权的取得方式是用能权核定制度的核心问题。从理论的角度而言它所体现的就是用能权初始取得阶段分配法律制度的构建。用能权指标的初始分配包含了政府对用能单位名单、指标总量、分配原则、分配方法和分配结果的制定和公布过程，本质而言用能权指标是政府分配给指定用能单位的一定时期内的能源消费额度，是国家对传统私人财产权之上有关能源使用的限制，用能单位的用能行为建立在具备能源所有权的基础上，不仅要支付能源所有权的经济对价，还要受到用能权指标的约束。由此可见，在用能权指标核定制度中，用能权指标总量控制是初始分配的前提，而用能权指标初始分配则是总量控制的逻辑延伸。

在用能权指标核定环节，用能权交易主管部门的权力和义务主要包括：依法定程序和方法确定用能权指标总量的控制目标，依法确定用能权指标的分配方法，保证在纳入交易体系的用能单位之间公平、公正和公开地分配用能权指标。

2. 用能权指标交易

用能权指标交易制度不仅是用能权交易市场健康运行的核心组成部分，而且在整个用能权交易制度体系中承担着承上启下的功能，是"买卖交易"理论的典型体现。在用能权指标市场化交易这个动态过程中，地位平等的各用能单位以市场机制为导向，根据市场价格自主决定出售或购入的用能权指标数量。用能单位的能源消耗数量将受市场影响，起决定性作用的是用能单位提高能效的边际成本，即用能单位对降低能耗的边际成本与用能权指标的市场价格进行比较，从而决定是出让还是购买用能权指标，在使自身的用能成本最小化的同时促进能耗"双控"目标的落实。当然，与碳排放权交易等其他环境权益交易市场的公共金融属性一样，用能权交易也因具有明显的外部性特征而易导致市场失灵，因此，需要制定相应的规则以对包括交易平台、交易主体、交易产品、交易程序在内的诸多市场组成要素进行规范调控，以防范市场风险和优化能源资源配置。

根据《用能权有偿使用和交易制度试点方案》的相关规定，"配额内的用能权以免费为主，超限额用能有偿使用"，即用能单位可以将剩余的用能权指标在用能权交易市场中出售获利。此种目的的实现从法学理论的角度而言就是用能权的转让过程，即权利主体取得初始用能权之后将其有偿转让给有需求的另一主体，使用能权的归属关系发生变化的过程。用能权的转让在实践中多被称为用能权交易，是指相关主体间依法进行的用能权指标市场化交易的行为。换言之，用能权交易的标的是用能权指标，用能权指标交易是用能权交易市场健康运行的核心组成部分，在整个用能权交易制度体系中承担着承上启下的功能。申言之，对用能权指标进行交易的前提是用能单位通过政府分配获得相应数量的用能权指标，而交易的目的则是在履约期限到来之前将多余的用能权指标出售获利，或者购入短缺的用能权指标以冲抵自身的实际综合能源消耗量，最终履行指标清缴义务。应当说，用能权指标交易环节的特色就在于通过权利交易的制度设计降低节能成本并为用能单位提供节能的经济诱因。

在用能权指标交易环节，用能权交易主管部门及政府相关职能部门有权指导用能权交易机构制定用能权指标登记注册、交易结转等业务规范，并监督其运营；有权指导用能权交易机构制定用能权交易标准化合约并进行备案管理；对用能权交易机构的管理情况和交易平台的运行情况进行合规性监督，制定对违规操作的用能权交易机构的处罚办法。用能单位则有权在用能权交易机构建立交易账户，有权获得挂牌交易额度询价及交易的相关信息，有权依照交易合同约定的方式出售用能权指标以获得对应价款，并有义务配合用能权交易机构完成交易结转等事项（曹明德等，2016）。

3. 用能权指标清缴

用能权指标清缴制度是用能权指标市场化交易的逻辑终点，意味着用能单位需要向政府主管部门提交与其实际能源消耗数量相等的指标数量，担负着保障稀缺资源实现优化配置的功能，是"管理交易"理论中命令与服从关系在此方面的体现。用能权指标清缴制度主要包括用能单位能源消费报告、第三方机构审查和履约这三大密切关联的要素。其中，用能单位的能源消费报告机制和第三方审查机制是用能单位清缴用能权指标的事实依据和对用能单位是否严格履约的一种监督；而信用评价机制和行政处罚措施的采用则是对未达成履约义务的用能单位所施加的制裁。申言之，用能单位根据经审核确认的上年度能源消费量，在规定期限内向主管部门足额提交用能权指标，即被视为完成清缴义务，未按时完成清缴义务的则需面临降低信用评价和罚款等一系列处置措施。借助用能权指标清缴环节，以能源消耗"双控"为目标的根本目的才能得以贯彻落实。

用能权的消灭是指用能权与权利主体相分离的现象，即用能权脱离原权利主体后不复存在，不再从属于任何主体。与用能权的初始取得和转移一样，用能权的消灭亦需要借助用能权注册登记电子化管理系统来实现，具体表现为政府主管部门将用能单位用于清缴的用能权指标在用能权注册登记系统内注销。虽然用能权消灭的公示方式单一，但是其消灭事由却是多元的，包括履约、收回、抛弃和期限届满等多种类型。其中，履约是任何情况下权利主体都必须履行的清缴义务，而回收、抛弃和期限届满则是权利主体履行清缴义务后在不同情况下对剩余用能权指标的处理方式。用能权指标清缴是用能权交易制度体系的逻辑终点，其意味着用能单位需要向政府主管部门提交经审定的与上一年度综合能源消耗量等额的用能权指标。用能权指标清缴还是用能权交易制度设计中的保障性环节。正因为存在履约的压力，用能单位才会在用能权交易市场中购买用能权指标的动因和进行节能技术改进的动力。也就是说，用能权指标清缴实际上担负着保障稀缺资源实现优化配置的功能，而此功能的实现还依赖于对履约监督机制和违约惩罚机制的有效设计。一方面，由于真实、准确的能源消耗数据对于履约具有相当重要的作用，它直接影响参与用能权交易的用能单位应当缴纳的指标数量，进而影响用能单位交易用能权指标的动机和策略；另一方面，用能权交易制度的使命在于以较低成本实现能耗总量和强度的"双控"目标，因此，确保经由用能权交易制度所设定的总量控制目标不因用能单位的超额用能行为而被突破或者因其虚假报告行为而被减损，是实现科学合理地设计违约惩罚机制的重要目标。所以，未来应重点关注对履约监督机制和违约惩罚机制的完善，避免"违法成本低、守法成本高"的反向激励问题出现。

在用能权指标清缴环节，用能权交易主管部门及政府相关职能部门应当监督用能单位用能权指标的使用情况及能源消费量报告、监测报告的真实性和科学性，制定不实申报和虚假交易的处罚办法，制定第三方审核机构的资质准入和从事核查业务的作业规范，对第三方审核机构从事核查业务的行为进行合规性监督，对违规操作和与交易主体串谋交易的第三方审核机构进行处罚。第三方审核机构应当按照法定程序和规则独立展开能源消费量报告的核查业务，据实出具核查报告，排除其他机构和个人有可能影响其公正性的干扰；有义务向主管机关提交与业务有关的信息和资料，并接受主管机关的业务稽查和监督；对在核查过程中获得的用能单位的经营管理信息和数据，除按照法律规定的要求公开之外应负有保密义务。用能单位应当按照要求制定计量监测方案，经设区的市人民政府用能权交易主管部门会同有关部门审核，报省人民政府用能权交易主管部门备案；用能权交易主体应当根据省人民政府用能权交易主管部门的要求，做好能源消费量数据计量、监测和统计，编制上年度能源消费量报告，经设区的市人民政府用能权交易主管部门初审后，报省人民政府用能权交易主管部门审核；用能权交易主体应当按照规定于每年清缴时限内依据经确认的上年度能源消费量履行指标足额清缴义务。

第3章　用能权交易制度的理论基础

用能权交易作为一种以较低成本实现节能目标的政策措施，其产生和发展必然承载着宽广而深厚的理论。用能权交易制度是在我国大力推进生态文明建设的战略背景下形成的，生态文明是人类文明发展的新阶段，是人类深刻反思产生生态危机的社会经济根源后提出的一种崭新的发展理念。以生态文明建设为目的，对用能权交易制度的理论基础进行多视角的研究，可以为我国用能权交易法律制度的构建和完善提供较为丰富的理论支撑。

3.1　用能权交易制度的经济学基础

3.1.1　用能权交易制度的经济学理论源流

用能权交易制度属于资源环境交易制度中的一种，其他同类制度还有排污权、碳排放权、节能量等交易制度，这类制度的出现源起于国家对环境问题解决手段多元化的探索，目的在于通过市场化手段解决环境资源使用所造成的环境污染和生态破坏等外部性因素及稀缺环境资源的高效配置问题，以促进绿色发展（张立峰，2017）。这些资源环境交易作为经济激励型的环境规制措施，具有共同的制度本质和经济理论基础。

1. 稀缺性理论

稀缺性问题是关于资源如何高效配置的问题，也是经济学的核心问题。1932 年罗宾斯在《经济科学的性质和意义》一书中第一次正式地把"稀缺"引入经济学，把在稀缺资源约束下人类的行为方式作为研究的主题。萨缪尔森和诺德豪斯（2012）认为，经济学的精髓在于承认稀缺性的现实存在，并研究能最有效地利用资源的社会组织形式。

经济学意义上的稀缺是指相对于既定时期或时间点上的人类需要，作为生产资源的自然资源、人力资源、资本、技术资源等是有限的（马中，2019）。肖志明（2011）认为，稀缺概括起来有以下几方面的特性：第一，稀缺的相对性，即稀缺本身是一个相对的概念，资源的稀缺性与这种资源绝对量的大小无关，即在给定的时期内，相对于人类无限膨胀的需求和欲望来说，生产资源的供给量是相对不足的；第二，稀缺的差异性，即在不同的地区，资源总体的稀缺程度或某些资源的相对稀缺程度由于客观地理条件的不同而造成分布不均；第三，稀缺的变动性，即在供给或需求一定的情况下，由于供给或需求强度的变化而导致的各种资源相对稀缺程度的变化。

能源资源作为一种生产资源，其也具有相对稀缺性。在生产力相对比较低下的早期社会，能源资源相对于人类生产需要的稀缺性并未显现。随着生产力的进步，人类消耗能源资源能力的突飞猛进的发展，以及对资源的不合理利用，导致了能源安全问题和环境与生态问题日益凸显。例如，张炎涛和唐齐鸣（2011）从物理性稀缺和经济性稀缺方面对中国煤炭资源的稀缺性进行分析，得出中国煤炭资源是稀缺的，总体而言，我国的能源稀缺性程度较高。庄立等（2011）也认为，我国自然资源面临着全面稀缺，能源资源具有高渗透性和相对稀缺性。克劳特克雷默（Krautkraemer）（2000）认为，在能源稀缺的未来，生态系统在支持人类经济活动方面会变得越来越重要，并且能源稀缺会以多种方式来影响生态，使得生态变得越发昂贵，从而影响经济社会的可持续发展。

构建用能权交易制度，实行能源资源使用权的有偿使用和转让，加强市场机制在能源消费总量控制中的基础性作用，是解决当前我国能源供应压力骤增和生态环境恶化等一系列能源环境问题的客观要求，也反映了稀缺性理论在能源利用领域的有效运用。在用能权交易制度体系中，能源总量控制是进行用能权交易的基础，因其明确了用能权指标的稀缺性，使二级市场中的指标交易有发生之可能。依据稀缺性理论，"稀缺性导致竞争性使用，产生了以价格调节供求之需"（王俊，2007）。企业要获取用能权指标必须支付对价，否则将会导致需求超过供给，引发资源浪费甚至枯竭。"在市场经济条件下，价格是资源商品相对稀缺性的信号和度量，是供给与需求的综合反映"（王俊，2007）。稀缺性理论合理解释了用能权交易市场中用能权指标价格的形成，有效反映市场稀缺程度的用能权指标价格有助于实现能源资源的有效配置。"市场机制对资源的基础性配置作用若想得到发挥,资源的稀缺性必须得到正确反映,并且只有当资源的稀缺性能被明确和真实地表达时,市场机制才可能发挥作用"(芮建伟和韩奎,2002)。综上可知,稀缺性理论为用能权交易制度利用市场机制实现能源资源的再配置提供了理论基础。

2. 外部性理论

最早注意外部性问题的是西奇威克(Sidgwick),西奇威克以建造灯塔为例说明了私人产品和社会产品的不一致问题,同时提出需要政府进行干涉。随后,马歇尔(Marshall)(1890)首次提出了"内部经济"和"外部经济"的概念,他将企业本身的资源配置能力和效率称为内部经济,将产业规模扩大、相似企业增多所带来的企业学习成本降低称为外部经济。在西奇威克和马歇尔所做的开创性研究的基础上,福利经济学创始人庇古(Pigou)运用边际分析方法,通过分析边际私人净产值与边际社会净产值的背离来分析外部性,从而形成了外部性理论(肖志明,2011)。庇古(1920)认为,"所谓外部性是指一个经济主体的活动对其他经济主体的福利所产生的有利的或不利的影响",强调的是某一经济主体的行为决策对他人或对环境造成了影响,而这种影响通常无法为市场价格所反映。由于这种影响处于市场交易或价格体系之外,不能通过市场机制得以消除,故被称为外部性。简言之,外部性指个人或企业不必完全承担其决策成本或不能充分享有其决策成效,即成本或收益不能完全内生化的情形(唐跃军等,2010)。

庇古把生产者的生产活动带给社会的有利影响称为边际社会收益,把生产者的生产活动带给社会的不利影响称为边际社会成本,在边际私人收益和边际社会收益,以及边际私人成本和边际社会成本之间背离的情况下,依靠市场自由竞争不可能实现帕累托最优(包晴,2010),从而导致市场失灵。这时,政府应采取外部效应内部化的经济政策来解决所谓的市场失灵:其一,可以对边际私人收益小于边际社会收益的部门进行奖励和补贴;其二,可以对边际私人成本小于边际社会成本的部门进行征税。这种政策后来被称为"庇古税",即通过对造成外部性的一方征税,使污染成本内部化,从而消除外部性(肖志明，2011）。

外部性的存在导致市场中的一方对另一方产生一定的影响，这种影响一般具备一定的正的或负的福利意义。维纳（Viner）（1932）进一步将外部性分为正外部性和负外部性，即如果给他人带来的是福利损失（成本），即某个经济行为个体的活动使他人或社会受损，而造成外部不经济的人却没有为此承担成本，则可称之为负外部性；反之，如果给他人带来的是福利增加（收益），即某个经济行为个体的活动使他人或社会受益，而受益者却无须花费代价，则其可被称为正外部性。

可以说，对于外部性的认识和研究与人类对于能源开发和利用的活动是相伴的。一方面，社会生产活动中能源消耗的外部不经济现象表现为企业使用环境资源的边际私人成本与边际社会成本之差。例如，企业大量消耗化石能源并从生产活动中受益，但其用能行为和排放行为所造成的治理费用却转嫁给社会，形成了所谓的外部不经济性。如果这种负外部性得不到有效遏制，经济发展所赖以存在的条件将持续恶化，最终将不利于经济的发展。另一方面，节能降耗的外部经济则表现为节能降耗者的边际私人收益与边际社会收益之差。例如，企业在生产中自觉采用低能耗设施，积极研发和使用节能技术，不仅可以减少能源消费，也可以促进外部环境的优化。但是，由于这种有益社会的生产行为一般难以得到相应的激励或补偿，且容易存在搭便车的行为，因此企业往往缺乏持续和主动实施节能降耗行为的动力和积极性（秦昌才，2013）。

一般而言，外部性产生的主要原因有三：一是资源产权缺乏界定；二是交易成本未将资源的所有生产要素纳入其内；三是公共部门的监管失灵（程芳，2013）。针对外部性产生的原因，特别是负外部性问题，学者们提出了行政直接管控和引入市场机制这两种"内在化"的主要途径。最初，基于庇古理论，较为广泛的做法主要是政府主导下的收取排放税费、财政补贴等直接管制方式。这类纵向一体化的政策措施虽然便于强制推动、见效迅速，但是由于政府不可能拥有市场与企业的完备信息，因而帕累托最优难以达到。也就是说，单纯依靠行政管控方式难以有效实现外部性的内部化。实际上，如果设计得当，运作良好的市场机制可以经济有效地将外部性内部化（高清霞等，2015）。例如，米德（Meade）（1952）指出，外部性导致市场损失效率的根本原因在于没有一个市场来交换制造外部性的权利，如果企业间能够通过市场来交易代表外部性的权证，那么相关的外部性将不复存在。科斯（Coase）（1960）也认为，只要制造外部性的产权清晰，通过在自由市场上的讨价还价及转移支付，可以将外部性完全内在化。这样一来，产权理论被引入到了环境治理中，国外的排污权交易、碳排放权交易、节能量交易等产权交易制度都是在这一经济学构想基础之上，通过市场机制和制度创新，基于环境资本构筑新的经济增长模式，以此内部化传统经济增长模式所带来的负外部性（唐跃军和黎德福，2010）。用能权交易制度作为我国制度创新的结果，也是通过市场机制推进能源外部性内部化的实现路径之一（蒋海舲等，2019）。用能权交易制度的主要内容就是在能源利用领域明确产权、创制市场并引入竞争，通过市场机制有效寻找节能减排的边际成本，进而产生高效率配置社会资源的结果，最终实现全社会节约能源和提高能源使用效率的目的。

3. 产权理论

产权是经济学理论的一个基本范畴。经济学家从不同的出发点对产权的界定各不相同。德姆塞茨（Demsetz）（1967）认为，产权是一种社会工具，它的所有者拥有以特定方式行事的权利。阿尔钦（1977）认为，产权是一个社会所强制实施的选择一种经济品的使用的权利。泰坦伯格（2011）则认为产权是指一系列用以确定所有者权利、特许和对其资源使用限度的权利。虽然学界暂时没有形成关于产权的统一定义，但对产权的本质、形式和功能等方面形成了共识。

本质而言，产权不是关于人与物之间的关系，而是指由物的存在和使用所引起的人们之间相互认可的行为关系，即一系列用来确定每个人使用稀缺资源时的地位的经济和社会关系（Furubotn et al.，1772）。产权安排确定了每个人相对于物时的行为规范，每个人都必须遵守他与其他人之间的相互关系，或承担不遵守这关系的成本。也就是说，产权是主体之间围绕一定财产发生和形成的责、权、利关系（黄少安等，2012）。需要注意的是，产权与所有权、财产权之间既有联系也有区别，不能简单地将其等同。一方面，从词源来看，产权的创始人科斯从一开始就把产权与财产权概念加以区分了，其在1960年发表的题为《社会成本问题》的著名论文中对产权的表述使用的是"right"或"rights"，并没有使用"property rights"，显然是有意回避或加以区别。另一方面，从法律渊源来看，产权起源于普通法传统的美国，普通法对财产权的定义较为宽泛，它不仅与有形物品有关，而且还与无形物品有关。普通法的所有权是一组权利束，放弃权利就意味着失去了一组权利。所有权便于将同一物品的不同属性的权利根据比较优势在不同的所有者之间进行分割，以便追求帕累托最优结果。由此可见，它非常适合市场经济的思想和内涵（杨卫国等，2007）。所以，产权的重要性在于对它的经济学分析，凡在市场经济活动中体现为经济利益的权利都涵盖在产权范畴内。

就产权的形式而言，任何资源的产权界定都是其产权形式的变化过程，即由共有产权逐渐转化为私有产权的过程。共有产权与私有产权分别是产权形式的两个极端。共有产权不具有排他性，即共同体内部的所有成员都有权利使用该资源，这类资源通常会因使用过度导致"公地悲剧"。而社会的进步将使越来越多的资源转变为私有产权形式，在我国的特定国情下表现为资源特定属性使用权利的私有化而非资源本身私有化（李仂，2016）。例如，对于具有市场属性的用能权，其产权界定实际上是能源使用资格由共有产权向私有产权转变的过程及私有产权不断被细化的过程，这一过程中部分主体将通过产权界定获得收益，一般对应着产权效率的提升。

从功能上而言，产权一般具有三类功能。第一，外部性内部化。从产权的视角看，外部性的产生原因是产权界定不清晰。在一项资源配置中，产权界定越明确，资源配置的外部性就越低，利益主体对于资源配置中的成本与收益的预期就越明确，通过调整产权结构能够实现外部性内部化，并使经济主体有充分利用手中资源获利的积极性（李昶，2018）。第二，激励与约束功能。在经济市场中，产权界定的对象是稀缺资源，"经济主体对产权的追求是对排他性权利的追求"（卢现祥，2010），产权越清晰，主体对于资源收益的预期也就越明确。产权的激励功能侧重于引导主体充分利用产权以获取更多利润，而约束则在激励的过程中充当限制性因素，防止主体超越行为边界，维护产权的完整性和有效性（李昶，2018）。第三，优化资源配置以降低不确定性。经济与社会环境日益复杂，而产生的不确定性将增加资源配置的成本，产权作为能约束人们经济活动的制度和规则，可以有效地应对这一状况，即通过在特定交易中形成相互认可的行为边界，帮助不同的利益主体形成该资源使用的稳定预期。

综上所述，经济分析的首要任务是界定产权。根据科斯定理，足够清晰界定的产权和足够低廉的交易成本是市场达成交易的前提条件，产权的明确界定可以将外部成本内部化，借助市场机制本身就可以解决由外部性问题所造成的市场失灵，并通过建立产权交易市场引导资源流向最有效率的地方，进而产生高效率配置社会资源的结果。产权理论和科斯定理为解决环境污染外部性问题提供了一种全新的解决思路，直接推动了排放权交易理论的产生和发展（聂力，2014）。排放权交易理论的核心在于内部化生产排放造成活动的外部性，通过制度设计把一种不需要支出任何成本的负外部性变成一种"稀缺资源"，并通过法定的形式明确这种"稀缺资源"的所有权（李国兴，2013），它能够在既定的总量控制目标下使排放治理达到成本—效益最优化（王陟昀，2012）。

当前，能源资源的过度消耗即是产权界定缺失的结果。缺乏明确界定的环境资源产权，市场机制便失去了发挥作用的基础，必然造成能源资源利用的低效率，即所谓的市场失灵，因此，在能源资源利用的过程中，相应的费用和效益应以产权的归属为根本依据（聂力，2014）。

用能权交易的主要意义就在于通过引入产权交易机制，在能源使用领域明确主体的用能产权，通过市场交易实现能源的集约高效利用，从而实现能源消费总量和强度"双控"目标（张立锋，2017）。首先，通过分配给用能单位相应的用能权指标，明确用能单位使用一定数量能源的合法资格，这是界定产权的过程。其次，通过产权的明确，准许用能单位之间根据边际节能成本的衡量与比较相互购买或出售用能权指标，这是产权交易和市场机制发挥作用的过程。最终，用能权交易市场中的价格信号将引导资源流向最有效率的地方，从而降低整个社会的节能成本，实现能源资源的优化配置。

4. 制度变迁理论

19 世纪末 20 世纪初，在被誉为制度经济学鼻祖的凡勃伦（Veblen）的带领下，经济学界对当时主流经济学理论开启了有关制度的讨论。在对新古典经济学中有关"制度不变"的前提假设进行反思的基础上，凡勃伦（Veblen）（1898）主张将制度视为动态演化的变量，以分析经济社会系统的演进。凡勃伦（1899）在其代表作《有闲阶级论》中指出"制度实质上就是个人或社会对有关的某些关系或某些作用的一般思想习惯；而生活方式所构成的是在某一时期或社会发展的某一阶段通过的制度的综合，因此，从心理学的角度来说，制度是一种流行的精神态度"。可以说，人类精神态度和行为模式的演化引起了包含各种习惯和文化在内的社会制度的演变，而理性的社会制度反过来促使社会成员逐渐形成理性行为（Mitchell，1910）。此后，康芒斯（Commons）（1934）在制度的概念、经济与制度的关系等方面进一步充实了旧制度经济学的讨论，但是，旧制度经济学的理论在解释力上依然是有限的，并没有提出实证的分析框架和方法（郁建兴等，2017）。

20世纪70年代初，随着主张国家干预的经济体普遍陷入滞胀危机，福利国家、凯恩斯主义成为众矢之的，经济学家们开始寻找和探究新的理论路径，其中以舒尔茨（Schultz）、戴维斯（Davis）和诺思（North）为代表的经济学家掀起了新制度主义的浪潮，他们率先将制度作为重要变量重新引入经济分析，制度变迁理论便应运而生（郁建兴等，2017）。舒尔茨（1968）从人力资本的角度出发，认为制度是经济领域的一个变量，制度变迁则是为适应人的经济价值的提高而引致的对新制度需求所进行的滞后调整。戴维斯和诺思（1971）认为，如果预期净收益超过预期成本，一项制度安排就会被创新。制度安排的形式可以是多样的，从纯粹自愿到完全由政府控制都有可能，制度创新的最终目的是将外在的收益内化，这种外在收益来源于多个方面，如规模经济、外部性、风险、交易费用等。

诺思的制度变迁理论主要由微观层次的变迁动力源泉理论、中观层次的制度变迁方式理论和宏观层次的制度变迁路径理论这三个部分构成：微观层次的制度变迁来源于相对价格的变化和个体偏好的变化这两个方面；中观层次的制度变迁是通过组织的知识发展及组织与制度间的持续互动来实现的；宏观层面而言，报酬递增和不完全市场则是形塑各经济体不同发展路径的重要因素

（蔡潇彬，2016）。诺思在早期的制度分析中坚持新古典分析法中"理性人"的假设，将演绎推理和建构理性作为分析的基本方法。他在后期则转换了制度分析的逻辑起点和基本方法，更多地借助社会学、心理学和政治学的分析方法，总体上经历了从理性建构到演化理性再到认知演化的发展过程（晏鹰等，2010）。例如，诺思（1990）认为，"制度是一个社会的博弈规则，或者更规范地说，它们是一些人为设计的、形塑人们互动关系的约束，由非正式约束和正式的法规组成"。他还指出，"制度变迁是从均衡到不均衡再到均衡的循环往复，是对构成制度框架的规则、准则和实施组合的边际调整。与制度变迁相对的概念是制度稳定，这种稳定就是一种均衡，它是指在行为者的谈判力量及构成经济交换总体的一系列合约谈判给定时，没有一个行为者会发现将资源用于再建立协约是有利可图的"。诺思（2005）指出，即使两个社会面临相同的相对价格变动并且建立起大致相同的初始制度，这两个社会仍然会在随后的变迁过程中，因文化传统和价值观上的差别而走上不同的道路，演化出相距甚远的制度安排。由此可见，诺思在其后来的研究中越来越重视人们的信念、认知、心智构念和意向性在人类社会制度变迁中的作用（韦森，2009）。于是，基于演化经济理论和哈耶克的认知进化观点，诺思提出了人类社会制度变迁的"环境—信念—制度"的一般规律（刘勇等，2012）。

在制度的构成要素方面，斯科特（2010）认为，制度至少应包括规制性要素、规范性要素及文化-认知要素三大方面。诺思（2014）则认为，制度由非正式约束、正式约束和实施构成。在诺思看来，正式规则与非正式规则没有本质上的差异，它们之间只存在程度上的差异。可以说，相互耦合共生的正式制度与非正式制度共同创制了社会的整体制度结构系统（何一鸣等，2012）。例如，德国著名社会学家韦伯认为，特定时代的社会制度的建构与演进不仅取决于包括法律、技术、管理在内的制度因素，还依赖于包括道德、习俗、宗教在内的文化传统（袁易明，2013）。非正式制度依附于复杂的社会关系网络而发展（Rosenbaum，2001），它是正式制度形构和变迁的土壤，正是这种非正式制度下形成的理性精神引导着社会制度不断地向合乎人类社会伦理规范的方向发生变迁（Billig，2000）。因此，对于社会转型过程中的制度变迁研究，文化因素的作用不容小觑。

在制度变迁的类型方面，受诺思的理论影响，拉坦（Ruttan）（1978）基于"供给—需求"的理论模型，并采取渐进主义的方式，提出了一个诱致性制度变迁的理论：对制度变迁需求的转变是由要素与产品的相对价格的变化及经济增长相关联的技术变迁所引致的；对制度变迁供给的转变是由社会科学知识及法律、商业、社会服务和计划领域的进步所引致。拉坦和速水（Hayami）（1984）则指出，制度变迁可能是在政治家、官僚、企业家或其他人的指引下创新努力的结果，这是因为制度创新所形成的收入流提供了利用政治资源来分割收益的激励。在此研究基础上，林（Lin）（1989）进一步把制度变迁区分为诱致性制度变迁和强制性制度变迁。他认为，诱致性创新并不是新制度安排的唯一来源，自发过程中产生的制度供给将少于最佳供给状态。而作为国家权力的拥有者，政府是可以采取行动来矫正这种制度供给不足的。只要统治者的预期收益高于他强制推行至变迁的预期费用，他将有动机采取行动来消除制度不均衡。此外，罗兰（Roland）（2004）则从转轨经济学的研究范式出发，把制度变迁区分为渐进式制度变迁和急进式制度变迁。关于制度变迁的理论模型都假定制度在大多数时间内是相对稳定的和处于均衡状态的，只是在边缘地带会出现革命性的而非渐进性的变迁。制度变迁的正式层面可能是突然发生的，而非正式层面特别是规范性要素和"文化—认知"要素则更可能是渐进的，且往往最先出现变迁（坎贝尔，2010）。其中，渐进式变迁模式也称演化变迁，是以一种小幅的、渐进的步伐沿着某一单一路径和特定方向而进行的持续性变迁，仍然继承了以往制度安排的许多特征（Nelson et al.，1982）。制度主义者往往把演化性变迁归因于路径依赖过程，在这个过程中，突发性的实践或者决定导致了制度的确立，而这种制度会存在很长时间，并制约行动者将来的选择范围，包括使行动者不能进行那些最终可能更为有效的选择（North，1990）。

综上分析可知，国外有关制度变迁的研究已经形成了一个相对成熟的理论体系。在此基础上，我国结合经济体制改革的实践经验形成了具有本土特色的制度变迁理论。根据制度变迁理论，"制度是一种社会博弈规则，制度变迁的动力是各利益主体期望在制度下获取最大的外部潜在收益，当这一外部潜在收益超过制度运行的预期成本时，一项新的制度安排就可能被创造"（刘险峰，2019）。例如，在节能政策方面，我国自改革开放以来在由计划经济向市场经济转轨的过程中逐渐形成了以政府规制为主要特征的节能管理模式。作为一种特定的制度安排，这一节能管理模式具有以政府行政指令管理和以法规约束等强制性手段为主自上而下推进和较为稳定等基本特征，表现出制度安排在一定时期内的路径依赖。诺思（2014）把这种路径依赖解释为"过去对现在和未来的强大影响"。

长期以来，以政府规制为主的节能管理模式虽然取得了一定成就，但市场分散性决策的信息成本过高逐渐成为了政府资源权利配置的约束条件，在发展过程中逐渐暴露了难以调和的管理冲突和难以克服的效率困境问题，这为政府逐渐放松对配置资源权利管制的范围的自我革新及新的制度供给提供了现实需求，并让位于分散决策单位进行产权运用和调配，从而引起资源配置的激励机制和行为、角色的重大变化（何一鸣等，2009）。现实情况表明，我国节能管理正在由单一的政府规制主体向政府、市场和社会多元治理主体转变，由单一的政策工具向政策工具、市场工具、社会工具相结合的多元化工具体系转变，由政府和社会外生约束向企业内生需要转变。在多元治理模式中，市场机制和社会机制共同成为节能管理的核心机制，这是规避政府规制模式管理冲突风险和实现节能与经济双效率提升的关键（刘险峰，2019）。从用能权交易产生的制度动因来看，当传统的行政命令、能源税、行政处罚等制度的实施难以有效提高能源效率、优化能源结构和控制能源消费总量的增长时，就需要寻求新的制度以改变上述状况，即通过激励机制促使节能降耗，从而以高效率低成本的方式实现节能降耗和经济发展等方面的双赢。换言之，传统行政管制手段也是一种对能源使用资格的产权界定，但这种产权在政府规制模式下不具有可转让性，因此是一种不完全的产权结构。而在市场交易机制下，用能权具备完全产权结构，不仅能够提高能源资源的配置效率，而且能够促使企业的节能行为内生化，为进一步提升节能效率和经济效率提供产权激励。

3.1.2　用能权交易的作用机理

用能权交易产生的条件是不同用能单位间的边际节能成本存在差异。在用能权交易机制建立后，用能单位的能源消费量受到所拥有的用能权指标的约束。由于不同用能单位的边际节能成本是不同的，为追求自身利益最大化，用能单位必然会对节能的边际成本与用能权指标的市场价格进行比较，边际节能成本较低的用能单位会考虑通过出售多余的用能权指标获利，节能成本较高的用能单位会考虑向市场购买用能权指标从而降低节能成本，故而用能权交易得以进行。图 3-1 阐明了用能权交易的作用机理。假设某地的用能权交易市场上只有两家用能单位，分别为甲和乙。该地的能源消费总量目标确定后，相应的用能权指标总量可以表示为 E_1E_2。通过对用能权指标的初始分配，甲分配到的用能权指标为 E_1E_q，乙分配到的用能权指标为 E_2E_q，$E_1E_q + E_2E_q = E_1E_2$。该图中，横轴表示用能单位的能源消费量，纵轴表示边际节能成本，用能单位甲和乙进行节能的边际成本曲线可以分别表示为 MC_1 和 MC_2（假设 MC_1 的斜率小于 MC_2，即甲的边际节能成本比乙低）。甲和乙的边际节能成本相等时的均衡价格即为用能权指标的市场价格，即 P^*。在用能权交易体系下，甲和乙的用能权指标可以在市场上进行交易。在能源消费量 E_q 点，甲的边际节能成本低于用能权指标的市场价格 P^*，从利益最大化的角度来看，甲会选择持续进行节能技术改造的策略，其节约的能源消费量会转化为富余的用能权指标，从而可以将之出售给乙。相反，在能源消费量 E_q 点，乙的边际节能成本高于用能权指标的市场价格 P^*，从利益最大化的角度考虑，乙会选择降低节能成本的策略，即从用能权交易市场购买用能权指标以完成履约义务。

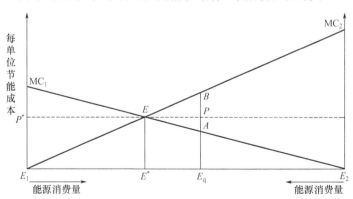

图 3-1　用能权交易的作用机理

从图 3-1 可以看出，用能权交易可以有效实现能源资源的合理配置并降低社会总的节能成本。在用能权交易市场的作用下，能源消费量在用能单位甲和乙之间得到了重新配置。边际节能成本较低的甲最终的能源消费量为 E_1E^*，节能量为 $E_1E_q - E_1E^* = E^*E_q$。乙由于边际节能成本较高，最终的能源消费量为排放了 E_2E^*，多消费的数量为 $E_2E^* - E_2E_q = E^*E_q$。当甲和乙最后一单位的边际节能成本相等即 $\triangle MC_1 (E^*) = MC_2 (E^*)$ 时，用能权交易市场达到了静态的局部均衡，甲和乙都获得了一个净收益，甲通过出售富余的用能权指标可以获得面积为 $\triangle EPA$ 的收益，乙的节能成本减少了面积为 $\triangle EPB$ 的成本量。由此可见，通过市场交易，所有用能单位的能源消费总量 E_1E_2 没有变，而且社会总的节能成本减少了面积为 $\triangle EAB$ 的成本量，也即在实现了能源消费总量控制目标的同时不仅实现了能源资源在甲和乙之间的有效配置，亦达到了整个社会节能成本的最小化。

当然，用能权交易机制也存在一定的局限性。在总量控制目标确定后，用能权指标的价格由市场供求机制去发现，而实现用能权交易市场的均衡需要较长的时间，不仅需要寻找相关市场的交易信息和风险信息，也会产生较大的交易成本。另外，如果市场机制不完善，则可能会出现垄断用能权的问题，这就涉及政府监管成本的增加，用能权交易机制的资源配置效用也会随之受到影响（肖志明，2011）。

3.2　用能权交易制度的社会学基础

20 世纪下半叶以来，随着资本主义结构性矛盾的逐级显现和全球化的进一步纵深拓展，现代社会所关注的焦点逐渐转向了社会风险问题（陶建钟，2014）。全球正在进入具有高度不确定性的风险社会时代。"风险社会"作为一种概化话语，逐步从一个学者的个人创见转变为一种公共性的概念工具，在社会学领域取代了对社会问题这一传统概念的表达使用（薛亚利，2014）。风险社会并不是历史分期意义上的概念，不是某个具体社会和国家发展的历史阶段，而是对目前人类所处时代特征的形象描绘（杨雪冬，2006）。风险成为现代社会的重要特征，并正在改变现代社会的运行逻辑与规则，人类社会的价值理念、行为方式正在被系统化地重构（范如国，2017）。

在科学技术的推动下，社会生产力得到了快速发展，工业社会获得了极大的成功。然而，科技进步这一把双刃剑在创造社会财富、推动社会进步的同时也加剧了贫富分化，引发了环境、生态、资源等方面的一系列危机，给人类自身造成了诸多负面效应和潜在的威胁（王贵松，2013）。因此，风险理论家也往往从生态危机的角度来展开对现代性的反思。风险社会理论是当代社会发展理论的重要组成部分，具有极强的现实关照性和分析能力。工业社会的负面影响使全球处于风险之中（胡炜，2013），能源消费虽促进了各国的经济发展，但以化石能源为主的能源消费结构也造成了严重的环境污染和气候变化问题，全球节能减排形势依然严峻。用能权交易制度和排放权交易制度就是在能源安全和全球气候变化直接威胁到人类的生存与发展的背景下形成的。从风险社会理论的视域研究我国社会转型期所创建的用能权交易制度，可以拓展我国用能权交易理论的广度，为当下反思和完善用能权交易制度提供重要的理论工具和崭新的语境。

3.2.1 西方风险社会理论的主要流派

自 1986 年德国社会学家乌尔里希·贝克在其著作《风险社会》中首次提出"风险社会"的概念以来，"风险"一词已成为理解现代社会的一个核心概念。风险社会中的"风险"本身并不是"危险"，而是一种相对可能的损失、亏损和伤害的起点。贝克认为，危险适用于任何时期，危险下的各种威胁都来自于由自然灾害造成的不可改变的集体命运，种种威胁都不是人力造成的，与人的任何决定无关（刘少杰，2009）。换言之，区别风险与危险的关键点在于损害是否因人的决定而发生，而非损害的发生概率，即损害可归责于决定者自身时是"风险"的问题，而损害与自身的决定无关时则是"危险"的问题（王贵松，2013）。贝克（2018）指出，风险可以被界定为处理现代化自身引起的危害和不安的系统方式。与早期的危险相对，风险是与现代化的威胁力量及现代化引致的怀疑全球化有关的后果。后经道格拉斯、拉什、吉登斯、卢曼、卢普顿等人的进一步拓展，把"风险"这一视域和话题推向学术前沿，并在实践中积极寻求风险社会突围的路径，继而形成了众多的理论观点和不同的研究维度。

风险社会理论是对未来世界和现实世界可能存在和业已存在的"社会疾病"经过详细地了解分析之后得出的一个诊断性结论，该结论是预见性和判断性的统一，为当代世界的深刻变迁提供了新启示、开辟了新视野（董才生等，2015）。卢普顿（1999）将有关风险社会的研究归纳为风险社会理论、风险治理性理论和风险文化—象征理论这三种研究范式。杨雪冬（2006）则将西方风险社会的理论流派梳理为三个方面：制度主义的、文化意义上的和现实主义的。何小勇（2007）认为西方社会发展理论层面的风险研究主要有风险社会理论、风险文化理论、风险的复杂自系统理论和风险的"治理性"这四大理论流派。张广利和许丽娜（2014）则将当代西方风险社会理论的研究总结为三个维度：制度维度、文化维度、系统与环境维度。风险社会在本质上指的是一种社会秩序的风险，它不仅改变着社会结构，而且改变着人类的思维和行为方式，甚至从制度和文化上改变了传统社会的运行逻辑（张成福等，2009）。当前西方学界对风险问题的关注和研究是从不同的学科立场和不同的理论范式展开的，其中，风险社会理论、风险文化理论、风险的复杂自系统理论把风险问题与当今世界的现代化潮流和对现代性本质的揭示联系起来，从风险的独特视角透视现代化进程及其未来趋势，具有一定的启示作用。

1. 风险社会理论

从制度维度对现代社会风险及风险社会进行研究的主要代表人物是贝克和吉登斯，他们认为现代社会风险是现代性变异的一种结果，贝克和吉登斯正是基于对 20 世纪以来高科技的发展及各种制度建构具有的自反性的深刻认识，以及对现代性断裂、现代性的风险后果等进行深刻阐释的基础上，提出了他们的风险社会理论。从现代制度和社会结构角度出发，贝克和吉登斯在现代性的框架下对现代风险的根源、风险社会的形成及现代风险的应对策略等问题进行了独到分析和阐释（张广利，2019）。

关于现代风险的根源，贝克（2018）主张，现代风险是全球化时代毋庸置疑的客观社会现实，这种事实表明，当今人类正处于从工业社会向风险社会的转型过程中。吉登斯（2011）指出，风险社会是由于新技术和全球化所产生的，是现代社会中基于人们区域化和例行化的实践活动而形成的制度实践的后果。他们都认为，风险在根源上是内生于现代性之中的，也即现代风险的出现是现代性的必然产物。虽然人类认识和消除风险的能力在现代制度的构建下大大提高了，但是，伴随着人类的各种决策与行为，也产生了诸如技术风险和制度风险之类的新的更大的风险（张广利等，2014）。人们破坏和污染大自然所带来的负面效应及这种负面效应继而又带来的各种新的负面效应早就存在于最初的有关工业现代化的基本制度之中，其表现为生态环境的恶化、社会冲突的增加、经济发展的波动等。也就是说，风险社会的主要来源不在于自然，而在于拓殖自然的制度与技术（陶建钟，2014）。

在现代化进程的连续性中，风险的社会化生产与财富的社会化生产二者系统相伴，稀缺社会的财富分配逻辑开始向风险分配逻辑转向。伴随社会逻辑基础的改变，风险和潜在自我威胁的释放达到了前所未有的程度（贝克，2018）。面临这种变异，一方面，现代社会的制度和结构难以有效应对；另一方面，个体也内嵌于制度框架之中成为了风险承担主体并进一步导致变异加剧，因此，风险社会最终形成（张广利等，2014）。在风险社会中，工业化所产生的威胁开始占主导地位，并且人们无法用常规的经验来应对，正如亚当（2005）等所言："每次当我们发现威胁和危险变得越来越危险和明显的时候，就越难以通过科学的、法律的和政治的手段来找到证据、找到原因和进行补偿"。可见，风险社会是工具理性、制度、社会行动拓展过程的意外性后果，同时，在应对意外性后果的制度性补救措施中，由于理性制度化本身的悖论因素，风险社会遂成为一个闭合式的循环过程，风险恰恰是从工具理性秩序的胜利中产生的（贝克等，2001）。而且，这些新的风险是现代制度所无法解决的，风险已成为一种"制度化"的风险（严燕等，2014）。由此，风险的制度化转化为制度化的风险，使制度与规则不能自身求解而一并陷入悖论：一方面，风险的控制与治理依赖于对制度结构本身的不断调整、优化与创新；另一方面，变动的制度结构又在不断地制造风险并且制约与限制着人的活动。

对于如何规避和应对风险，贝克和吉登斯表现出一种强烈的制度主义倾向，即在制度失范的风险社会建立起一套有序的制度和规范，从而对社会风险进行有效的控制。贝克认为风险社会的因应之策主要在于科学的自省和政治的开放这两个方面：其一，要促进科学内部的自省，打破科学的垄断，促进科学的普遍化，在反思性科学化中实现专家与民众之间的风险沟通，让社会理性和科学理性发挥交互作用和耦合效应；其二，要使政治与亚政治相互作用，通过再造政治使共同的经济决定、科学研究议程、发展计划和新技术的部署向一般化的讨论过程开放，重建理性根基，进而有效因应风险社会的挑战（王贵松，2013）。反之，吉登斯认为贝克所预设的制度格局仍闪烁其词，并从宏观和微观两个层面提出自己对风险社会的应对之策：宏观上，通过创建乌托邦现实主义的模式来应对风险，具体包括解放政治和生活政治、地方政治化和全球政治化、社会运动、重构激进政治思想和第三条道路等；微观上，通过个体对风险的主动和被动接受，发挥保护壳的作用，以此来抵御和应对风险，走出风险社会的困境（夏和国，2014）。尽管在应对风险的路径上，贝克和吉登斯有着不同的见解，但是，他们均侧重于通过改良政治制度架构以更好地加强风险治理。进一步而言，他们着重于关注形式和制度，却忽视了制度之外的社会、文化和政治的交互作用，最终导致文化和经济生活的社会分析被边缘化了（李先悦等，2015）。

2. 风险文化理论

　　风险文化理论开创性地运用文化视角来看待风险，关注现代风险如何在特定的风险文化背景中被建构出来，突出强调在风险形成、评估等过程中价值判断、道德信念等所起的重要作用，弥补了原有理论在建构视角中的不足（张广利等，2014）。

　　风险研究的文化维度最早由英国人类学家玛丽·道格拉斯所开创。风险文化理论的起源始于道格拉斯对文化分类的思考。道格拉斯一直致力于探索一种能够解释所有文化类型的分类体系，并试图将不同社会类型放置于同一体系当中，对其文化价值观、意识形态、风险感知等进行比较。在道格拉斯看来，风险实际上并没有增多和加剧，只是被察觉、被意识到的风险增多和加剧了，现代人对风险的挑选与识别要受到道德秩序、社会情境与特定的集体认知结构的影响（Rayner et al.，1987）。换言之，风险的排序与挑选有赖于社会组织不可避免的文化偏好（Douglas et al.，1982）。在这一理论情境下，"风险"被笼罩上了一层道德和政治的建构色彩，这为客观事实与集体观念之间架起了沟通与联系的桥梁（王郅强等，2017）。由此可见，风险文化理论不仅带有与生俱来的强社会建构主义特征，还表现出明显的"集体建构"共性（鲍磊，2016）。

20 世纪 90 年代，英国社会学家斯科特·拉什回顾了道格拉斯等学者的研究成果，提出了文化视角的自反性现代化的观点，并系统地提出了风险文化理论，最终确立了该理论在风险社会学理论中的一席之地。拉什相信，走出现代性困境的正确路径必然来源于风险文化（王郅强等，2017）。拉什认为，风险社会的概念和理论表述无法准确描绘出人类当前深具不确定性、无序性和无法预测性的社会风险情境，因为风险并非客观实在的，现代社会风险不是一种制度规制下的社会秩序，而是作为一种心理认知的结果，凸显的是一种文化现象（张广利等，2017）。拉什对风险文化寄予了深切厚望："我们可能需要向风险社会告别，迎来风险文化的时代"（拉什等，2002）。道德、习俗、传统、宗教等文化概念在风险文化的强调下为价值理性注入了具体的文化内涵。风险文化以主观性的象征符号而非规则作为治理形式，它通过实际价值而非程序性规范传播，呈现出反思性或非决定性的无序状态（Adam et al.，2000）。根据风险文化理论，风险是人们主观上文化感知的结果，主体的自我能动性与反思能力在风险规避中发挥着极其重要的作用。也就是说，在现代社会对风险的应对方面，风险文化理论主张全面提升人类整体的风险意识，既承认风险的毁灭和破坏作用，又承认人类成长进步的光明前景，强调把风险意识视为一种具体的反省批判意识（刘岩，2010）。风险文化理论认为，只有价值关怀和道德理性才能成为应对现代社会风险的良药，人们在认识和体验了工具理性、科技理性的负面作用后，仍有必要重新回到价值理性的怀抱中（张广利等，2017）。

总体而言，风险文化理论的提出开启了从文化角度看待风险的独特建构主义认知视角，进一步深化了人类对风险问题的理解与认知（王郅强等，2017）。风险文化理论的本质在于通过推动价值理性和社会理性的回归，在现代社会风险笼罩的氛围中形成以道德和价值为基础的风险规避文化。在风险文化理论的语境下，人们更多地依靠价值信念、正义和道德理念来处理现代社会中充盈的各种风险问题，而不再诉诸技术更新来应对和解决弥散于全球的各种风险。虽然风险文化理论过于倚重从人们的主观意识出发来阐释风险问题，忽视了工具理性的积极作用，理想化色彩较为浓重，但还是为摆脱风险社会的制度主义结构困境提供了另一种思路（张广利等，2017）。

3. 风险的复杂自系统理论

卢曼是从系统与环境维度对风险社会展开研究的代表性人物，他以社会系统理论为基础阐释了现代社会的风险问题，重点从系统与环境之间的互动及各种系统简化环境的复杂性机制的角度，对风险的产生及如何应对展开分析和研究（张广利等，2014）。在卢曼看来，现代社会作为复杂的功能分化社会，其本质上属于一个风险社会。具体而言，在现代社会中，因社会系统的功能高度分化而导致极端复杂性增加，伴随社会复杂性而来的则是难以避免的社会偶然性（彭飞荣，2018）。虽然系统的功能在于减少复杂性，但由于社会子系统之间互为环境，为减少复杂性而进行系统建构又将增加另一些系统的复杂性，从而导致偶然性将不断增长（秦明瑞，2013）。如果说复杂性意味着被迫选择，那么偶然性则意味着遭遇失望的风险和冒险的必然性（卢曼，2013），偶然性概念必然使复杂性概念带有风险的含义，这就必然会使现代风险问题不断衍生（张广利等，2014）。

卢曼（2020）认为，伴随功能分化而产生的社会结构的多重复杂性和不确定性是现代社会风险产生的根源，规避和应对风险的可能性在于如何增强反省，使社会分化的功能转移相对化。虽然卢曼没有给出应对风险的直接方案，但他提供了一个规避风险的可能性，即提高系统的反思能力，让系统依靠自我参照性的反思性本质进行系统的分化和演化（高宣扬，2016），从而使社会分化的功能转移相对化，以便于有效控制难以抑制的社会权利和利益增长的冲动（张广利，2019）。综上所述，卢曼所提出的较为抽象的风险系统理论为当今人们进一步认识风险社会提供了一个较为独特的视角。

3.2.2 风险社会的中国情境与用能权交易制度

在全球化加速、现代化进程加快、科技创新加速和国际政治深刻变化的大背景下，伴随着深刻的系统性结构转型，人类社会进入了一个高度不确定和高度复杂的全球风险社会时代（范如国，2017）。在全球风险社会的宏观背景下，当代中国社会也正在步入风险社会。当代中国虽然还没有进入西方那样的高度现代化阶段，但此时面临的风险问题也极其复杂，在全球化的情景和建构和谐社会的语境中，当代西方风险理论主要流派的观点为当今在全球化时代反思中国的现代化进程提供了重要的理论资源。

中国式风险社会有着其自身的特点，这是由作为后发国家的历史地位所决定的，也是由中国社会的基本现实所决定的。与西方基于自然地域性关联脱域出来的文化模式与社会运行机制不同，中国的现代性是外发型的（王郅强等，2017）。当代中国正面临着经济体制转轨、政治体制改革、多元文化碰撞、社会结构变迁和环境生态保护等诸多变化与挑战。放置于全球范围内，这一剧烈变化的形式可能具有共性，表现为工具理性、科技理性和经济理性彰显十足，例如环境污染、生态破坏、贫富分化、社会矛盾凸显等现代风险频发等（张广利等，2016）。但是，由于中国在社会政治、经济、文化、环境等方面与西方国家存在相当大的差异，所以还会显现出具有中国国情的风险社会之动因与结构（王郅强等，2017）。现今的中国社会，"现代化进程遵从着主权国家的建设逻辑，上层建筑在各个发展阶段都发挥着极为重要的作用，国家的主体性所拥有的精神与物质资源决定了社会发展的方向与价值"（张广利等，2016）。例如，环境风险是如今我国实现可持续发展不得不面临的挑战，当环境污染、生态破坏、能源危机等以看得见的方式被人类感知时，人类才不得不在对自身安全和人类永续发展的战栗中接受环境保护和生态文明的观念。在以问题的解决为中心的基本共识中，用能权交易制度继排污权交易和碳排放权交易制度之后也被历史性地推到了前台。

如果说制度不仅是迄今为止人类社会最有效的一种组织形式，也是风险社会求解的一个基本思路，那么，我国应对风险社会的可能选择则在于通过对现代性进行深刻反思并以积极的姿态来改革和重塑能够包含文化理性与生态政治的制度（陶建钟，2014）。

其一，如果说制度是引发风险的原因，那么制度也可以成为风险的解决途径。问题的关键在于如何以价值理性为尺度来审视制度的结构与过程，从中不断地确认符合反思性、现代性的内容，对制度进行一种文化启蒙，建构合理的风险文化来加以自省，为审美意义上的反思性找到现实的制度载体。比如说，传统能源理论认为能源效率与经济效率的内涵具有趋同性，能源问题的本质是经济问题（肖国兴，2012）。在这种工具理性的主导下，能源价格只反映了资本成本，能源利用反映的是"物"的经济属性对私主体需求的满足，其不仅忽视了环境成本，也忽视了人与自然之间具有的不可分离和不可解构的结构性关系，从而导致了一系列危机的出现，给人类敲响了"风险"警钟。为有效化解风险，必须将人与自然的和解置于道德审视和制度约束的框架之中。近年来，能源的生态价值在生态文明理念的贯彻下得到了应有的重视，兼顾"物"之经济与生态双重价值的"资源社会性"理论把能源利用的视角转向了社会公共福利的增加，反对将能源视为私主体确定无疑的自由财产（黄锡生等，2011），能源资源消耗的机会成本及生态功能价值应包含在投入成本中。这一转变为用能权交易制度的产生注入了文化理性，为实现节能降耗和促进绿色发展提供了一条崭新的路径。

其二，制度的生态政治要求国家主导的风险治理遵循从一元化向多元化视角转变的规制治理趋势。也就是说，"在多元化主体、多样性存在、多方向生长的制度（包括非正式制度）之间，在形成合乎生态法则的一致与冲突、分化与整合、分权与制衡的过程中实现良性互动"（陶建钟，2014）。在风险社会中，人们根据面临的风险而组成平面扩展的各种政治或社会的联盟，但这些联盟不再遵循传统社会等级式的、垂直的结构模式，而是根据不同的议题而不断形成和瓦解（张广利等，2016）。因此，在用能权交易机制的运行过程中，建构多中心、合作式的复合治理成为了可供选择的理想模式，即在强化用能权交易主管部门监管的同时保持用能权交易机构、第三方核查机构等主体的相对独立性，"使之具有足够的生长空间与治理能力，形成多元参与、互相协作的生态政治图景，逐步走向治理体系的现代化"（陶建钟，2014）。另外，在用能权指标初始分配过程中，分配结构应逐渐由垂直型结构向扁平化结构转化。正如吉登斯、贝克等人所说，现代风险的跨边界特征要求更多的治理主体出现并达成合作关系，有明确地理边界的民族国家不再是风险社会的唯一治理主体。

3.3　用能权交易制度的法学基础

用能权交易制度鼓励用能单位进行用能权交易，通过单个经济主体获利或支付成本的方式，既节约了定价的社会成本，也使得个人理性与集体理性达成一致，从而在客观上实现节能目标。此种激励相容目的的实现不仅必须满足个人将制度和规则内化为偏好的要求，而且还有赖于完善的制度和规则以减少和消除非理性的背叛策略（孙斯坦，2002）。由此可见，用能权交易制度对法律制度有高度的依赖性，因为法律制度是所有制度中最重要的具有反思能力的社会建制（胡炜，2013）。法律制度最大程度地凝聚和涵摄了社会共识和生活事实，以有效调整社会关系、建立和维护客观公正的社会秩序为目的。所有可以被称为法律制度之制度，必然要关注某些超越特定社会结构和经济结构相对性的基本价值（博登海默，2017）。在将用能权交易制度纳入合目的性的法律框架之中进行审视的过程中也要注意到，用能权交易制度也是人类法律发展和反思的演化结果。

3.3.1　法的价值理论与用能权交易制度

法的价值"是以法与人的关系作为基础的，法对于人所具有的意义，是法对于人的需要的满足，是人关于法的绝对超越指向"，此外，法的价值"还应当而且也确实具有人们的期望、追求与信仰的意义"（卓泽渊，2000）。用能权交易法律制度的构建也应反映人们的某种精神诉求，即"某些超越特定社会结构和经济结构相对性的基本价值"（博登海默，2017）。按照一般法理，包括用能权交易在内的环境权益交易法律制度的构建也应反映出法所具有的正义和效率等价值，同时，这些价值也共同构成了该法律制度所追求的目标和评价标准

（曹明德等，2016）。

1. 正义价值与用能权交易制度

在法的价值诉求中，正义具有优先地位，正义价值是实现法的其他价值诉求的根本保障，法只有具备了正义诉求，其他价值的实现才会有理性根基（曹明德等，2016）。可以说，正义乃是法哲学的永恒主题，正义问题伴随着法律历史发展的始终。正义是一个古老而又常新的概念。拉丁文中的 justus 兼有正义、合法、合法性等含义，现代英文里的 justice、德文的 recht 等也含有类似的语义。在中文里，正义即公正、公平、公道（张文显，2007）。古罗马法学家乌尔比安首创正义的概念，他认为"正义乃是使每个人获得其应得的东西的永恒不变的意志"（博登海默，2017）。正义有着一张普罗透斯似的脸，近代时期，霍布斯、休谟、边沁、庞德、凯尔森、罗尔斯等思想家也都阐述了其对正义的理解（曹明德等，2016）。例如，罗尔斯（2009）认为，"正义的对象是社会的基本结构，即用来分配公民的基本权利和义务、划分由社会合作产生的利益和负担的主要制度"。虽然不同的社会制度奉行不同的正义观，各个历史时期的思想家对正义的解读存在差异，但是正义的公正性本质是不变的。因为每个社会都面临着分配权利、限定权利范围、使一些权利与其他权利相协调的任务，所以，正义所要求的赋予人的自由、平等和安全应当在最大程度上与共同福利相一致（博登海默，2017）。在传统立法中，正义以自由、平等、安全等为追求要素，不具备超世代性的特征，重在保障特定空间和时间范围内当代人的正义（曹明德等，2016）。正如恩格斯所言，"每一时代都有特定的理论思维，从而我们时代的理论思维，都是一种历史的产物，在不同的时代具有非常不同的形式，并因而具有非常不同的内容"（中共中央马克思恩格斯列宁斯大林著作编译局，2012）。然而，随着"生态法"概念的问世，正义的诉求融入了新的元素，不论是当代人的利益还是后代人的利益均被纳入正义观念中，成为其重要组成部分（曹明德，2007）。生态立法在强调保护当代人利益的同时也注重对后代人利益的保护。可以说，生态立法的正义价值诉求突破了传统立法之限制，是一种贯穿时空维度的正义，既强调从空间维度层面确保代内所有成员环境利益之实现，又强调从时间维度层面保障子孙后代应享有的环境利益。申言之，生态立法所追求的正义是一种综合代内正义和代际正义诉求的生态正义，循此进行制度设计时，应把当代人和后代人放在同等地位上考虑，兼顾代内利益和代际利益的协调。例如，社会环境成本的计算不但要考虑代内的外部成本，更不能忽视环境资源外部成本在时间上的延续性（吕忠梅，2003）。总之，生态法背景下正义的落实需要建立在尊重自然、社会和经济规律及人类平等权利的基础上。

应当说，能源的特殊之处在于它首先作为一种商品存在于市场交易中，同时又对现代社会的福祉至关重要，能够为人类生命权、健康权、劳动权等基本人权之实现提供必要的物质基础。这一事实不因地域、国家和时代的不同而有所区别。用能权交易制度揭示了隐藏在科技文明塑造的繁荣图景背后的能源匮乏和分配失衡的真相，表达了政府将公众普遍接受的正义价值理念融入决策，进而积极影响用能单位和其他社会主体的能源生产和消费行为的诉求，是"能源正义"在这一领域的全新体现。

基于"正义"内涵的包容性与价值判断的多样性等特点，对"能源正义"给出一个精确的、描述性的概念并非易事。索瓦库尔（Sovacool）（2016）等人将"能源正义"定义为一个公正分配能源利益和能源负担的全球能源系统，以及一种广泛代表民意的、中立的能源决策机制。他们认为"能源正义"包含能源的可获取性、价格可支付性、决策程序正当性、政策透明性及问责制、可持续性、代内公平、代际公平、共同责任等 8 个评价指标。从这一角度来看，"能源正义"的概念可以从宏观与微观两个层次来解释。一方面，普遍存在的能源匮乏、环境与生态价值受损等全球性问题要求能源政策遵循一种无地域和时代差别的正义观念。相应地，宏观"能源正义"应是一种普遍的能源正义观，可从道德标准、价值目标上为一切能源决策及能源法制提供引导和立场判断。另一方面，任何一个具有时代性和地域性的能源制度都涉及具体的正义问题，经济水平、社会制度、资源禀赋等因素应当在相关决策或立法层面予以考虑和体现。从这一现实出发，微观"能源正义"作为一种分析工具和决策工具存在，从不同制度路径保障个体的能源权利，强调正义的规范性表达（王明远等，2020）。

具体而言，宏观层面的"能源正义"代表现代能源法制构建中的一种基本价值立场，它以"正义"原则评价能源政策制定、能源生产体系、能源消费、能源安全、能源结构转型中政府决策的正当性（McCauley et al., 2013）。这种决策的正当性取决于被其干预的基本权利的样态（王锴，2019），即通过有针对性的政策和法律，以多元化路径保障个体能源权利的实现。相应地，微观层面的"能源正义"追求能源政策和法律制定过程中一种普遍的、回归个人权利的"正义"，强调人类个体是道德、价值、权利与义务的终极单位，每个人在能源法秩序下享有平等的道德地位和权利义务（蔡拓，2017）。它旨在为不同地域的人类个体供应安全的、价格适当的、可持续利用的能源，强调每个人享有能源权利的基础在于人类个体是人类普遍共同体的成员，不因国籍、身份、宗教信仰、种族或出生地等的不同而受到不同的对待（Gagnon et al., 2002）。王明远和孙雪妍（2020）指出，"能源正义"的本质是正义特别是"分配正义"这一古老议题在新兴的能源社会关系领域的应用与发展，这涉及历史上不同"分配正义"观所争论的焦点问题：其一，在分配的依据的选择与确定上如何最大程度地体现与符合道德标准和要求；其二，在分配的限度上如何控制和把握国家强制力对市场分配的干预程度以使其符合当代正义观的诉求。

以下进一步分析历史上关于"分配正义"的几种代表性观点。

第一种"分配正义"理论被称为"平均主义"，这种最易理解和操作的分配正义提倡物质财富、负担和社会服务的平均分配，数量上的不均等即表现为非正义（Ferrell et al., 2008）。平均主义是在社会物质财富极端贫乏情况下的自然选择，体现了人类试图通过分配结果的完全均等来实现人类绝对平等的理念，与人人生而平等之类的自然法观念高度契合。然而一味地强调财富分配的平均化容易忽视个体在个人禀赋、效率和贡献上的诸多差异，而且以时下的观点来看，平均主义不仅缺乏对劳动的必要激励，还容易纵容懒惰与无能，客观上只会造成社会普遍贫穷的后果（王明远等，2020）。

第二种"分配正义"观以平等为价值取向，认为最理想的分配方式既可以激励社会总体财富增长，又尊重个体在政治、经济和社会生活上的平等权利，"正义"一词在此等同于权利平等而非数量平均。以平等为价值取向的"分配正义"理论又主要包括罗尔斯的正义论和德沃金的资源平等论这两种代表学说。罗尔斯正义论的突出特点表现在对"最少受惠者"的偏爱和对弱者的关怀的差别原则上（罗尔斯，2009）。差别原则主张相对平等，罗尔斯认为相对于境遇好的人利益的更大改善，最少受惠者的处境也应该有所改善的社会制度安排才是正义的。由此可见，罗尔斯的理论不是平均主义，而是一种以满足差别原则为条件的特殊的平等主义（阳芳，2011）。德沃金系统地将罗尔斯的基本善的概念发展成为资源概念，并形成了资源平等的正义观（龚群，2014）。根据资源平等正义观，分配正义需由两个步骤来实现，其一，以初始拍卖的方式实现平等的资源初始分配，其二，为弥补人们天赋、技能和运气的不同而持续地通过再分配机制调控不平等（高鸿钧，2015）。德沃金的资源平等观为现实的产权制度和分配制度提供了规范的评价标准（阳芳，2011），但也有其局限性，例如，资源平等观没有关注制度原因造成的不平等，也不能解决社会外部偏好带来的不平等（谢治菊，2013）。德沃金过分地依赖一种理想化的市场概念，这在理论和现实之间制造了不必要的距离（Macleod，1998）。

第三种"分配正义"观以自由为核心价值，反对"平均主义""平等主义"的根本逻辑，不赞同将实质平等作为社会财富分配的主要目标，其以诺齐克与哈耶克的分配理论为代表。诺齐克（2008）指出，"财产占有的正义理论之一般纲要是，如果一个人按照获得正义原则或转让正义原则或不正义之校正原则（由前两个原则指定）而有资格占有这些财产，那么整个占有格局（分配）就是正义的。如果每个人对财产的占有都是正义的，那么占有的全体（分配）就是正义的"。在诺齐克看来，"过去的环境或行为决定了人们对事物的不同权利或应得资格"，也就是说，他将财富的公正分配问题与财富所有者的既往行为相关联，财富分配是否公正取决于过去的行为是否合法，以及是否符合等价交换和自由等市场原则（阳芳，2011）。哈耶克（1998）认为，个人自由绝不容侵犯，分配公正不能作为社会财富分配的主要目标，在市场经济条件下维护自由，就不能在分配中人为地强调平等，因为自由与平等是对立的，人为地追求平等会导致生产要素所有者失去扩大生产的动力，最终导致更大的不平等。可见，无论是诺齐克还是哈耶克，都是以新古典经济学的"理性人"假设和自由是天赋人权为基础来研究分配问题的，都把符合市场交换原则和法规作为判断财富分配是否公正的根本原则。自由分配正义要求最弱意义上的国家和最强意义上的市场，在这种观念下，市场机制被认为是天然正义的，只要财产所有者的初次取得行为合法，判断"分配正义"的标准就变为转让行为是否符合市场等价交换原则。

第四种"分配正义"观以约翰·斯图亚特·密尔的"最高抽象标准"分配正义理论为基础。其中的"最高"和"抽象"表达了这一分配标准在社会生活中不仅是难以达成的而且缺乏具体的阐释（Su，2013）。在对待分配正义这一问题上，密尔认为分配或财产制度会因时间和地点的不同而存在很大差异，而且这种差异最终受特定时间、地点的人们的"知识、经验、智力和道德修养状况"及"社会制度"的综合影响（穆勒，1991）。当然，特定时间、地点之下的分配或财产权制度并非固定不变的，社会可以基于"公共利益"的需要对既定制度进行相应的变革。所以，根据密尔所持有的这种相对主义的观点，最高的抽象的分配正义规则之下包含非常多的较为次级的、较为具体的分配正义规则，这些较为次级及较为具体的分配正义规则的目标是促进"社会的功利"或"公共利益"，即促进人们的发展（张继亮，2016）。

"能源正义"理论是能源市场化发展到一定阶段的必然产物，它试图通过"最高抽象标准"来矫正和补充"平等正义观"和"自由正义观"，即通过市场激励机制来促进社会公共利益的实现。"能源正义"理论的优越之处在于其拓宽了成本与效益的考量范围，将能源开发使用造成的环境负外部性、社会不公正等计入能源成本，将能源服务产生的社会福利效应、能源转型的环境效益计入能源效益，为长期主导能源决策领域的"成本—效益分析"提供了多元化的新思维（王明远等，2020）。"能源正义"的实现及能源利益与负担的公平分配，需要凭借现代能源领域中政府、市场与社会这三种机制与力量的合理分工和适当配置。在我国，生态文明体制改革主导下的经济政策渗透到能源领域，形成了能源利用和节能减排的市场化改革浪潮，使节能监管的重心从行政管制转移到培养竞争秩序。"能源正义"理论为用能权交易法制建设提供了人本化、生态化的道德基础和价值目标，也提供了相应的评价指标和制度路径，将"能源正义"的价值目标落实为调整社会关系，规定政府、用能单位、其他社会主体之权利（力）、义务的相应法律与政策，尊重市场规律，减少政府对能源行业资源配置的干预，强调权力运行的规范性，确保初始用能权指标分配的科学性与公平性，保障不同社会群体的基本能源权利，创造公民平等参与能源决策的程序。

当然，除了决策程序的正当性和政策透明性及问责制等方面，用能权交易制度的正义价值还应体现在代内正义和代际正义这两个方面（曹明德等，2016）。一方面，用能权交易制度的代内正义主要表现为用能单位之间的正义及用能单位与其他社会成员之间的正义。前者主要表现为用能单位的节能改造投入可以通过用能权交易市场得到回报，后者则表现为用能单位在生产过程中所导致的负外部性可以通过用能权指标的有偿分配被纳入其私人生产成本，即通过市场机制将经济活动的社会成本内部化，从而调和社会矛盾，进一步实现社会正义。另一方面，从代际层面来看，用能权交易制度实施的前提是总量控制，而通过限定每一阶段的能源资源消耗总量可实现对正义在时间维度上的分配。总量控制制度必然会致使有限的用能权指标成为稀缺资源，并使这种稀缺资源的价格在用能权交易机制中得以体现，从而有助于引导产业结构和能源结构向清洁低碳的方向逐步调整，在一定程度上使能源使用的代际公正得以实现。

2. 效率价值与用能权交易制度

效率一词可以在多种意义上使用。一般而言，效率高是指从一个给定的投入量中获得最大的产出，即以最少的资源消耗获取同样多的效果，也就是经济学家常说的以价值最大化的方式配置和使用资源（张文显，2007）。如果说正义是法的古老价值命题，那么效率则是现代社会赋予法的新使命。20世纪六七十年代，迅速兴起的经济分析法学派将经济分析的方法运用于法律问题的研究中，试图透过法的现象探求其内在经济逻辑（齐延平，2003），从而改变了传统法哲学一直将正义视为法的唯一或主要价值目标的格局，使法的效率价值逐步成为当代法律的基本价值目标之一。如今，效率已成为衡量社会生命力的重要指标，对法的效率价值的重视程度标志着一国法学的现代化、科学化程度

（齐延平，1996）。既然效率是社会发展的基本价值目标，那么，法律对人们的重要意义之一应当是以其特有的、权威性地分配权利义务的方式实现效率的极大化（张文显，2007）。

而关于什么是法律效率，学者们则从不同角度给出了不同的回应。孙国华（1987）认为，法律效率是指"法律作用于社会生活所产生的实际结果同颁布该法律时所要达到的社会目的之间的比"。其中"法律作用于社会生活所产生的实际结果"所指内涵不明，未明确是指法律作用的有效或有益结果还是指法律作用的全部实际结果（包括有益结果和有害结果）。若是前者，此时所表示的实际是"法律目标的实现率"；若是后者，则此时所表达的内涵无实际价值（危怀安，2002）。相反，胡卫星（1992）认为，"法律效率即法律的社会目标与法律作用的现实结果之间的比值"。显然，他对法律效率的定义在一定程度上违反了正常的逻辑，即法律效率＝实际结果/预期目标（危怀安，2002）；在此基础上，胡卫星（1992）进一步把法的效率价值分为法律的自身效率和社会效率，即"人们的行为是否具有合法性"，以及"人们的行为是否实现了立法者所期望的更深远的社会目标"。同时，他提出"法的效益"和"法律效率"是两个不同的概念，在研究法的社会作用时不仅要对法律的效率进行考察，而且也应对法的效益进行分析。正如胡卫星（1992）在其随后的分析中指出的，"如果某项法律的目标只实现了 50％（即它的效率为 50％）而造成了意外的有益结果，则仍然可以说这项法律的适用是高效益的。相反，如果某项法律具有100％的效率，但却导致了意外的有害结果，而且这些结果超过了有益结果的价值，那么只能说明法律作用的结果对社会有害，因其是无效益或低效益的"。由此得出的结论似乎是，法律效率是无关紧要的，关键是要有法律效益或高效益（危怀安，2002）。由此可见，孙国华（1987）和胡卫星（1992）在对法的效率价值进行定义时更侧重于对法的社会效益的分析，其落脚点主要在法对人的行为的作用效果上，而该效果也恰恰是人们对法律制度进行评价的依据。换言之，其着重研究法的实施结果是否达到了立法预期的效果和目标。

另外，还有学者把法律效率定义为收益成本比。例如，马燕（2004）提出，法律效率是"法的效益与法的成本之比"，其中"法的效益属于社会学范畴，它仅仅研究法的实施结果是否达到了立法预期的目标，即它仅仅重视结果的有用性和有益性"，而"法的成本具有多元性，包括立法过程中所耗费的一切资源，更重要的是包括实施法和违法过程中所支付的人力、物力、财力及时间等物质和精神耗费，其中法的实施成本不仅包括社会主体为实施法律而投入的耗费，还包括社会客体如资源、环境等为法的实施所付出的代价"。从这个角度而言，法律效率属于法经济学的范畴，它不仅注重效果而且要求过程的经济性和节省性（许祖雄等，1999）。法的效率与法的效益成正比，与法的成本成反比。也就是说，法律供给主体或法律生产主体获得和追求的是法律效率和法律效益的最大化。法律效率和法律效益都是法律供给或生产主体基于法律实践活动中成本与收益变量来度量法律效果的两个指标。在其他一切条件不变的情况下，随着法律效率的提高，法律效益一定增加；但是，随着法律效益的增加，法律效率并不一定提高。因此，在资源稀缺的社会里，法律所追求的最高价值目标应该是法律效率而不是法律效益（危怀安，2002）。正如汪斌（2002）所言，"法的效率价值是指法能够使社会以较少的或较小的社会资源投入，获得较多或较大的社会实际效果，以满足人们对效率的需求"。

应该说，效率观的导入及效率价值目标在法律中的确立具有很大的实践意义，其体现了社会进步的必然（韩慧，2000）。进一步而言，法的效率价值既是社会主义市场经济的本质要求，也是促进人的更高层面发展的充分展示和重要保障（刘利珍，2010）。众所周知，当代社会经济发展的最大主题之一就在于最大限度地优化利用和配置资源以实现可持续发展和高质量发展。在现代市场经济社会，"资源优化配置"常常作为"效率"一词的代名词而出现，其体现出资源配置和利用的价值最大化趋向。法律作为一个特殊的资源配置系统，它并不为人们直接提供对社会资源的具体设定和运用方式（万光侠，2000），而是旨在对包括权力、权利、义务、责任、程序等在内的法律资源进行优化配置，从而为人们实际配置社会资源和实现合法利益提供不可或缺的手段（张文显，2007）。也就是说，法律应"为资源最优化利用和配置提供方便，同时引导和促使人们选择最有效的方式利用资源，其实质就是法律应当确立效率价值的目标"（曹树青，2014）。法律作为社会关系的权威调整机制，亦责无旁贷地承担起是否有利于人的解放与发展，是否有利于生产力的进步与提高，是否有利于社会资源的保护、合理配置及高效利用等经济与社会责任（齐延平，1996）。据此，所谓市场经济法律制度的效率价值就是指所有法律规范的制定和运行都要以资源的有效配置和经济效率的提高为目的，即以法律手段促进资源的最佳配置（万光侠，2000；韩慧，2000）。

由此可见，效率这一关键性概念已经渗透到了法律意识、法学理论及法律制度之中，用效率所体现和蕴含的理性价值为现实法律制度的构建和评判提供了一个价值维度和理论武器。当然，现代社会的发展也离不开对法的效率分析和效率追求，法律通过调整自然资源的利用和社会资源的分配进而提高资源利用与分配上的效率（石茂生，2010）。一方面，通过制定《中华人民共和国矿产资源法》《中华人民共和国水法》《中华人民共和国森林法》等自然资源保护法以控制自然资源的利用与开发活动，提高自然资源的利用效率并有效保护自然资源，这是人与自然环境可持续发展的重要保障。另一方面，法通过对包括权利、义务、信息、机会等在内的社会资源进行有序、高效、公正的分配，不仅实现了对社会资源的优化配置，而且也避免了分配不公对人的发展所造成的异化束缚（刘利珍，2010）。相应地，一个符合效率价值诉求的用能权交易法律制度需要同时满足经济效益、社会效益和生态效益等方面的多重要求，即同时能促进能源效率提升、生态环境保护、经济与社会可持续发展等多元多层次目标的实现。

综上所述，效率价值不仅是用能权交易法律制度产生和发展的直接动力，也是其正义价值实现的必要条件和检验标准之一。首先，从用能权交易制度产生的原因来看，效率价值是用能权交易制度产生发展的直接动力。在能源资源的开发和利用领域，由于人类欲望的无限性，能源资源短缺和环境污染问题已经逐渐成为制约经济可持续发展的瓶颈。市场机制不能将经济活动的社会成本内部化，加之自然资源的生态价值不能通过市场价格体现，故出现市场配置资源的无效率或低效率，即所谓的"市场失灵"。因此，法律特别是生态法律制度要完成解决环境问题、保护和改善环境的任务，必须以效率为准则，确立效率价值在自身价值体系中的重要地位（汪斌，2002）。其次，效率价值是用能权交易法律制度正义价值实现的必要条件和检验标准之一。用能权交易制度的正义价值体现为决策程序正当性、政策透明性及问责制、可持续性、代内公平、代际公平等。如前所述，能源正义要求人类任何活动都在能源资源和环境资源的承载力之内进行，在此基础上追求人类自身的文明进步和自由全面的发展。这意味着能源资源和环境资源都是稀缺的和有价值的，人类开发利用能源的活动要在生态价值之内有限度地进行并追求高效率，在保证最低限度的公平和最低限度的效率的前提下，使用不同方法以更低的成本取得更有效的成果，以达到效率价值与正义价值的统一（张瑞萍，2009）。

3.3.2 法学理论范式的变迁与用能权交易制度

近代以来，国家治理的一个主要基调就是法治国家的建设。如何建立能包容更多社会需求和因素的法律范式是法律体系乃至转型社会不断追问的话题（于浩，2015）。法律和社会总是相互作用的，对法律方面各种的经验研究如果能够和传统法理学相关联，就会使得法律对社会的作用更为明显（李晗，2018）。近年来，随着理论研究的不断演进，以命令控制为核心的第一代环境规制和以经济激励为核心的第二代环境规制之断代已在学界基本达成共识（Stewart，2001；王树义等，2013；谭冰霖，2018；郭武，2017）。与此同时，从工业社会背景下以"规制控制"为核心的规制国理论到信息社会背景下以"规制治理"为核心的后规制国理论的转型业已成型（杨尊源，2021）。这一理论断代和转型为我国资源环境领域政策法规的不断完善和以排污权、碳排放权、用能权等为代表的环境权益的交易制度体系的建设提供了较为充分的理论准备和支撑，其法哲学理论基础可以追溯到诺内特和塞尔兹尼克提出的回应型法理论和图依布纳的反身法理论。这些理论范式试图通过对法律制度的研究来解决社会发展中的现实问题，寻求建立一个符合社会发展的法律范式，为我国法治国家的建设和用能权交易法律制度的构建和完善提供了新的思路。

1. 迈向回应型法——规制转型与用能权交易制度

法律作为一种调整社会关系的手段，其既起源于社会也终将落脚于社会。

20 世纪 60 年代，以塞尔兹尼克和诺内特为代表的伯克利学派以强烈的改革动机和应用为目的，试图通过对法律制度的研究来解决社会发展问题，利用"伯克利观察法"创造性地提出了压制型法、自治型法和回应型法这三种法律类型（法诺内特等，2004）。从强调绝对权威的"作为压制性权力的工具"的压制型法，到强调程序正义的"能够控制压制并维护自己的完整性的一种特别制度"的自治型法，再到倾向实体正义的"作为回应各种社会需要和愿望的一种便利工具"的回应型法的法律发展范式（李昌麒等，2013），直接反映了法律从低级阶段向高级阶段的演进，为适应社会变迁和解决社会问题提供了一种新的思路。法律的这三种类型就是在比较了目的、合法性、规则、推理、裁量、强制、道德、政治、服从期待、参与等基本变数与法的不同对应关系的基础上建立的理论模型（见表 3 - 1）（诺内特等，2004）。可以说，这三种类型既有重叠之处，又表现出了发展的阶段性或连续性，为人们提供了用以分析和判断同一社会的不同法律现象的工具性框架。

表 3 - 1　法的三种类型

	压制型法	自治型法	回应型法
目的	秩序	正统化	权能
合法性	以国家利益为名	程序正义	实体正义
规则	粗糙的，对规则制定者只有微小的约束力	精细的，约束统治者和被统治者	从属于原则和政策
推理	特殊的，便利而具体的	严格遵行法定权威，形式主义和法条主义	有目的的，认知能力的扩大
裁量	机会主义的	由规则限定的	较大，但对目的负责
强制	广泛的，受微弱限制	由各种法定约束所控制	各种鼓励性的、自我维持的义务体系
道德	公共道德，法定道德主义，强迫的道德	机构道德，专注于法律过程的完整性的道德	公民道德，合作的道德

续表

	压制型法	自治型法	回应型法
政治	法律从属于权力政治	法律独立于政治，分权	法律愿望与政治愿望一体化，权力混合
服从期待	无条件的，不服从本质上作为蔑视加以惩罚	依法证明为正当的背离规则行为	按照实体危害评估不服从，提出了各种正统性
参与	谦恭的依从	评价受既定程序限制	评价因法律辩护和社会辩护的一体化而扩大

法律总是需要保持既有的稳定性和法律权威，从这个意义上说，每一种法律都存在压制的倾向。但是压制型法又有其独到特征，塞尔兹尼克和诺内特对压制型法的特征做了如下阐释：其一，法律机构容易直接受到政治权力的影响，法律被认同于国家，并服从以国家利益为名的理由；其二，强调对官方观点的维护，诸如警察这类专门的控制力量变成了独立的权力中心；其三，呈现了"二元化"体制模式，通过强化社会服从模式并使它们合法正当，把阶级正义制度化；其四，推进法律道德主义，如刑法典反映居支配地位的道德态度，法律道德主义盛行（诺内特等，2004）。虽然压制型法为维护官方权威的正统性提供了有效的保障，但在这种法律模式下，由于政治权威同法律的关系过于密切，易使法律失去其独立的价值判断，加之自身阶级性的存在，使得法律的公平性消失殆尽（李晗，2018）。

在压制型法的范式下，法律丧失了法律本身的正统性并沦为了权力的附属。压制型法的诸多不足促使自治型法的演进动力融入压制型法之中，因此，自治型法逐渐演化为控制、压制的一种方式，使法律秩序不再单纯地为权威服务，从而改变了压制型法中法律正统性丧失的困境（李晗，2018）。自治型法的特征主要体现如下：其一，体现了法律和政治的分离，使法律正统性得以彰显；其二，强调规则的准确性和严格性，采纳"规则模型"，要求"忠于法律"，即严格服从实在法的规则；其三，使得程序成为法律中心，强调规则性和公平而非实质正义；其四，存在着专门的、相对独立的法律机构，并且这些机构在固定的权能范围内都有最高权威性（诺内特等，2004）。自治型法以政法分离为基础，坚守规则，注重程序，极大地约束了统治者的权威，彰显了法律独立及公平价值的正统性，具有了现代法治内容的典型特征。然而，正如韦伯所担忧的那样，"形式理性是否能够成为法律的最终目的"（韦伯，2010）成为需要考虑的问题。对法律规则的坚守和对法律程序的强调固然必不可少，但法律之外的实体正义及多种影响社会进程的社会因素亦不可被忽视，否则，外在因素的长期缺失反而可能冲击社会的稳定性，最终在少数人获益的背景下使得法律权威逐步瓦解（李晗，2018）。

压制型法和自治型法存在的种种缺陷呼吁一种具有深刻理论基础并且能够及时解决社会矛盾的法律范式出现。为此，伯克利学派跳出了以往自然主义和实证主义相冲突的理论范畴，不仅将富勒的自然法观和哈特的规则说进行融合，又吸收和借鉴了耶林的法律目的说等观点，不仅注重社会的现实问题，同时也关注法律的目的和价值理想，在此基础上提炼出一种整合的法律观念，即迈向回应型法（李晗，2018）。诺内特和塞尔兹尼克强调，迈向回应型法不仅仅是时间维度中的"向前"，而且是在横向上、在体制的价值和重要性上的体现，是一种开放、参与、更具张力、更能反映社会变革需求的法律范式（于浩，2015）。回应型法的主要特征有：第一，注重目的在法律推理中的权威；第二，注重参与协商的合法性基础；第三，要求一个更有能力的法律机构；第四，目标是形成一种自觉文明的公共秩序（张永和，2015）。可以说，在回应型法的模式下，法律制度必须由目的来引导，法律制度的时效取决于国家有序性机制与民间有序性机制之间的平衡（诺内特等，2004）。

由此可见，法律目的是回应型法的核心概念，这意味着可以根据具体情况合理地调整法律适用，使法律制度更具开放性和弹性；公众参与和政治参与、提升法律机构能力是回应型法的回应路径，在有助于提升法律参与程度的同时减少被动与顺从（李晗，2018）；限制义务、构建文明的社会秩序是回应型法的制度理想，其为解决社会矛盾提供了更为有效的途径（孟甜甜，2014）。总之，法律目的的重视、实质正义的追求、协商化解冲突的方式、法律参与的扩大都体现了回应型法对于构建一个合法且合理的社会的理想，而不再为保证法律的权威而一味保持法律的形式完整。尽管回应型法律欲构建的近似于"乌托邦"的社会还存在理论上的局限性，也难免过于理想化（李晗，2018），但其以发展的角度分析法律的范式仍对当下具有重要的借鉴意义，为我国法治建设又提供了一个新的理论路径。因为，只有将法学研究同社会发展实践相联系，其价值才会更为全面地凸显出来。

目前，我国正在全面推进社会主义法治国家建设，全面依法治国、建设法治中国是建设社会主义现代化国家的重要目标。就现实而言，我国法律制度和法律体系的现代化进程正在有序推进，法治环境正在成形，立法工作中越来越重视对社会需求的回应和对实质正义的追求（李晗，2018），这充分体现了以人民为中心和以公正为生命线的中国特色社会主义法治的内在品质和时代精神（张文显，2021）。在我国的法治建设中，以人民为中心和以公正为生命线的社会主义法治核心价值体系与回应型法所主张的价值指引、参与协商等法律构建方式具有异曲同工之处，当公众的合理诉求得到公正回应的时候，法律将会因为公众利益诉求的满足而增加可信性和权威性（李晗，2018）。综上所述，回应型法不仅为我国的法治建设提供了一个新的理论路径，也对我国用能权交易法律制度的构建和完善具有重要的借鉴意义。

其一，法律目的是用能权交易法律制度的立足点和根基。法律目的是具有一定客观性、权威性和价值指向性的行为理念，其一旦形成就不会轻易被改变。众所周知，环境保护和节约资源是我国当前在能源利用领域应遵循的基本国策。相应地，与能源利用相关的规范性法律文件的制定应该围绕这些基本政策展开，落实到用能权交易法律制度的实现上就是如何在价值载体层面将该基本国策纳入其中，从而确保具体制度的设定和执行能够有一个共同的、根本的法律目的来指引（周海华，2019）。具体而言，其可以从宏观和微观两个方面入手：宏观方面，应明确绿色发展理念在整个能源利用法律体系建构中的统摄性地位，即以经济、社会和环境的可持续发展为目标，其反映在能源法领域就是优化能源结构、提高能源效率、促进能源高质量发展、保障能源开发利用安全和能源生态安全（武奕成，2011）；微观方面，则要依据可持续发展理念进一步引申出用能权交易法律制度的立法目的，即规范用能权交易市场的建设和运行，充分发挥市场机制的激励作用，引导、激励重点用能单位提升能效水平，实现对能源消费总量和强度的"双控"目标（周海华，2019）。

其二，提高法律机构能力及扩大公众参与是用能权交易法律制度对社会需求的回应方式。法律制度要能够解决社会问题，其核心在于回应社会需求。用能权交易法律制度要能够解决能源利用所带来的各种社会问题，关键在于探寻用能权交易法律关系主体相关行为条款和责任条款的设定及其与立法目的的契合度。进一步而言，就是通过提高法律机构能力和扩大公众参与这两种手段来使用能权交易法律制度更好地实现节约能源、提高能效的目的。一方面，依据回应型法对理想中的有能力的法律机构的设想可以看出，提高法律机构的能力主要是从完善监管的行为方式入手，也就是说，通过调整用能权交易监管部门的外部行为权限及内部的人员行为方式，使管理主体通过法律规范矫正自身，从而扩大监管的能力（周海华，2019）。另一方面，法律是人们进行自身行为选择时的最终依凭和最高准则，这是法律权威之所在（李龙等，2015）。在自治型法模式下，形式正义的法律权威可以通过牺牲法律的实用性和灵活性来加以保证，而在回应型法模式下，法律权威是开放性的和参与性的，可以通过公众的协商与参与被分散和分享（周海华，2019）。现代社会是一个高度复杂的利益多元化有机体，传统单一的权威治理模式不仅难以合理有效地履行政府的管理职能，而且忽视了社会组织与社会公众在社会治理中的重要作用，已经不能满足社会发展的需要，必须运用行政、经济、法律等多元化的手段综合治理（曾小波，2014；公维友等，2014）。近年来，协力行政理论的兴起和社会治理模式的变革提升了公众的地位，并要求政府通过教育、示范、倡导、指导、奖励、扶持等柔性手段来给公众参与以必要的组织和引导，以发挥社会组织和公众的参与作用，由此形成政府与公众的互动关系（方世荣，2017）。因此，在用能权交易法律制度构建中要着力发挥第三方审核、用能交易信息第三方披露及公众弹性参与制度的功能。

2. 反身法理论与用能权交易制度

关于法学理论范式变迁的研究，不可否认的是，美国的诺内特和塞尔兹尼克、德国的哈贝马斯和卢曼都做出了一定的理论贡献。诺内特和塞尔兹尼克侧重于借助法律制度"内在"的变量来说明法律变迁，而哈贝马斯和卢曼则倾向于强调法律与社会结构之间"外在"的相互联系，图依布纳则将"内在"变量和"外在"变量统合于它们的共变模型中进行研究，开创性地提出了"反身法"这一概念（图依布纳等，1999）。

图依布纳的反身法理论既是其法律演进思想的成果之一，也是对卢曼的社会系统论的继承和发展。卢曼认为，现代社会是一个复杂的、功能分化的社会系统，而法律是一种与政治系统、经济系统、科学系统、教育系统等相并列的次级社会系统。当法律系统成为一个分出的社会子系统时，社会系统的其他部分皆成为其环境（冯健鹏，2006）。

系统论认为自组织是系统存在的一种最好形式，因为它在一定环境下最容易存在、最稳定（许国志，2000）。法律系统也是一种自组织系统，是自组织系统中的自创生系统。自创生系统与环境呈现一种运行闭合与认知开放相统一的状态（鲁楠等，2008）。法律系统在将其他关联系统作为其环境的前提下依据自身的符码（合法/非法）和程序（法律文本）进行运作，其一方面依靠自己的符码和程序进行封闭运作，另一方面通过认知开放从环境中获取信息并运用符码从无穷的信息中加以选择再转译为法律沟通，从而体现为一个规范上封闭且认知上开放的自我决定、自我生产的自创生系统（彭飞荣，2018）。在此基础上，图依布纳指出，法律通过自我观察、自我调整、自我描述、自我构成和自我再生产的超循环样式实现自我关联，当自我调整与自我描述相结合、自我构成的法律一致性被用来作为法律结构改变的标准时，法律系统就成为自创生的系统（张骐，2003）。

法律的自创生理论十分强调法律系统的闭合性，在这种情况下，法律系统与其他社会子系统是结构耦合的关系，法律通过自我调整来对社会进行调整，换言之，就是通过反身法调整（冯健鹏，2006）。所谓反身法，就是指能维持法律作为自创生系统之自治性，且具有能够不断地应对法律系统外部诸要求的法律构造的一种法律范式（顾祝轩，2010），其主要通过确保由沟通建构起来的社会领域的"外在构成"来便利沟通过程（图依布纳等，1999），即在法律系统内部构筑外部世界的法律模型，并利用这一模型装置去把握外部世界（顾祝轩，2010）。

图依布纳进一步指出，法律的社会调整是由信息和干涉这两种多样化机制的结合来完成的，它们把法律的运行闭合与对环境的认知开放结合起来。其一，法律通过内在生产的信息生产外部世界的内在模式，依靠该模式调整自己的运行方向，它代表了运行闭合的法律系统的认知开放。其二，干涉是法律系统与其社会环境相联系的重要机制，它是发生在由一个包含性自创生系统分化所形成的同质的自创生系统之间的结构耦合，换言之，作为社会内部分化过程产品的法律、政治、经济等社会子系统之间的结构耦合就是干涉（张骐，2003）。例如，立法者不可能通过立法方式对社会其他系统直接介入，而只能是干涉，这种干涉并非诉诸于高权干预下的具体和细化的规范命令，而是试图在社会子系统内部建立一种自我反思结构，通过系统间的结构耦合、信息交互及商谈沟通进行间接干涉，促使其他社会子系统建立起一套交涉民主的自我规制系统（图依布纳，2004）。

换言之，反身法意在培养那些系统化地推进其他社会子系统内的反思结构发展的机制，而非以权威的姿态来决定其他子系统的社会功能（图依布纳等，1999）。针对法律与经济等其他社会子系统之间的相互关系，依照法律发展的不同阶段，图依布纳将现代社会的法律划分为形式法、实质法和反身法三个理想的演化类型，并分别从结构、功能、正当性三个层面对现代法的合理性进行了考察（见表 3 - 2）（顾祝轩，2010）。

表 3 - 2　图依布纳关于法律变迁的三种类型

	形式法	实质法	反身法
法的内在结构	规则导向：演绎逻辑，构成要件和法律效力的明确化，法律教义学思维	结果导向：目的程式，不确定规范和一般条款	程序导向：反思的规范化，以关系为导向的制度结构与决策程序

续表

	形式法	实质法	反身法
法的外部功能	为市场中资源的分配及政治制度中的合法性提供结构性前提	为市场决定的行为模式和行为结构提供工具性修正	为内在话语系统和外部协调方式提供结构系统与重构系统
法的正当性	私法自治，保障私人活动的空间	基于福利国家理念而形成各种社会规制法，矫正市场弊端和增进福祉	控制自我调整的机制，协调社会合作的形式

　　图依布纳认为，在经历形式法和实质法之后，法律发展的下一个阶段将会是反身法。形式法以其消极的秩序功能保障个人意思自治，以合同法为典型；随着社会外部性的增加，以结果为导向的实质法则以其积极的秩序功能强调国家对社会经济生活的干预，具有较为明显的行政倾向；由于干预主义的逻辑和价值容易导致社会系统内部的冲突和危机，反身法应运而生，其不仅摒弃了消极秩序下的市场自由，还部分摆脱了积极秩序下的政府直接干预，转而诉诸于授权、程序、组织等间接规制手段，提倡受规制的自治（谭冰霖，2016）。与形式法的规则导向和实质法的结果导向不同，反身法是程序导向的，它超越了法律形式主义和法律工具主义，既处理法律的自创生问题，也处理其他社会子系统的自我指涉问题（王小钢，2010）。

　　当然，系统的自创生性并不是非此即彼，而是一个程度的问题，形式法表达的形式理性、实质法表达的实质理性和反身法表达的反思理性也并不是一个逐次完全替代的进化过程，三者并存才是常态。其中，形式理性虽然强调法律干预的最小化，但经济发展所追求的负外部性问题难以得到有效解决；实质理性的优势在于可以通过监管克服此种负外部性，然而却难以弥补信息不足和动力匮乏等固有缺陷；而反思理性则旨在提供一种正式和非正式机制相结合的多元调整机制，例如，法律监管主要是程序导向和间接的，而第三方和被监管者自身的责任机制则主要依靠信息公开和信息交流机制来实现（丁延龄，2015）。

目前，处在转型期的中国也逐渐演变为一个政治、经济、法律等诸多社会系统功能高度分化的多元社会。我国法制建设的发展轨迹既不是直线型的法律形式化，也不属于单纯的法律实质化，而是法律的形式合理性与实质合理性相互融合的复合体（顾祝轩，2010）。实质法与形式法依旧具有广泛的合理性，反身法只有通过与另外两种法律理性的合作才能有效处理各种社会问题。如图依布纳所言，"反身法还仅仅是一种不成熟的、未充分界定的替代模式"（图依布纳，2004）。因此，我国不能简单地移植图依布纳的反身法理论，而应当在逐步完善市场经济系统的路向下建构和培养功能分化社会的运行机制，巧妙运用反身法的思维模式尝试建构法律的"反思装置"（王小钢，2010）。这既要坚持法律的体系性与规范性，又要保持法律的认知性与开放性，通过法律系统的规范性与认知性的相互统一来寻求我国法律秩序建构应有的发展方向。

用能权交易市场是政府行为和市场机制相结合的政策市场。其中，政府行为主要体现了实质理性法的特征，反映的是"政治目标—法律规范—社会效果"的线性因果模式；而市场机制融合了形式法和反身法等多种法律理性的特征，就其敦促经济系统的行动者将环境影响反思性纳入内部成本分析这一基本思路而言，该模式已经具有了反思理性的要素（丁延龄，2015）。然而，用能权交易监管范式仍未跳出直接干预主义的窠臼，法律监管的实质理性仍占主导，其忽视了法律系统认知能力的有限性和其他社会子系统的独特运行逻辑。也就是说，用能权交易制度内含的反思因素并未获得系统的理论关注，也缺乏可持续的效果。而反身法范式下的用能权交易监管是一种反思型的、强调自我规制的法律治理路径，既强调监管依据的规范性，又强调多元主体参与的法律权威分享性，能够有效回应用能权交易制度的内生需求。因此，在完善用能权交易监管法律制度的过程中，可以充分吸收反身法的理论内核所提供的养分，使用能权交易监管法律制度在反思理性要素的启发下得到系统的范式革新。

其一，从政府主导到多中心治理。传统的命令型直接管制手段过分偏重政府权威和法律的直接干预，试图以强制性的支配方式整合其他社会子系统，不仅弱化了其他社会子系统的主体地位，还忽略了它们独特的自主运行逻辑，从而扼制了其他社会子系统创造性和能动性的充分发挥并面临沉重的执法成本负担（谭冰霖，2016）。例如，用能权交易制度赖以生存的基础是科学准确的能耗数据，由于政府与用能单位之间关于能源消费量的统计存在的较大的信息鸿沟，在政府面临执法资源稀缺和执法能力有限双重约束的情况下，这一信息鸿沟更为凸显，从而使得处于信息对比关系劣势一方的政府获取违法事实的信息成本较为高昂，难以有效监管用能单位的用能行为和真实能效水平。这一传统监管模式的内生缺陷可以在反身法理论的视域下得到较好的诠释。由于现代不同社会子系统的内部结构和外部功能存在显著的差异，各个子系统基于维持其功能自主性的需要难以再受其他社会子系统运作状态的影响，而是倾向于被自身的话语体系所支配，故而难以通过法律子系统确定的规范结构来达成整齐划一的整合（陆宇峰，2014）。在此背景下，外部去中心化成为现代社会整合的必然选择。外部去中心化表征着一种多中心主义的治理体系，企业、社会组织和其他利益相关者在这一体系下皆可有条件地成为规制主体（谭冰霖，2016）。例如，面对用能权交易中能源消费量核算的专业性及用能权指标交易的复杂性，监管模式不宜再拘泥于政府通过规范性的社会整合所实施的独家监管，宜采取分散的脉络管制以充分发挥不同领域相关社会组织的专业作用。它反映了从单纯政府管理向多元社会主体协同治理的根本转变（刘旺洪，2011），是一种非正式机制和正式机制的结合，既来自政府的监管，也来自独立的第三方及被管制者自身，此时，法律监管主要是程序导向和间接的（丁延龄，2015）。从反身法的理论视域观之，多中心治理意味着一种分散化的社会整合，法律的作用在于为政府机制、市场机制、社会机制共同作用的发挥创造结构性的前提，以协调不同社会子系统之间运行逻辑的冲突。此种具有较强适应性和可接受性的分散化社会整合方式有条件也有可能成为用能权交易监管模式的未来发展方向，因为用能权交易是以私益运作来实现社会公共利益最大化的制度化安排，其反映了行政机制让渡于市场机制和社会机制的新视野、新主张。其中，社会机制是实现政府规制与市场化运作相互衔接与配合的纽带，是政府、企业、社会中介组织和社会公众通过博弈、互动与合作形成各方利益动态平衡与最优配置的调整过程，也是实现监管主体多元化的重要途径之一（蒋悟真，2013）。

其二，从单一的管控式监管到受规制者的自我规制。传统管控式监管模式具有功能消极和成本高昂等弊端，而反身法避免以居高临下的姿态为被规制主体设定刚性的行为要求和琐碎的技术标准，其注重以一种"外在构成"为多元治理体系下的自我反思提供规范前提，通过社会子系统的内部反思建立起一套民主化的自我管理机制，在法律框架下建构半自主的社会系统（谭冰霖，2016）。反身法内部理性的主要表现方式就是自我规制，其相对于传统监管模式的优势在于可以利用第三方的专业知识以弥补信息不足，还可以充分调动被规制主体的配合积极性以克服动力匮乏等一系列弊端。在自我规制模式下，次级系统的内部沟通和决策过程被嵌入了作为"外在构成"的法律，这种"外在构成"通过间接方式提供组织、程序、权限、沟通等方面的规范来促进沟通和决策的进程，从而实现以程序为导向的其他次级系统的自我组织和负责任的自治，而非直接接受法律系统的指令（谭冰霖，2016）。在完善用能权交易监管法律制度时，要注意以逐步完善市场经济系统为基本路向，运用反身法的思维模式，建构和培养功能分化社会的运行机制，以灵活处理形式法和实质法不能有效处理的灰色地带。这是因为反身法倡导对自我规制的控制并协调种种递归性决定的社会合作形式（王小钢，2010），此时，可以尝试通过组织规范、程序规范、权限规范和沟通规范建立起一套用能权交易的自我规制机制，诸如通过法律授权赋予第三方审核机构和用能权交易机构相对独立的监管地位，通过信息披露和守信激励、失信惩戒等机制强化社会主体的监督功能，从而有效避免法律系统认知能力有限的弊端，在把握其他社会子系统独特运作逻辑的基础上构建一套半自主的社会系统。当然，为防止自我规制的异化，政府仍负有对自我规制下产生的相关规则进行审查或备案的义务，此外，一旦自我规制失灵，政府应作为兜底性的力量介入，并诉诸于直接规制措施对不合法行为进行相应的干预和追责（谭冰霖，2016）。

第 4 章 用能权交易制度的应然与实然

完善的市场条件是实现市场效率的重要保证，而合理的制度是形成高效市场条件的基础。制度的合理性和稳定性越强，对市场的不确定性影响就越小。用能权交易制度的合理性与稳定性在某种程度上来源于其应然样态与实然情境之间的背离与弥合。用能权交易制度的应然样态指向用能权交易制度的基本范畴，其实然情境指向试点地区用能权交易实践的成就与问题。

4.1 用能权交易制度的基本范畴

用能权交易制度是用能单位通过市场机制履行节能义务的能源消费总量和强度控制制度，根据《用能权有偿使用和交易制度试点方案》的基本要求以及国内外其他环境权益交易的制度设计经验，其基本范畴应该包括总量控制、初始分配、市场交易、能源消费数据核查、履约这五大核心要素。

4.1.1 总量控制

用能权指标的总量控制意指政府相关部门对一定区域一定时期内允许使用的能源消费总量和强度进行限制的行为，其目的在于创造用能权指标的稀缺性，使用能权交易有发生之可能（夏梓耀，2016）。总量控制是进行用能权交易的基础。一方面，总量控制对能源消费总量规定了上限，从经济学的角度而言，就是明确了能源资源是有限的、稀缺的，进而明确了用能权指标的稀缺性，使用能权交易的发生具备了前提。另一方面，总量控制将允许使用的能源消费总量以用能权指标的形式分配给各个用能单位，赋予其用能权，允许用能单位之间用能权的交易，为利用市场机制实现能源资源的再配置提供了产权制度基础（聂力，2013）。

总量控制目标的确定不仅直接关系着指标总量，同时也会对用能权指标价格产生影响。由此可见，总量控制的程度直接决定了用能权交易的制度绩效，因此合理进行用能权指标总量控制是一个颇为棘手的难题，需要综合考虑总量控制的基本范围、衡量因素和基本模式这三个方面的因素。

1. 总量控制的基本范围

总量控制的基本范围实质上决定了用能权交易的范围。总量控制的基本范围包含总量控制所覆盖的能源种类、地域和行业范围等多个方面的内容，其核心在于从制度上明确对哪些地域和行业所使用的哪些能源种类的使用总量进行限制（夏梓耀，2016）。

第一，能源种类。能源的种类是多种多样的，根据《中华人民共和国能源法（征求意见稿）》第一百一十五条的规定，能源包括煤炭、石油、天然气、风能、太阳能、生物质能、电力和热力以及其他直接或者通过加工、转换而取得有用能的各种资源。在这些能源资源中，既可以依照是否可以循环再生、反复持续利用的标准将其分为可再生能源与非可再生能源这两种类型，也可以按照是否需要通过加工、转换而获取这一标准将其分为一次能源和二次能源这两种类型。分类方法可谓不胜枚举。哪些种类或哪种类型的能源才是用能权交易制度所覆盖的对象呢？根据我国能源领域的相关政策规定，能耗总量和强度"双控"目标以控制化石能源尤其是煤炭的合理消费为主，旨在降低能源消费总量和消耗强度的同时优化能源结构，进一步降低煤炭等化石能源的比重，鼓励清洁能源尤其是可再生能源的消费，提高非化石能源占比（王伟，2018）。目前，在四个试点省份中，只有河南省在试点实施方案和管理暂行办法中明确指出要把煤炭作为主要确权因素，可再生能源不计入年度综合能源消费量。当然，通过福建省的相关文件也可以看出，福建省用能权交易的覆盖能源暂包括煤炭、原油和天然气。因此，从能源结构优化和制度成本等角度考虑，未来应逐步明确纳入总量控制范围的能源种类。

第二，地域和行业范围。总量控制的地域和行业范围在一定程度上决定了用能权交易制度的成效。在确定总量控制的地域和行业范围时主要考虑如下因素。一是区域经济发展水平的高低。用能权交易是市场驱动型的节能手段，如果经济发展水平不高，抑或市场机制不完善，则用能权交易将难以顺畅进行

（夏梓耀，2016）。二是地域范围的大小。总量控制的地域范围越大，参与交易的市场主体一般越多，而市场主体的多寡不仅影响用能权指标的供给与需求，也决定了市场主体之间节能成本的差异程度和市场活跃度。当然，纳入用能权交易的市场主体越多，用能权交易管理所面临的挑战则越大，特别是在用能权交易管理规则不尽完善的情况下容易导致市场秩序的紊乱。三是行业能源消费量的大小。从节能潜力和制度成本的角度出发，对能源消费量较小的行业而言，一般不宜在初期将其纳入总量控制的范围，而能源消费量大且竞争力较强的行业则适宜先行纳入总量控制的范围。为求稳妥，可以采取渐进的方式将纳入总量控制的行业范围逐步扩大，以求能够在确保交易秩序的前提下巩固节能降耗的成效。

2. 总量控制的衡量因素

在确定用能权交易体系指标总量时应结合规划目标、自身发展的阶段特征和其他实际情况来制定总量目标，在保证经济发展的前提下实现有效的节能降耗（齐绍洲等，2016）。具体而言，可以重点考虑能源消费总量和强度控制目标、历史能源消费量、经济增长目标和新增投资目标、产业结构和能源结构调整目标及技术进步等因素。

第一，能源消费总量和强度控制目标。要充分考虑国家、区域和行业在不同发展阶段的能源消费总量和强度控制目标，通过用能权交易机制有效地控制能源消费量的增长。面对日益严峻的能源和环境问题，2014年11月，国务院办公厅发布了《能源发展战略行动计划（2014—2020年）》，正式提出了中期能源消费及煤炭消费总量的双控目标，即到2020年，一次能源消费总量控制在48亿吨标煤左右，煤炭消费总量控制在42亿吨左右。2020年能源消费总量控制目标的提出，既是经济社会可持续发展的客观需要，又给"十三五"规划的节能目标提出了更高的要求（戴彦德等，2015）。党的十八大将生态文明建设纳入我国经济社会发展"五位一体"的总体布局中，十八届五中全会提出了"创新、协调、绿色、开放、共享"五大发展理念，均体现了我国推进生态文明建设、实现绿色发展的战略部署。在"十三五"时期，作为推进生态文明建设和推动绿色发展的重要抓手与突破口，党中央、国务院提出要实施能耗总量和强度"双控"行动，通过《"十三五"节能减排综合工作方案》明确了全国万元 GDP 能耗比 2015 年下降 15％，2020 年全国能源消费总量控制在 50 亿吨标准煤以内的"双控"目标，以及各地区能耗总量和强度"双控"目标。

第二，历史能源消费量。在当前国内外碳排放交易的实践中，历史排放量是进行总量控制最为重要的考量因素之一（夏梓耀，2016）。同理，相较于其他标准，以历史能源消费量为基础确定一定时期内允许消费的能源总量不仅较为客观，而且可以进行量化操作，实行较为简便。以历史能源消费量为考量因素进行总量控制不仅需要确保历史能源消费数据真实可靠，还须注意选择确定历史能源消费量的基准年。如果历史数据不真实，以其为基础的总量控制就不能合理地反映用能权指标的稀缺程度，会导致用能权指标的价值被高估或低估，影响用能权交易制度在节能降耗方面的激励效应。历史能源消费量通常是指某一历史基准年的消费量，也可以指历史上某几年的平均消费量或者其中的最大消费量。在某一基准年某区域或某行业的能源消费量越大，其获得的指标总量也就越多，因此，基准年的选择对于节能降耗的成效而言至关重要。

第三，经济增长目标和新增投资目标。要充分考虑国家、区域和行业的经济增长目标和新增投资目标，通过用能权交易这一政策工具在降低节能成本方面的优势，在保证经济增长的同时实现节能降耗。能源消费与经济发展密切相关，虽然经济增速的放缓必然会导致能源消费增速的回落，但有关研究表明，经济增长与能源消费之间存在长期的双向因果关系（Asongu et al.，2016；Saidi et al.，2017）。能源消费在提高生产力的同时推动经济发展（Tiba et al.，2017），我国经济的发展长期依赖于能源的消耗，这也是同时期碳排放量显著增加的重要原因（Wang et al.，2016）。自改革开放以来，我国的经济发展取得了令世界瞩目的成就，成为世界第二大经济体，保持年均 6.1％的增长。在快速发展的过程中，我国已然成为世界上最大的能源消耗和碳排放国（赵明轩等，2020）。能源是一国发展的重要因素（Khan et al.，2020），在实现经济平稳增长的同时，我国还需控制化石能源的消耗

(Zhu et al.，2015)。如何实现经济增长和能源消费之间的动态协调发展，是我国持续推进生态文明建设、实现绿色可持续发展的关键问题。因此，我国的用能权交易制度不能仅仅将节能降耗作为单一目标，而是要创造经济发展与节能降耗的双赢结果，指标总量所控制的应该是在一定经济增速下的能源消费量。

第四，能源结构和产业结构调整目标。要充分考虑国家、区域的能源结构和产业结构调整目标，通过用能权交易机制有效地促进产业结构和能源结构调整。目前我国经济发展步入新常态，经济增速减缓，经济增长方式转变，相应地，能源需求总量增速也放缓，能源结构调整加速，能源发展也进入新常态（方德斌等，2017）。在经济新常态发展阶段，一方面，我国经济下行的压力比较明显，这导致能源需求总量增速放缓；另一方面，我国经济处在转型期，表现为第三产业比重增加，以及由粗放型经济发展模式逐渐转变为集约型经济增长模式（郝宇等，2016）。在能源新常态下，我国的能源革命持续推进，表现出能源消费增速放缓，能源效率逐渐提高，能源结构向低碳化、清洁化转变等特征。此外，由于我国工业化进程已步入中后期，重化工业产业总体上进入饱和期，产业结构的深度调整将降低能源消费强度，进一步拉低能源消费增速（林卫斌等，2016），因此，对产业结构进行完善能够达到节能降耗的目的（Pan，2018）。用能权交易制度的实施有利于改变重大耗能行业的主要用能方式并进一步提高清洁能源的占比，从能源利用的产业结构和消费结构两方面着手来调整能源结构。由此可见，用能权交易制度的目标与我国能源结构、产业结构的调整目标能够实现深度耦合。随着清洁能源在能源结构中占比的增加和第二产业在产业结构中比重的降低，未来的化石能源消费量应该比维持现有条件下的消费量小。

第五，技术进步。总量控制还需考虑技术进步的因素。根据"希克斯诱导创新理论"（Abramovay，2010），技术创新有利于节约能源消费，即通过提高能源使用效率来降低能源消费（Heap et al.，2010）。例如，技术创新可使生产工具不断改进，使得机器设备的使用更加便捷，促进能源生产和利用的智能化。此外，技术创新还会促进煤炭等传统化石能源的绿色开发和清洁利用，不断改善能源消费结构。同时，技术创新还能为生物质能、地热能、海洋能等新能源的发现和使用提供技术支持，从而提高非化石能源比重，促进能源供给多元化（任海军等，2018）。党的十九大报告指出，我国经济从过去的高速发展转为中高速发展，从"低环境成本推动模式"转变为"科技创新驱动模式"，因此，依靠科学技术创新来降低单位能耗、实现经济的可持续发展迫在眉睫（杨芬等，2020）。与此同时，我国经济进入新常态也意味着经济结构的优化升级及经济增长动力已从要素驱动、投资驱动转向创新驱动，而无论经济结构的调整还是技术创新都将深度改变经济增长与能源消费之间的关系，进而使未来的能源消费需求受到影响（林卫斌等，2016）。此外，用能权交易还有可能引发新的技术进步，即由于某种生产要素的提高使技术进步的方向更偏向于节约该生产要素（齐绍洲等，2016）。因此，在技术进步的条件下，用能权指标总量将有可能进一步缩小。

3. 总量控制的基本模式

一般而言，总量控制目标的设定模式可以分为三种：一是"自上而下"模式；二是"自下而上"模式；三是"自上而下"与"自下而上"相结合的模式（曹明德等，2016）。

"自上而下"模式是集中控制的方式，须由中央政府管理部门首先根据国家总体节能目标进行总量设定，即根据社会经济发展、产业结构调整、节能减排政策等宏观因素设计能源消费总量模型，预测年度能源消费总量，再将指标总量分配至每个地区。这种分配模式具有一定优势：其一，有利于总量目标的统一设置，即能够明确节能发展方向并严格控制指标总量，使分配方案得以迅速制定和落实，从而避免因分散实施而导致的方案拖延、效率低下等现象；其二，有利于对指标总量的统一控制，即通过实时监控和动态调整来快速调整市场指标供给量，从而避免用能权指标价格的剧烈波动给市场运行带来的不利影响；其三，有利于分配方法的统一运用，即减少寻租行为的发生，在一定程度上保证地区和行业间的公平竞争。然而，"自上而下"的总量控制模式难以兼顾各个地区的产业差异、行业特点和技术水平，可能带来"一刀切"等负面影响，难以兼顾区域的发展特点和区域特色（蒋惠琴，2019）。

"自下而上"模式则从企业层面出发，考虑历史的能源消费水平，结合对技术进步、节能潜力和节能成本的评估，预测纳入用能权交易体系的所有用能单位的能源消费总量。这种模式的优势有两点：其一，为宏观政策目标的制定和调整做好准备和铺垫，即在历史排放数据分散和实践经验缺乏的政策实行初期，从企业层面出发核实能源消费数据有助于国家逐步积累和掌握每个区域的真实能源消费情况；其二，充分体现区域特色和区域发展需求，即由于每个地区的资源禀赋、经济发展水平、产业结构、能耗结构、人口规模和密度等都有所差异，"自下而上"的设定模式可以很好地避免统一政策给区域发展需求所带来的不利影响（蒋惠琴，2019）。但是，"自下而上"的设定模式在现实中也会存在道德风险等诸多问题。例如，各地区从自身利益出发会本能地尽量扩大指标申报总量，因此会造成指标的过度分配，从而降低整体用能权交易市场的效率（陈惠珍，2013）。

"自上而下"与"自下而上"相结合的模式，是先通过盘查摸清各用能单位的历史能源消费水平并将其加总，得到覆盖用能权交易体系的基准能源消费总量，再根据本地节能目标下降比例等影响因素对基准量进行调整，得到本交易体系的总量控制目标（谭冰霖，2017）。我国目前应该实行"自上而下为主，上下结合"的总量控制设定路径，这是因为，我国现阶段还处在用能权交易政策实施的初期，能力建设和基础数据掌握还存在不足，因此，考虑到对能源消费基础数据的掌握程度以及地区和行业间差异性，在实行"自上而下"的总量控制模式的基础上，要适当进行"上下结合"。其一，从对能源消费基础数据的掌握程度来看，在现阶段需要加强基础数据的上报工作，逐步掌握每个区域的能源消费情况，提升对各省份、各行业和重点用能单位的能源消费基础数据统计的全面性和科学性，为未来用能权交易发展的科学决策做好准备和铺垫。其二，从地区和行业间的差异性来看，每个地区的经济发展水平、资源禀赋、能耗结构和产业结构等都有所不同，各个行业的技术发展水平、产业发展特点也存在差异，因此在用能权指标分配过程中，可以通过"上下结合"的方式来避免统一政策对这些地区和行业发展可能带来的负面影响（蒋惠琴，2019）。

需要注意的是，能源消费量的控制是一个长期的目标和任务，绝对总量控制受到一国经济发展阶段和发展水平的影响。我国目前的经济发展阶段决定了，在用能权交易市场发展初期仍有部分地区或行业暂时不具备绝对总量控制的条件，应适用能源消费强度控制。例如，对于火力发电或热力供应行业，采用绝对总量控制将给这些用能单位造成过多不合理的负担。因为该类用能单位的能源消费主要用于为其他工业生产以及居民提供电力、热力等能源，客观上难以从内部控制其自身的能源消费量水平，其能源消费量很大程度上受消费侧需求及调度等外部因素的影响。因此，在用能权交易设计中，对这类用能单位更适宜根据行业发展水平及节能潜力等综合因素采取强度控制，且依据强度控制目标确定的用能权指标数量的总和将是一个动态的总量控制目标（兰文等，2019）。

4.1.2　初始分配

在确定好用能权交易体系的指标总量后，接下来则应按照科学合理的标准在纳入用能权交易体系的各用能单位之间进行用能权指标的初始分配。所谓用能权指标的初始分配是指政府为市场参与者规定的生产中允许消费的综合能源消费量的最大值，其意味着获得用能权指标的用能单位拥有了相应的、使用一定数量能源的权利。用能权指标初始分配其实就是对交易产品的产权确认，其核心是取得用能权指标的价格和数量问题。由于用能权是有价值的，因此指标的所有者也就相当于获得了相应数量的资产。因此，公平和高效地进行用能权指标初始分配是一个涉及政治、经济和法律领域的综合性问题。

1. 用能权指标的初始分配方法

用能权指标的初始分配是开展用能权交易的基础。用能权指标的初始分配关键要注意公平性和有效性，需要注意区分产能过剩行业和其他行业、高耗能行业和非高耗能行业、重点用能单位和非重点用能单位、现有产能和新增产能，通过分类指导来实现能源资源的合理配置。与碳排放交易等其他环境权益交易市场类似，用能权交易市场也是由政府创制的市场，其将在总量控制的基础上创造用能单位对稀缺用能权指标的需求。用能权指标初始分配的焦点在于用能单位是无偿获取用能权指标还是需要为此付费，因为不同分配方式的公平程度和效率各有差异。根据国内外排放权交易理论和实践中的分配方式，无偿分配分为祖父法和基准法，有偿分配中最有代表性的是拍卖法和固定价格销售法（张益纲，2017）。结合排放权配额分配的理论和实践可知，用能权指标的初始分配方式也可以分为无偿分配和有偿分配两大类。

1）无偿分配

无偿分配主要包括历史法和基准法这两种方法。

历史法是基于祖父法则的分配，是指根据纳入用能权交易体系的用能单位在基准年的能源消费量水平或基准期间的平均能源消费量水平，结合区域今后年度能源消费总量控制计划（体现为特定的能源消费总量下降系数）计算用能单位应当免费获取的用能权指标数量（曹明德等，2016）。历史法以用能单位的历史能源消费总量水平或历史能源消费强度水平为基础，按照一定的削减比例分配初始用能权指标。这种方法主要考虑用能单位的历史状况，因而具有较强的可操作性。其中，确定历史的能源消费量水平以及削减率是历史法的核心要素。具体来说，对于采用绝对总量控制的地区或行业，主管部门应以历史能源消费总量水平为基础，结合能源消费总量控制目标，确定削减率和各用能单位的用能权指标。要注意的是，在采用历史法的情况下，削减率的确定应当体现出高耗能行业和非高耗能行业、产能过剩行业和其他行业、重点用能单位和非重点用能单位的不同节能降耗要求（兰文等，2019）。

基准法是基于标杆法则或者基于产出的分配，是指以单位产品的能源消费量为基准进行的分配。基准法一般以某行业在基准年度生产每单位产品平均所需的能源消费量为基础计算出纳入用能权交易体系的用能单位应当免费获取的用能权指标数量。基准法是政府以用能单位所属行业在基准年的先进能源消费水平来核定用能权指标的依据。在某一行业中，政府选择每单位产品或产值的能源消费量最小的若干用能单位，再将这些先进用能单位在基准年的平均历史能源消费水平作为基准线，或者选择将某行业所有纳入的用能单位每单位产品或产值的平均历史能源消费水平作为基准线，再结合该用能单位的年度产量及本区域今后年度的能源消费总量控制计划，核定并发放用能权指标（童俊军等，2019）。基准法的核心在于确定能源消费量的基准线，即能源消费强度。将能源消费强度与投入或产出等生产数据结合即可获得用能单位的指标量。在采用绝对总量控制的情况下，可以结合历史生产情况，通过对能源消费强度和生产状况两个方面进行控制的方式，使各用能单位获得固定数额的用能权指标，以达到总量控制的目的。在采取强度控制的情况下，则可以依据用能单位当期内实际生产负荷状况进行指标分配（兰文等，2019）。

2）有偿分配

有偿分配主要包括拍卖和政府定价这两种方法。拍卖法是由主管部门按照一定的拍卖定价程序进行用能权指标的销售，即用能权交易主管部门通过公开或者密封竞价的方式将用能权指标出售给出价最高的买方。若用能权交易主管部门通过拍卖的形式使用能单位有偿地获得用能权指标，则其不需要事前决定每一个用能单位应该获得的指标量，拍卖的价格将由市场自发形成（童俊军等，2019）。拍卖过程中，可以由各用能单位提出符合自己指标需求的目标价格，最终在供需平衡的价格下达成交易；或者由用能单位提出数量需求，依据需求情况确定成交价格；也可以在确定的价格水平下由用能单位提出指标购买数量，如果需求数量大于供给数量，则提高价格，反之则形成成交价格（兰文等，2019）。也就是说，通过拍卖方式分配用能权指标是由市场来决定由谁并且以何种价格获得用能权指标的，从而使政府摆脱了无偿分配方式下做出分配决定时的责任（曹明德等，2016）。

政府定价则指用能权交易主管部门综合考虑经济和社会发展规划、能源消费的外部成本、行业的节能潜力、提高能效的平均成本、能源消费总量和强度"双控"目标及用能权交易的行政成本等因素，确定用能权指标的价格并公开出售给纳入用能权交易体系的用能单位，即用能权交易主管部门在采用一定方式确定用能权指标的价格后，用能单位在综合考虑自身的生产需求和指标价格的基础上，向主管部门购买其所需指标的数量。

2. 各种分配方法的比较

如何在纳入用能权交易体系的用能单位之间进行初始分配是用能权交易体系设计中的一个关键问题。理论上，在交易成本为零的条件下，初始产权的分配并不会影响市场均衡的最终结果，市场均衡会自行达到帕累托最优（MacK-enzie et al.，2007）。用能权指标的分配实为一种产权的分配，在理想的市场条件下，用能权指标的价格等于用能单位的边际节能成本，指标分配仅仅是分配给谁的问题。然而，现实中交易成本并不为零，在不完全竞争的市场中，初始产权的分配状况会导致资源配置的效率不同（Hahn，1984）。在真实的市场中存在着交易成本不为零、市场机制缺陷、监管不力等非理想条件，指标初始分配必然会影响市场效率与总的成本效益（Georgopoulou et al.，2006）。在用能权指标的初始分配过程中，各个利益主体之间存在着许多冲突，需要平衡多方面的矛盾，如不同用能单位之间内部的冲突，用能单位与政府在能源使用、经济发展或其他偏好取向之间（如去产能与增加产量）的博弈等。由此可见，在实践中初始分配的不同方式不仅关系到受规制的用能单位能否公平竞争，影响整个设计体系的成本效率（Ahman et al.，2007），而且关系着国家、地区或企业未来经济的增长速度与发展空间。因此，选择合适的初始分配方案至关重要。在初始分配的理论研究方面，国内外对排放权分配方式的研究比较深入，故我国可以通过梳理有关排放权分配方式的相关研究来分析和总结用能权的初始分配方式。

1) 无偿分配中历史法与基准法的比较

无偿分配方式中最具代表性的是历史法和基准法。其中，历史法对基础数据要求相对较低，仅考虑企业的历史排放量，同时由于其不需要设置基准线，也不需要计算各种复杂的调整因子，所以可操作性很强。采用历史法分配能最大限度地接近现有排放水平，补偿企业因扩大生产投资而可能出现的沉没成本，减轻企业的资金压力。由于企业受到的成本压力较小，历史法也更容易降低碳泄漏的风险（张益纲，2017）。因此，对于政府和规制企业来说，历史法的可接受度比较高，在排放交易体系建立初期更容易获得支持。然而，历史法最易导致的"鞭打快牛"这一问题也经常令人诟病。如果分配计划有规律地基于前一阶段的排放量制订，企业在当期将会得到经济激励以进行更多的排放。相反，一旦企业当期的碳排放由于清洁技术的使用而减少了，那么它在下一阶段所获得的配额就会减少，进而使企业减排行为缺乏经济激励并严重影响企业的减排积极性（Sterner et al.，2008）。因此，历史法比较适合在碳交易体系建立的初期采用，目的是避免复杂的数据收集、减少企业参与交易体系的成本，以给其更长的缓冲和适应期。但从长期来看，历史法并不利于激励企业对清洁技术的研发、引进和采纳（齐绍洲等，2013）。

为避免历史法奖励高排放这个缺陷，人们后续设计出了基准法，其原理是根据一个基准来决定如何免费分配配额。比如，可根据同一行业不同企业生产同类产品的排放效率先设定一个排放基准，以此决定每个企业可获得的配额量。这样，技术先进、排放效率好的企业可以获得较高的配额，而技术落后、排放效率差的企业则将获得较少的配额。基准法奖励提前减排，其将使配额的分配更加公平，避免了由于信息不对称所引起的激励问题（Parry et al.，2002）。采用基准法进行配额分配时，若企业的产品碳强度优于基准线时，它获得的配额就将多于所需，成为配额市场的卖家，故该法可以对减排绩效好的企业给予一定的奖励。也正因为如此，基准法鼓励企业研发、引进和采纳清洁技术，企业的产品碳强度越低，从配额分配中获得的奖励额度就越大。然而，基准法对数据质量要求较高，制定过程也较复杂，其要求企业之间的产品碳强度具有可比性，但由于不同企业的产品往往具有异质性，同一个行业中的产品也可能会具有相当复杂的分类，这导致了制定产品基准线非常复杂，因此，划分产品的碳强度需要大量的数据和经验支持（齐绍洲等，2016）。换言之，完善的核算和认证体系加上可靠而准确的数据是基准法成功适用的前提，因此，在实践中，基准法的应用与推广往往是个渐进的过程（张益纲，2017）。

2）有偿分配中拍卖法与政府定价法的比较

拍卖法与政府定价法（也称固定价格销售法）都可以将环境污染的负外部性内部化，从而纠正被扭曲的市场价格。而且，此二法的出售和拍卖所得可以成为政府财政收入的一部分，能够有效补充政府在环保方面的投入，也可以避免在免费分配方式下操纵排放权市场的现象。

与拍卖法不同，政府定价法是参与主体通过固定价格向主管部门购买用能权指标的方法。作为向市场化过渡时期的分配方式，政府定价法可以避免市场的大起大落，既达到引导节能减排的目的，又使企业有足够的时间来调整和适应。但是这种分配方法对政府定价的要求比较高，如果设定的价格过高则会增大企业的生产成本，对社会经济发展造成过大压力，价格过低又会丧失对企业的约束力，造成企业的减排动力不足。理论上，如果政府可以掌握每个企业的减排成本，就可以确定合理的配额价格，但由于实践中存在信息不对称等问题，政府往往很难准确评估企业的减排成本，也很难制定出科学的配额价格（孙丹等，2013）。

政府定价法作为有偿分配方法，具有拍卖法所具备的部分优势，但配额固定、价格不能反映真实的市场需求，由此可见，政府定价法在资源配置效率等方面的表现劣于拍卖法，而且，政府定价的分配方式由于某些既有的缺陷而受到诸多诟病。比如，对用能权指标定价所需要的信息难以完全被政府准确掌握，以及在定价过程中容易受到利益的影响或发生权力寻租等现象（曹明德等，2016）。因此，政府定价法在当前国内外排放权交易计划中很少被选择，这种方法只能作为从免费分配到拍卖分配的过渡。在实践中，澳大利亚和新西兰采用过此种方法（蒋惠琴，2019）。相比较而言，拍卖法能促进投资、保证配额分配公平透明、提高政府收入，是目前学术界所公认的最能体现市场效率的分配方法，也是未来初始分配制度的必然选择。

3）无偿分配与有偿分配的比较

首先，无偿分配方式有其优缺点。如伯特拉（Burtraw，2001）等认为，无偿分配的最大优点就是能在初始阶段将功能完备的碳排放交易市场有效地建立起来。其可以保护企业扩大规模的投资，并且可以对受规制企业施加较小的经济负担，最大限度地减少对历史模式的破坏，从而更容易推广和实施（Lyon，1982）。在各国政策不同的情况下，无偿分配还可能为企业带来额外收入（Edwards et al.，2001）。当然，无偿分配的缺点也是显而易见的：第一，免费分配方案会导致效益损失。配额免费发放会导致现有排放量越大的企业获得越多的配额，如此一来将导致污染物的排放总量在交易体系的初始运行阶段大幅增加，而这与制度设计的初衷是背道而驰的（Rose et al.，1993）。控排企业在获得免费配额后，仍然有可能把配额价格体现到产品价格上来，构成另一部分的利益。因此，免费分配将不可避免地使企业获得"意外之财"，这将使得整个社会的经济成本升高、经济效率下降。在免费分配方式下，是公众而不是受益的企业承担了环境污染成本，这就违背了"谁出资谁受益、谁污染谁负责"的原则（Woerdman，2000）。第二，免费分配还存在着歧视潜在进入者、缺乏对减排技术的研发激励等弊端。如米利曼（Milliman）和普瑞斯（Prince）（1989）研究指出，由于技术革新将降低排放权的价值，故免费分配方式中的外生标准分配会削弱被管制企业进行污染治理技术革新的积极性。克拉姆顿（Cramton）和克尔（Kerr）（2002）指出，从长期看，免费发放将不可避免地阻碍新设施、新技术的研发和引进，降低企业的生产能力，并在一定程度上妨碍竞争，导致效率低下。所以，免费方式不如标价出售和公开拍卖，也不符合排放权交易制度的市场特征（张益纲，2017）。

其次，有偿分配方式也有其优缺点。国内外理论研究主要集中在排放权的无偿分配方式和有偿分配中公开拍卖方式的选择和效率比较这方面（Goulder et al.，1999；Fullerton et al.，2001；齐绍洲等，2013）。例如，克拉姆顿和克尔（2002）认为，排放权的拍卖方式比免费分配方式效率高，这是因为拍卖具有能内部化生产活动的外部性、提高分配效率和交易效率、提高政府收入、避免企业的寻租行为以及公开、公平、公正等诸多优点，具体而言，主要表现在以下三个方面。其一，拍卖需要控排企业为其排放行为支付价格，其符合产权理论和"污染者付费"原则，能更好地实现理念公平、程序公平和收益公平。其二，通过拍卖获得的循环收益可以用来减少资本、劳动、收入、消费等方面的税负或用来减少赤字，从而增加整体效率（张益纲，2017）。据相关研究测算，祖父法分配下排放降低 10％ 的成本比碳税或拍卖分配的成本高 3 倍以上（Parry et al.，1999）。其三，拍卖法更能激励减排技术创新，在碳排放交易体系下，减排技术创新能减少排放，降低配额价格，进而减少稀缺性租金（张益纲，2017）。

由此可见，研究者们的理论研究结果显示，拍卖方式在效率、公平方面要优于免费分配方式，并有助于提高企业进行技术革新的积极性。目前全球碳排放权交易体系中，欧盟碳排放交易体系（European Union Emissions Trading System，EU ETS）无论从运行时间还是规模而言，都居于首位，其分配方式正逐渐从免费分配向拍卖分配过渡，这为其他碳排放权交易体系的分配机制提供了经验与样本。EU ETS采用总量控制交易的模式，第一阶段采用免费配给与拍卖相结合的方式分配碳排放权，在第二阶段的一级市场上的分配方式将由免费配给逐步向拍卖过渡，第三阶段将改变免费配给的模式，通过拍卖的方式确定一级市场的价格。

总之，拍卖法比免费分配方式更有效率这一论断在理论和实践中都已达成共识，事实证明，拍卖法是诸多配额分配方式中的最优选择。但拍卖法主要存在三类问题，即推行阻力大、碳泄漏风险相对较高、对控排企业的竞争力损害较大（张益纲，2017）。其中最大的顾虑就是拍卖会导致企业负担过重，使之产生对碳交易体系的抵触情绪。为了减少企业的抵触情绪，国际上的多数碳交易体系在建立初期都对全部配额或绝大多数配额进行免费分配，在随后的进程中再逐步提高拍卖比例并向完全拍卖过渡，因此，目前渐进混合或行业混合的分配模式成为了实践中备受认可的选择（齐绍洲等，2016）。

4）总结

通过上述对排放权初始分配方法的梳理和分析可以发现，每种分配方法都有其自身的优势和劣势，有各自的适用条件。同理，对于用能权指标的初始分配亦是如此，不同的指标分配方法具有不同的适用环境和经济效应（蒋惠琴，2019）（见表4-1）。

表 4-1   初始分配方式的比较总结

分配方法	复杂程度	政府收入	资源配置效率	适用一致性	适用阶段
历史法	简单	无	低	新旧企业不一致适用	交易初期
基准法	制定过程复杂、分配过程简单	无	低	新旧企业一致适用	交易实行一段时间后分行业使用
政府定价法	定价过程复杂、分配过程简单	有	较高	新旧企业一致适用	交易实行一段时间后暂时性使用

分配方法	复杂程度	政府收入	资源配置效率	适用一致性	适用阶段
拍卖法	简单	有	高	新旧企业一致适用	交易实行一段时间后渐进使用

　　历史法对历史数据的要求最为简单，仅需要用能单位的历史能源消费量，而且不会给参与主体带来经济负担，可以有效降低政策推行的阻力，因此，历史法的可操作性很强，适用于推行用能权交易政策之初（蒋惠琴，2019）。但是，其没有考虑先期节能行动，存在合理基期选择和新进企业分配方式不一致等问题。例如，那些近期采用了节能措施的用能单位由于在历史年份已经将能源消费水平降到较低水平且未来节能潜力可挖掘空间较小，反而在用能权交易中难以获利，故该法有可能鼓励落后、约束先进，降低资源配置效率。

　　基准法很好地解决了历史法难以解决的难题，其既能统一新进企业的用能权指标分配方法，又充分考虑到了先期节能的激励，还可以为工业部门的结构调整和转型升级创造新的激励（蒋惠琴，2019）。例如，该方法很好地兼顾了企业的生产和已采取的节能措施，能够促进能源利用效率相对落后的用能单位努力实行节能改造，提高能源的整体利用效率，促进技术进步、调整能源结构。但是，基准法对基础数据的要求非常高，需要制定各种复杂的基准值，还需要长期的跟踪和评估并进行必要的修正和调整，其使用对于政府管理部门而言是一个很大的挑战。

　　政府定价法虽然具备有偿分配方法所特有的优势，例如，有偿分配所增加的政府收入可以用于反哺节能企业并促进社会节能事业的发展，但由于真实的市场需求无法通过指标的固定价格反映出来，因此，政府定价法在资源配置效率、价格发现等方面劣于同为有偿方式的拍卖法。而且，政府定价法对政府定价的要求比较高，政府很难评估其所制定的用能权指标价格是否合理：如果设定的价格过低则难以发挥对企业的约束作用，如果设定的价格过高则会增加企业的生产成本，不仅易遭到企业的抵制还可能抑制经济的健康发展（蒋惠琴，2019）。

拍卖法可以有效保证用能权指标价格的完全传递，可以实现市场资源的有效配置。例如，通过拍卖过程可以体现市场上用能权指标的需求状况以及用能单位的实际节能成本水平，有利于市场形成一个合理的用能权指标价格并提高交易效率。拍卖获得的资金可以用于弥补主管部门的管理成本费用，或用于奖励能源消费水平优异的企业，或对清洁能源、可再生能源的生产单位进行补贴，从而促进节能投资。但和政府定价法一样，拍卖法会增加企业成本，影响企业竞争力，在用能权交易机制起步阶段不易实施，尤其在经济形势不好的情境下难以推行（蒋惠琴，2019）。

由此可见，没有哪一种分配方法是完美无缺的，政策目标的实现有赖于不同分配方法在不同实施阶段的有机组合。在实践中，大多数交易体系采用的是有偿和无偿相混合的模式，具体可以分为渐进混合模式和行业混合模式（齐绍洲等，2013）。其中，渐进混合模式是指在时间维度实现从无偿分配向有偿分配逐渐过渡的组合模式，行业混合模式则是指在空间维度对不同行业采取相异分配方法的组合模式。总体而言，从无偿分配方式向有偿分配方式渐进过渡是从实践中探索出来的一般规律，并呈现出"单一无偿分配方式—无偿为主有偿为辅—有偿为主无偿为补充"的发展脉络（潘晓滨，2017）。因此，要充分认识和把握不同分配方法的优势和局限，分阶段、分领域打好分配方法的组合拳，最大程度上发挥方法组合优势，弱化单一方法的缺陷（蒋惠琴，2019）。

4.1.3 市场交易

如前所述，用能权交易市场可以划分为一级市场和二级市场两个层面。其中，一级市场是用能权指标的发行市场，二级市场是对已经发行的用能权指标进行买卖、转让和流通的市场。本节中的交易市场主要是针对二级市场而言，通常来讲，一个成熟的交易市场应具备市场主体多元化、交易产品丰富多样、交易方式合理、交易风险管控完备等特点。

1. 市场主体

市场主体是用能权交易二级市场的基本构成要素。市场主体不同于交易主体，二者之间是种属关系。市场主体除了直接参与交易的转让方和受让方这两类交易主体外，还包括不参与直接交易但为交易双方提供平台、咨询等中介服务的主体（彭本利等，2017）。市场主体类型的多元化不仅是由用能权交易的特殊性所决定的，也是提升用能权交易市场活跃度、保障市场规范运行和扩大市场资金规模的内在需要。参照彭本利和李挚萍（2012）对碳交易主体的分类，结合是否直接参与用能权交易这一标志，可以将市场主体分为用能权交易合同关系的主体和非用能权交易合同关系的主体两大类。

1）用能权交易合同关系主体

用能权交易合同关系主体是指用能权交易买卖合同的缔约方，是直接参与用能权交易的市场主体，包括用能权指标的出让方和受让方。

用能权指标的出让方主要有两类：第一，是指受能源消费总量控制，在使用指标冲抵自身能源消费量后仍有剩余指标出售的企业。例如，采用节能技术或者因为经济形势不景气而减少了能源消费量，从而产生了剩余的用能权指标的企业。第二，是为调节用能权交易市场中的指标数量，以调控用能权指标市场价格而进行指标投放的用能权交易主管部门。

相比较而言，用能权指标的受让方则更为多元，主要包括四大类：第一，是为完成履约义务而购买用能权指标的企业。例如，因自行节能改造的成本高于交易市场中用能权指标的价格，故决定从市场中购买用能权指标以完成能源总量控制目标下的节能义务，或满足新建、改建、扩建生产项目之需要的企业。第二，是基于节能减排、保护环境之目的而购买用能权指标并用于注销的民间组织或个人，其通常是自愿加入用能权交易市场的非履约交易主体，往往并不负有向用能权交易主管部门提交等量用能权指标的义务。第三，是为调节用能权交易市场中的指标数量、调控用能权指标市场价格而进行指标回购的用能权交易主管部门，调控目的主要是为了抑制指标价格大起大落，维护用能权交易市场的稳定和健康运行。第四，没有履约义务但希望获取用能权市场价格波动价差收益的机构投资者或个人投资者。在上述受让主体中，前三类受让主体最为基本，且第一类受让主体最为常见。而第四类中的投资者，其成为受让主体则应经历一个从相对禁止到逐渐放开的过程。因为在用能权交易市场建立之初，各种交易规则尚不完善，开放各类投资者进入交易市场可能会加剧市场投机风险，造成市场秩序的紊乱。待用能权交易市场逐渐成熟之后，可逐步允许这类主体参与交易，毕竟其存在有利于提升市场的活跃度和扩大市场规模。

2）非用能权交易合同关系主体

非用能权交易合同关系主体是指其本身并不是交易合同的当事人，但能够为交易合同的缔结与履行提供服务的主体，包括但不限于用能权交易机构、各类专业服务机构和金融机构等（夏梓耀，2016）。

第一，用能权交易机构是非用能权交易合同关系主体中最基本、最常见的一类主体，在推动用能权交易市场形成和规范用能权交易市场发展方面具有重要的作用。首先，用能权交易机构通过构建电子交易平台可为用能权交易提供设施与场所；其次，用能权交易机构通过制定用能权交易业务规则和相关细则以保障用能权交易的顺利进行并对各参与方交易行为的合法性与合规性进行监管；最后，用能权交易机构通过管理与披露用能权交易市场的信息来保障各交易参与方的合法权益。一般而言，用能权交易机构构建的电子化交易平台应包含用能权注册登记系统、交易系统和结算系统这三大相互联系又相互独立的子系统。其中，注册登记系统记录用能权交易主体在该系统中所开设的独立账户中的指标持有数量及变动情况。交易系统是按照用能权交易主管部门的要求部署的，是按照价格优先、时间优先等规则撮合市场上出让方和受让方进行交易的系统。结算系统是根据相关规则在交易系统中交易清算和交收的子系统。交易系统需要与注册登记系统、结算系统对接，以实现指标流转的记录和资金的转移。例如，用能权交易合同订立后，出让方在规定时间内将相应数量的用能权指标提交给结算系统，受让方则按合同约定向结算系统提交价款，结算系统将用能权指标转入受让方在用能权交易注册登记系统中开设的账户，同时将合同价款通过结算系统转入出让方的银行账户（夏梓耀，2016），在这三个子系统的相互配合与共同作用下完成用能权交易过程。

第二，用能权交易中涉及的专业服务机构主要包括第三方审核机构、咨询服务机构、会计师事务所、律师事务所等。其中第三方审核机构可以对用能单位的能源消费量进行核查确认，为用能单位的相应决策提供有效信息；咨询服务机构可以为交易双方提供及时准确的市场信息，预测市场的基本走向，协助双方确定卖出或买入的价格；会计师事务所可以对用能权交易中的财务、税务问题进行专业处理；律师事务所可以对交易合同的成立和履行提供专业法律服务，防范与化解交易中的法律风险。

第三，用能权交易中涉及的金融机构主要是商业银行。用能权交易价款的支付是用能权交易中出让方实现其交易目的不可或缺的环节，而这一环节必须借助商业银行的力量来完成。在交易平台中，出让方和受让方的银行账户均是与交易结算系统相关联的，从而使合同价款可以顺利从受让方的银行账户转移到出让方的银行账户（夏梓耀，2016）。

2. 交易产品

环境权益交易产品可以分为现货、期货、期权、掉期等衍生品及抵押、质押等环境权益类金融创新产品。其中，现货是构成交易的前提条件，是一切用能权交易产品的基础条件或基本形式（兰文等，2019）。用能权现货交易是指交易双方达成用能权交易合同之后随即进行用能权指标交割的交易形式。这种交易形式与普通实物货物买卖一样，双方即时履行权利义务，不仅简便易行而且管理成本低。操作简单虽然是现货交易的优点，但其也存在无法有效化解用能权指标购买与使用的不确定性带来的风险和市场价格波动风险。例如，由于用能权指标的购买与使用存在时间差，企业最终需要向用能权交易主管部门提交的用能权指标数量具有一定的不确定性，一旦履约期限来临，若只存在现货交易，一方面，在用能权交易市场低靡时用能权的出让方可能被迫在低价时转让用能权指标，另一方面，在用能权交易市场活跃时用能权的需求方可能被迫在市场高位价时买入用能权指标。如此一来便难以有效发挥用能权交易制度的节能激励作用。

当然，用能权衍生产品交易也存在着优点和不足。其优势在于，用能权衍生产品交易有利于降低用能权指标购买与使用的不确定风险，便于企业进行生产经营安排。例如，用能权期权的买方拥有是否买入用能权指标的选择权，可避免事先囤积用能权指标的财务成本，规避市场价格剧烈波动造成的影响。此外，用能权衍生产品市场价格的形成能够比较准确地体现市场中用能权指标价格的变动趋势，有利于用能权交易市场价格发现。然而，用能权衍生产品交易的弊端也不容忽视。其一，衍生产品交易技术性比较强，运作机制较为复杂，对参与交易人员的专业知识与技能要求较高，其实施还有赖于用能权交易相关金融业务的发展。其二，历史上，因衍生产品交易导致的金融危机并不鲜见，衍生产品交易容易放大市场风险，助长市场投机活动，从而对用能权交易市场秩序造成严重破坏（夏梓耀，2016）。

综合用能权衍生产品交易的利弊，其存在的弊端是可以通过加快发展专业化的用能权金融服务业和加强对用能权金融市场的监管等方式来有效解决的。因此，在用能权现货交易之外渐进实施衍生品交易是未来用能权交易市场发展的趋势。例如，2015年4月发布的《国务院关于印发中国（广东）自由贸易试验区总体方案的通知》便提出，将在广东设立以碳排放为首个品种的创新型期货交易所，这为全国碳市场引入碳期货这一新品种作了政策铺垫（谭冰霖，2017）。同理，在用能权交易市场建设初期，交易应以现货交易为主，但随着用能权交易市场的不断发展，市场参与者的投融资需求将日益凸显，现货交易将难以满足市场参与者多样化的需求，届时可以考虑逐步引入衍生品交易，这一方面有助于交易参与方对冲价格风险，另一方面也有助于提高投资者参与的积极性，能进一步活跃用能权交易市场。

3. 交易方式

以是否指定交易对手方为标准，可以将用能权交易二极市场中的交易方式分为公开交易和协议转让两种类型（兰文等，2019）。

1）公开交易

公开交易是指在不指定交易对手方的情况下，通过交易所的交易系统进行买卖申报并完成交易和结算的交易方式。按照交易程序的不同，公开交易又可以分为挂牌点选、竞价和电子撮合三类。挂牌点选是指交易参与人通过交易所电子交易系统发布买入或卖出的申报指令，由对手方点选申报，并以申报价成交的交易方式。竞价交易多以单向竞价的形式呈现，单向竞价指交易参与人向交易所提出买入或卖出申报，交易所预先公告交易对象，多个对手方按照规定一次或多次响应申报，申报一般配备底价，按照"价格优先、时间优先"的原则，将对手方的响应价格从高到低排序。各对手方的最高报价为其成交价或按交易所规则统一确定的价格为成交价。电子撮合是指交易系统根据"价格优先、时间优先"的原则，对买卖双方的申报进行撮合配对，当买方价格大于等于卖方报价时成交，最后的成交价是买入申报价格、卖出申报价格和前一成交价三者居中的价格（兰文等，2019）。

　　2）协议转让

　　协议转让指交易双方通过自行协商就交易达成一致后向交易所进行申报并完成交易、结算的交易方式。协议转让本质上是一种由交易所作结算方的场外交易方式。场外交易和场内交易共同组成一个成熟的金融市场，以满足不同市场主体的交易要求和不同层次金融产品的流通要求。作为一种交易市场，场外交易市场是多层次金融市场的一个重要组成部分，对于完善资本市场的功能和体系以及拓展中小企业和个人的投资渠道大有裨益。作为一种交易模式，场外交易能够提升金融市场的流动性和活跃性，从而对场内交易形成有益补充（李响玲等，2010）。虽然协议转让是由交易双方自行协商达成的交易，但是交易双方仅能就交易的达成进行自主协商，最后的交割结算依然必须通过交易所并依据交易所的规则来完成，禁止通过登记系统自行双边交易。相对于公开交易而言，协议转让主要用于大宗交易和关联交易。在交易适用于大宗交易的情况下，普遍会对协议转让门槛进行设定，只有高于门槛的交易才可以或必须进行协议转让（兰文等，2019）。

4. 交易风险管控

　　用能权交易是一个涵盖信息公告、组织竞价、交易签约、资产交割等多环节的复杂过程。其复杂性体现在，用能权交易过程中是否经过信息公告、披露的内容是否完整真实、竞价过程是否公开透明、签订的合同与公告的内容是否一致、资产交割与公告或合同的约定是否一致等，或者有些交易内幕背景复杂，涉及多方利益的博弈，易出现关联交易、内幕交易、市场操纵等危害用能权交易市场秩序的情形，甚至可能引发诉讼纠纷（王国庆等，2016）。为防止过度投机行为导致市场价格暴涨暴跌，用能权交易所可以制定抑制交易风险的控制措施。交易所可以出台专门的交易风险管控办法或在交易规则中对相关措施做出明确规定。交易风险控制措施对于政府主管部门而言是市场维稳的重要举措，对于交易参与者而言则是参与交易需要遵守的行为准则，所有的交易行为必须在措施允许的框架内进行（兰文等，2019）。

由于市场特征的相似性，用能权交易市场的风险控制措施可以在很大程度上借鉴碳交易市场、证券市场和期货市场的相关制度。常见的措施包括涨跌幅限制、最大持仓量限制、大户报告制度、风险警示制度、风险准备金制度、全额交易资金制度和强制平仓制度等（见表 4-2）。在这些常见的风险控制措施中，涨跌幅限制和最大持仓量限制是试点采取率较高且同时具有量化标准的措施。在涨跌幅限制中，其限制的基准价可涉及开盘价、收盘价、结算价和加权平均价，并可针对不同交易方式设置不同的约束。在最大持仓量限制中，其可对用能单位和其他参与者的限制要求做出区分，在最大限度满足用能单位需求的情况下鼓励其他类型的交易参与者进行良性投资。

表 4-2　交易风险管控措施

措施	具体内容
涨跌幅限制	在每天的交易中规定当日的交易价格围绕某一基准价上下波动的幅度
最大持仓量限制	交易参与者可以持有指标的最大数额
大户报告制度	持有量达到交易所规定的报告标准的交易参与者或交易所要求报告的交易参与者，应当于规定时间内向交易所报告
风险警示制度	交易所认为必要的，可以单独或者同时采取要求交易参与者报告情况、发布书面警示和风险警示公告等措施，以警示和化解风险
风险准备金制度	为维护用能权交易市场正常运转提供财务担保和弥补不可预见风险带来的资金亏损
全额交易资金制度	交易参与者按产品全额价款缴纳资金
强制平仓制度	交易参与者的交易保证金不足，并未在规定时间内补足或持仓量超出最大限制时，交易所将对未平仓部分强制平仓

4.1.4　能源消费数据核查

能源消费数据核查指能源消费量的计量、报告、审核，是整个用能权交易制度的核心，是确定指标总量与核定企业履约的基础性制度。总量目标设定、企业配额分配等都需要全面、可靠、完整的基础数据作为支撑。用能权交易的基础数据指用能单位交易范围内的能源消费总量。能源消费总量数据的完整性、准确性直接影响用能权交易实施的质量。根据国家统计局的规定，能源消费总量是指一定时期内、一定区域范围内各行业和居民生活消费的各种能源的总和。能源消费总量包括原煤、石油及其制品、天然气、电力消费，不包括低热值燃料、生物质能和太阳能等的利用，其可以被分为终端能源消费量、能源加工转换损失量和能源损失量三个部分（赵志军，2014）。与碳排放交易中的监测、报告与核查制度（MVR）相似，用能权交易过程中的能源消费总量也应做到可计量、可报告、可核查。纳入用能权交易范围的用能单位有义务对其每年的能源消费总量数据进行计量，将所有数据和计量情况形成报告，并由第三方审核机构进行严格审核，以此保证能源消费总量数据的真实性和可靠性。

1. 能源消费量的计量

用能权交易以节能降耗为最终目的，用能单位要节能降耗必须对能源进行量化管理，而量化管理的手段就是计量。加强能源计量的管理，把能源计量工作做扎实不仅是开展用能权交易的前提和基础，也是用能单位应尽的法律义务。《中华人民共和国节约能源法》第二十七条规定："用能单位应当加强能源计量管理，按照规定配备和使用经依法检定合格的能源计量器具。用能单位应当建立能源消费统计和能源利用状况分析制度，对各类能源的消费实行分类计量和统计，并确保能源消费统计数据真实、完整。"在用能权交易中过程中，能源消费计量工作是基础性环节，其主要包括制定计量监测方案、合理配备计量器具、定期统计能源消费数据等。

第一，计量监测方案的科学制定。能源消费量的计量监测方案是准确、真实地记录和反映用能单位能源消费数据的基础，也是合理制定总量控制目标和初始分配方案的前提。因此，计量监测方案是否全面、科学、合理，对于有效构建用能权交易制度至关重要。例如，《福建省用能权交易能源消费量报告管理办法（试行）》第十条规定："用能单位应当按照对应行业的企业综合能源消费量核算与报告指南的要求制定能源消费量计量监测方案。计量监测方案应当详细、完整地规定使用的计量监测方法，具体包括计量监测方案的版本、报告主体描述、核算边界和用能设施的描述、计量网络图、活动数据、折标系数、生产数据以及其他相关数据的单位、计量监测点设置、计量器具的准确可靠保证、监测设备的运行维护保证、监测方式与记录频次以及数据内部质量控制和质量保证的相关规定"。可见，规范制定的计量监测方案为用能单位加强能源计量管理和顺利开展计量监测活动提供了明确引导，用能单位应当按照制定的计量监测方案，指定专人负责做好能源消费量计量器具配备、校准维护、监测设备正常运行、数据记录等工作，确保计量监测方案的顺利实施。当方案的内容发生变化时，用能单位需要对计量方案进行及时修改（兰文等，2019）。

第二，计量器具的合理配备与检定校准。首先，能源计量器具是用能单位进行能源计量检测的物质基础，是获取能源消费量数据的基石。对于用能权交易而言，交易的基础是量值的统一，其直接反映在计量器具的准确一致上。用能单位只有配备了符合要求的计量器具才能做到数据源于计量、交易依靠数据。我国先后发布了 11 项国家标准来规范用能单位的能源计量器具配备，分别涉及石油化工、有色金属冶炼、化工、钢铁、火力发电、建筑材料、纺织、煤炭、制浆造纸等行业以及公共机构的能源资源计量器具配备和管理要求。在上述标准中，《用能单位能源计量器具配备和管理通则》为强制性标准，其余为推荐性标准，且《用能单位能源计量器具配备和管理通则》对能源计量的种类及范围、能源计量器具的配备原则、能源计量器具的配备要求、能源计量器具的管理要求进行了详细规定，用能单位应严格按照标准的要求执行。其次，计量器具的完好是检测数据准确可靠的前提，而能源计量器具的检定校准工作则是计量器具完好的保障。计量器具的检定和校准是确保计量数据准确的两种不同途径和手段。根据《计量器具检定周期确定原则和方法》（JJF 1139—2005）的定义，计量器具检定是指查明和确认计量器具是否符合法定要求和程序，包括检查、加标和出具检定证书。根据《计量检测设备的质量保证要求》（ISO 10012－1：1992）的定义，计量器具校准是指，在规定条件下为确定计量仪器或测量系统的示值或实物量具或标准物质所代表的值与相对应的被测量的已知值之间关系的一组操作。根据《中华人民共和国计量法》的要求，企业、事业单位使用的最高计量标准器具及用于贸易结算、安全防护、医疗卫生、环境监测方面的列入强制检定目录的工作计量器具都应实行强制检定。强制检定的计量器具外的其余计量器具，用能单位可以定期检定或校准。也就是说，检定属于国家强制性的执法行为，检定结果必须对送检的计量器具、仪器设备做出合格与否的判断，检定结果具有法律效力。而校准是用能单位的自愿行为，不具有强制性，用能单位可以自行进行校准，也可以委托外部机构进行校准。校准的结果是校准证书或校准报告，一般是不具有法律效力的技术文件（兰文等，2019）。

第三，能源消费量的定期统计。能源消费统计是指用能单位按照规定对能源计量数据进行归纳汇总的活动。能源消费统计的目的是在能源计量的基础上获得真实、准确、完整的能源消费汇总数据，为用能单位进行生产经营决策、制定节能计划、采取节能措施提供可靠的依据。能源消费量的统计有几大原则：其一，谁消费、谁统计。能源消费量是按实际使用统计，而不是按所有权统计。因此，不论能源的来源如何，凡是在本单位实际消费的能源均应统计在本单位的能源消费量中；其二，何时投入使用，何时计入消费。各工业企业统计能源消费量的时间界限以投入第一道生产工序为准；其三，对反复循环使用的能源不能重复计算消费量，如余热、余能的回收利用不再计算在消费量中；其四，耗能工质（如水、氧气、压缩空气等），不论是外购的还是自产自用的，均不统计在能源消费量中；其五，企业自产能源，凡作为本企业生产另一种产品的原材料、燃料，又分别计算产量的，要统计其消费量，如煤矿用原煤生产洗精煤、炼焦厂用焦炭生产煤气、炼油厂用燃料油发电等，但产品生产过程中消费的半成品和中间产品不统计消费量，如炼油厂用原油生产出燃料油后，又用燃料油生产其他石油产品，这种情况燃料油既不计算产量，也不计算消费量（国家统计局能源司，2000）。

2. 能源消费量的报告

能源消费量报告是用能权交易过程中不可或缺的环节。在用能权交易机制设计中，纳入交易范围的用能单位需要定期按要求向用能权交易主管部门报告能源消费情况。《中华人民共和国节约能源法》第五十三条规定："重点用能单位应当每年向管理节能工作的部门报送上年度的能源利用状况报告。能源利用状况包括能源消费情况、能源利用效率、节能目标完成情况和节能效益分析、节能措施等内容。"《重点用能单位节能管理办法》第二条规定："重点用能单位是指：（一）年综合能源消费量一万吨标准煤及以上的用能单位；（二）国务院有关部门或者省、自治区、直辖市人民政府管理节能工作的部门指定的年综合能源消费量五千吨及以上不满一万吨标准煤的用能单位。"用能权交易主管部门可根据地方实际情况在国家法律法规规定的范围内设定能源消费量报告单位的"门槛"，报告制度的"门槛"设计实质是为了划定行政区域内的能源消费量监控单位和企业的范围，更好地建立用能权交易体系下的基础数据模型。能源消费量报告制度的建立可以带来三个益处：第一，建立健全行政区域内下一阶段管控单位、企业的信息，了解行政区域内能源消费量的具体情况；第二，形成连续性数据统计，为下一阶段扩大审核单位和企业的范围、测算出精确的初始用能权分配量提供保障；第三，对行政区域内现阶段报告企业的能源消费量起到监督作用（彭峰等，2015）。

用能单位应当根据对应行业的企业综合能源消费量核算与报告指南中的核算要求以及能源消费量报告模板表格来编制年度能源消费量报告。用能权交易主管部门每年公布能源消费量报告的提交截止日期、报告提交日期须在用能权交易履约前至少一个月（兰文等，2019）。能源消费量报告的格式应当依据企业综合能源消费量核算与报告指南的要求，包括报告主体基本情况、年度用能情况、活动数据及来源、折标系数及来源（折标系数来源于实测值，如计算企业综合能源消费量和单位产品综合能源消耗过程中折标系数不一致时，应予以详细说明）、计量监测方案实施情况、生产数据等。

3. 能源消费量的审核

我国能源消费统计制度已实施多年，随着制度的不断完善、计量标准的健全、能源消费数据的统计水平不断提升，数据真实性、准确性有了较大改善。但是，目前一些用能单位的能源消费数据仍是通过推算得到的，而且不同时间段、给不同主管部门报送的数据推算的依据、步骤和方法也不统一，同一用能单位会出现多套不同版本的能源消费数据，难辨真伪。因此，企业报送的数据需要经过审核确认，以保证数据真实。

用能权指标能产生经济价值，用能权交易实质上是一个金融市场，存在信息不对称风险和道德风险，其需要更加完善的制度设计，特别是一个健全和完善的能源消费数据的审核机制，来保证用能权资产价值的真实性。因为能源消费数据的准确性、真实性不仅影响总量和配额指标的分配，而且会影响用能权交易管理措施实施的有效性及企业参与交易的积极性。因此，如何确保能源消费量数据的准确性和真实性成为用能权交易机制设计中至关重要的问题。能源消费数据的准确性一方面可以为主管部门完成配额分配提供有力的保障，另一方面可以保证用能权交易市场稳定地运行。我国《用能权有偿使用和交易制度试点方案》明确规定了用能单位年综合能源消费量要通过自我报告、第三方审核、政府抽查等方式予以确认。由此可见，虽然能源消费量数据审核的实施主体为独立的第三方机构，但是，整个能源消费量审核过程不仅需要用能权交易主管部门的组织协调和监督管理，还需要用能单位的积极配合才能有效完成。

首先，地方主管部门需要协调各事项、组织标准指南的制定及发布、监管第三方审核机构、组织抽查工作。地方主管部门的协调工作贯穿整个审核过程，从审核机构的选择、工作任务的分配直至抽查结束，审核过程中存在的各种问题都需要主管部门协调解决。为进一步规范审核机构的工作流程，统一统计口径和计算方法，避免同一行业甚至同一类型企业的审核标准不统一，用能权交易地方主管部门需组织制定并发布第三方审核指南或标准，明确审核原则及审核程序，指导第三方审核机构开展审核工作，确保审核工作的合规性。为保证审核质量，主管部门须制定审核机构管理办法，明确审核机构须具备的资质条件、审核员的技术水平条件等。第三方审核机构提出审核报告后，主管部门可对其审核工作进行抽查复查，并根据需要开展现场调查，确保能源消费报告和审核报告数据的准确性和真实性。以上这种方式不仅可以督促第三方审核机构提高审核质量，还可以实现对第三方审核机构的考核。

其次，第三方审核机构需参与审核标准、指南的制定，开展审核工作并配合主管部门统计相关数据等。第三方审核机构作为审核工作的实施主体，具有丰富的审核经验，熟悉审核工作的流程，可作为技术支撑单位参与审核指南、标准的编制工作，确保指南、标准的可操作性。第三方审核机构应按照审核流程在规定的期限内完成现场审核及审核报告的编制工作，主要包括签订协议、审核准备、文件评审、现场核查、核查报告编制、内部技术评审、核查报告交付及记录保存等八个步骤。第三方审核机构需根据主管部门的要求对用能单位的能源消费数据进行汇总分析，并出具相应的总结报告。第三方审核机构在进行审核工作时应遵循独立性、公正性、保密性的基本原则。其中，独立性原则要求审核机构从始至终保持中立状态，在对用能单位提交的报告进行核查时保持独立和客观，不受行政机关和用能单位的不正当干涉和影响，保证能源消费报告的准确性和真实性；公正性原则要求在审查过程中要平等对待，不偏不倚，以事实为依据，以相关法律法规和第三方审核指南为准绳，公平对待每一个接受审核的用能单位；保密性要求审核机构和审核员必须对用能单位的商业秘密及某些不可外露的内部信息通过订立保密条款或签订保密协议等方式进行严格保密，从而保护用能单位的合法利益（朱玲等，2014）。

最后，用能单位须按照主管部门要求的时间节点上报能源消费量报告，然后第三方审核机构才能以此为基础开展审核工作，确认报告中的信息数据是否真实可靠并得出审核结论。用能单位须配合第三方审核机构开展审核工作和主管部门组织的抽查工作，提供现场审核或抽查所需的场所、文件资料，并解答审核员提出的问题。

4.1.5 履约

在用能权交易制度中，用能权指标总量直接体现为该制度允许用能单位使用的能源数量总和，反映了该制度欲达到的能源消费总量和强度"双控"目标。用能权交易制度作为一种环境规制手段，确保"双控"目标的最终实现是其重要使命，因此，用能权交易制度的直接作用实质上已转化为以履约为目的冲抵能源消费量，此目的实现的结果就是用能权归于消灭。履约是指用能单位在法定期限届满前使用用能权指标冲抵经确认的上年度能源消费量，即向主管部门足额提交用能权指标以完成指标清缴义务。履约是用能权交易制度设计中的基础性环节，正因为存在履约的压力，用能单位才会有在用能权交易市场中购买用能权指标的动因，用能权交易才能够发生，节能边际成本较低的用能单位也才会有进行节能的动力。为确保用能单位能够按照规定履约，应从立法方面严格确立对未履约单位的惩罚机制，使不履约对用能单位而言有害无益，避免"违法成本低、守法成本高"的反向激励现象（夏梓耀，2016）。只有对未完成履约义务的用能单位进行惩罚，才能维持用能单位对用能权指标的刚性需求，这对用能权交易市场的正常发展也具有重要意义。通常而言，未能完成履约任务的企业主要承担缴纳罚款、指标补缴和信用惩戒等责任。

第一，行政罚款。罚款是指行政主体强制违法相对方承担金钱给付义务的处罚形式，罚款属于财产罚的一种，其相对于行为罚而言适用范围更为广泛。为了对未能完成履约任务的用能单位进行惩罚，用能权交易主管部门可以在法律规定范围内设定一定数量的行政罚款。例如，可以以特定时间范围内的指标市场价格为依据和基数来设定罚款，也可以设定固定数额或者在特定数额范围内罚款等。然而，在不完全信息的条件下，财产罚无法保证用能单位缴纳的罚金大于其违约成本。在履约成本高于边际罚金的情况下，财产罚将失去威慑力。因此，还应针对用能单位的性质和特点，创造多样化的实效性确保手段来强化履约机制的约束力。

第二，指标补缴。法律责任的功能主要体现在惩罚、救济与预防等几个方面（沈宗灵，2009）。罚款责任的承担并不能免除用能单位的指标补缴责任。要求未能完成履约义务的用能单位承担指标补缴责任，正是为了消除用能单位超额消费能源所造成的负面影响，并对违法行为造成的损失进行补救。对于经核定的实际能源消费量与已提交的用能权指标之间的差额，用能单位应当在指定日期前补足，逾期未补足的，若用能单位登记账户中尚有剩余指标，主管部门可依法将其强制扣除。对于扣除后的不足部分，主管部门可以在下一年度的指标分配中预先扣除与须补缴的指标数量相当的配额。补缴责任是用能单位本身应承担的法律义务，不具有惩罚性，当然，立法者如认为有必要，也可以使补偿性的等量补缴变为惩罚性的超额补缴，即要求用能单位按照欠缴指标数量的一定倍数超额进行补缴（夏梓耀，2016）。

第三，信用管理。在现代信用经济中，社会与市场既按传统的有形及无形资本配置资源，又按信用资本配置资源。信用已经成为一种生产要素，并与劳动力、土地、资本、技术等共同参与社会资源配置，形成了新的社会发展动力（吴晶妹，2015）。在用能权交易体系中，对守法的市场参与方赋予信用资本，可以使其获得相应的资源与利益，同时对违法违规的参与方扣除信用资本，可以提高其违法成本，从而达到"守信激励、失信惩戒"的效果，督促市场参与方按照规定履行相应的义务（兰文等，2019）。"守信激励、失信惩戒"的独特作用机制"通过展现企业的环境表现信息来影响其声誉和社会评价，以此来促成企业自发的反思和调整"（谭冰霖，2016）。

4.2　试点地区用能权交易实践的成就与问题

根据我国《生态文明体制改革总体方案》的相关要求，国家发展改革委于2016年7月印发《用能权有偿使用和交易制度试点方案》，要求浙江、福建、河南、四川等省份开展用能权有偿使用和交易制度试点。随后，各试点省份先易后难、分步推进，于2018年起先后形成了省级行政区域范围内有关用能权初始分配、交易管理及指标清缴的制度体系。相对于排污权交易制度、碳排放权交易制度这些舶来品，用能权交易制度是推进我国生态文明体制改革的重大制度创新，是促进能源资源可持续发展以及应对和解决生态环境问题的有益尝试。用能权交易试点实践为全国用能权交易市场的形成提供了丰富的经验。以下将总结和分析我国当前试点地区用能权交易实践的成就和存在的问题，为进一步构建和完善我国用能权交易法律制度做出有益铺垫。

4.2.1　试点地区用能权交易实践的成就

用能权交易市场不同于传统的交易市场，其不仅需要遵循一般的市场发展规律并受政府的严格监管，更需要政府的构建与推动。总体而言，各试点地区根据自身情况积极推进用能权交易市场的建设和运行，不仅相继出台了用能权交易的工作方案和管理规范，还制定了用能权指标分配方案，建设了用能权交易公共服务平台。现今用能权交易一级市场已初步形成，二级市场也初现雏形。

1. 用能权交易规范体系基本确立

　　至 2020 年初，福建、四川、河南、浙江等四个试点省份均已基本形成了由"工作方案＋管理办法＋配套文件"构成的省级用能权交易试点制度体系（见表 4-3）。其中，福建省颁布的《福建省用能权交易管理暂行办法》为地方政府规章，且福建省和四川省的相关配套文件相对于其他试点省份而言更为全面。其他交易试点省份主要通过制定规范性文件来为用能权交易提供基本规则，其中一些规范性文件明确规定了有效期。然而，在新的管理暂行办法出台前，市场参与主体难以从新旧管理规定内容的变化中获得相对稳定的预期。由于用能权交易制度的法律依据缺失或效力低下，缺乏一定的稳定性与预期性，而试点地区的总量控制目标、初始指标分配、交易市场监管等重要步骤都是在缺乏相关法律依据的前提下进行的，所以易造成用能权交易规范的权威性、稳定性和透明性不足，不利于用能权交易市场的构建、推行和发展。尽管如此，这些规章和规范性文件为我国将来进行全国性用能权交易立法和创建全国的用能权交易市场奠定了基础。

表 4-3　用能权交易工作方案和管理规范

试点省份	工作方案	管理规范	配套文件
福建	《福建省用能权有偿使用和交易试点实施方案》	《福建省用能权交易管理暂行办法》	《福建省用能权交易能源消费量审核指南（试行）》 《福建省用能权交易能源消费量审核机构管理办法（试行）》 《福建省用能权交易能源消费量报告管理办法》 《福建省用能权指标总量设定和分配办法（试行）》 《福建省用能权交易市场调节实施细则（试行）》 《福建省用能权交易市场信用评价实施细则》 《福建省用能权交易规则》

试点省份	工作方案	管理规范	配套文件
四川	《四川省用能权有偿使用和交易试点实施方案》	《四川省用能权交易有偿使用和交易管理暂行办法》	《四川省用能权有偿使用和交易第三方审核指南（试行）》 《四川省用能权交易能源消费量第三方审核机构管理办法（试行）》 《四川省2019年度重点用能单位用能权指标分配及履约方案》 《四川联合环境交易所用能权交易规则（试行）》 《四川联合环境交易所用能权交易信息披露细则（暂行）》 《四川联合环境交易所用能权交易违规违约处理及纠纷调解实施细则（暂行）》 《四川联合环境交易所用能权交易结算细则（暂行）》 《四川联合环境交易所用能权交易监察稽核管理办法（暂行）》 《四川联合环境交易所用能权交易风险控制管理细则（暂行）》
河南	《河南省用能权有偿使用和交易试点实施方案》	《河南省用能权有偿使用和交易管理暂行办法》	《河南省重点用能单位用能权配额分配办法（试行）》 《河南省重点用能单位能源消费报告审核和核查规范指南（试行）》 《河南省公共资源交易中心用能权注册登记和交易规则（试行）》
浙江	《浙江省用能权有偿使用和交易试点工作实施方案》	《浙江省用能权有偿使用和交易管理暂行办法》	《浙江省用能权有偿使用和交易第三方审核机构管理暂行办法》

从各试点省份用能权交易制度的覆盖范围来看，被试点纳入的行业主要包括钢铁、水泥、化工等高能耗领域，履约主体主要考虑的是重点用能单位。例如，2017 年福建省将原有的节能量交易转变为以用能总量控制为前提的用能权交易，首先在水泥与电力两个行业共计 88 家企业进行交易试点。2018 年福建省逐步扩大试点领域，试点覆盖合成氨、玻璃、铁合金、工业硅、原油加工、钢铁、铜冶炼、电解铝等行业的 45 家重点用能企业。截至 2020 年 12 月31 日，福建省的水泥制造、火力发电、炼钢、玻璃、铜冶炼、原油加工、合成氨、铁合金冶炼（工业硅冶炼参照铁合金冶炼行业进行指标管理）、电解铝等行业中，年综合能源消费量达到 5000 吨标准煤及以上的 102 家用能单位被纳入用能权交易制度体系，且名单实行动态管理。四川省共有钢铁、水泥、造纸、白酒、建筑陶瓷、化工（仅合成氨）等六个行业共 186 家重点用能单位被纳入用能权交易试点，于 2019 年确定了水泥、钢铁、造纸等三个行业的 110家企业为首批纳入用能权交易的重点用能单位，后于 2020 年增加了白酒、建筑陶瓷、化工（仅合成氨）行业中的重点用能单位，以及水泥、钢铁、造纸行业中的补充重点用能单位。重点用能单位暂定为全省范围内年综合能源消费达到 10 000 吨标准煤以上（等价值、含）的企事业单位。河南省将郑州市、平顶山市、鹤壁市、济源市 4 个市的有色金属、化工、钢铁、建材等重点行业年耗能 5000 吨标准煤以上的共 107 家重点用能单位纳入试点范围。浙江省的用能权交易分三个阶段进行：第一阶段为 2019 年，以增量交易为主；第二阶段为 2020 年，存量与增量交易并存；第三阶段为 2020 年底，设立租赁市场。其将单位工业增加值能耗高于该省"十三五"时期控制目标（0.6 吨标准煤/万元）的新增用能量（以下简称新增用能量）、一定比例区域年新增用能指标、规模以上企业通过淘汰落后产能和压减过剩产能腾出的用能空间、企业通过节能技术改造产生的节能量等纳入试点范围。

2. 用能权交易一级市场初步形成

用能权交易一级市场是指政府依法确定用能权指标总量并初始分配用能权指标的市场，其在内容上主要涉及指标总量控制制度和初始分配制度等两个方面。例如，《福建省用能权交易管理暂行办法》第九条规定："省人民政府用能权交易主管部门应当根据国家下达的能源消费总量、强度控制目标，结合本省经济发展目标和产业政策等因素，制定用能权指标总量设定和分配办法，确定年度用能权指标总量。"另外，福建、河南和四川等省都制定和公布了有关总量设定和分配规则的配套规范文件和具体实施文件。例如，《福建省用能权指标总量设定和分配办法（试行）》《福建省2020年度用能权指标分配方案》《福建省2019年度用能权指标分配方案》《四川省2019年度重点用能单位用能权指标分配及履约方案》等。由此看来，用能权交易一级市场已经初步形成。

首先，从指标总量设定而言，目前各试点地区对总量设定的方法并不存在一致的标准（见表4-4）。浙江省在试点初期以增量交易为主，增量交易的指标由一定比例的新增用能指标和特定企业通过节能技术改造等方式产生的节能量构成。而其余三个试点地区的指标总量则由既有产能指标和政府预留指标构成，即为防止指标过紧或超发，政府预留一定比例的指标（一般为指标总量的10%）用于市场调节和新增产能指标的发放。总量的确定过程是先根据每家试点企业的历史能源消费情况进行核查，再使用历史法或者基准法根据总量控制系数、能源消费结构优化系数等数据来计算试点期间的用能权指标数量，将数量加总后形成指标总量。

表4-4　各试点地区总量设定参考标准

试点地区	"十三五"能耗强度降低目标	"十三五"能耗增量控制目标	总量设定参考标准
福建	16%	2320万吨标准煤	产量控制系数 强度控制系数 总量控制系数 行业既有产能控制系数 新增产能先进系数
四川	16%	3020万吨标准煤	能源消费结构优化系数 年度能源强度下降率

续表

试点地区	"十三五"能耗强度 降低目标	"十三五"能耗增量 控制目标	总量设定参考标准
河南	16%	3540 万吨标准煤	能源消费总量下降系数 煤炭消费总量下降系数
浙江	17%	2380 万吨标准煤	——

其次，从分配方式看，各试点地区目前均以无偿分配为主，并计划适时引入有偿分配制度以减小制度推行的阻力。在无偿分配的原则和具体方法上，初始分配主要根据行业的生产流程、能源消费特点和产能性质等分别采用产量基准线法、历史总量法和历史强度法，基本形成了体现行业差异性的多元化指标分配方法（见表 4-5）。用能权指标的分配相当于一个资源分配过程，需要遵循公平与正义的原则。亚里士多德将正义分为分配正义与矫正正义，其中，分配正义强调比例相称，要求不同地位、不同身份的人按照等比例原则办事，这种正义是从人的不平等性出发的，而这种不平等是自然造成的（博登海默，2017）。用能权交易政策强调对不同类型的行业采取基准法、历史法等不同的初始用能权确权方法，每种方法都有其存在的合理性，在一定程度上体现了分配正义原则。

表 4-5　各试地区点用能权指标分配方法

试点地区	用能权指标分配方法
浙江	根据《浙江省用能权有偿使用和交易管理暂行办法》第六条的规定，初始阶段以增量交易为主，申购方为单位工业增加值能耗高于"十三五"时期浙江省控制目标（0.6 吨标准煤/万元）的新增用能量（包括新建、改建、扩建），出让方为一定比例（不超过 50%）区域年新增用能指标、规模以上企业通过淘汰落后产能和压减过剩产能腾出的用能空间，企业通过节能技术改造等方式产生的节能量。

试点地区	用能权指标分配方法
福建	根据《福建省用能权指标总量设定和分配办法（试行）》第八条的规定，对于既有产能，根据行业的生产流程、能源消费特点等，对产品相对单一行业、高耗能行业的既有产能采用基于履约年度产量的基准法或基于历史年度产量的基准法分配指标，对其他行业的既有产能采用历史总量法或历史强度法分配指标。 根据《福建省用能权指标总量设定和分配办法（试行）》第九条的规定，对于新增产能，根据行业的生产流程、能源消费特点等，对产品相对单一行业、高耗能行业的新增产能采用基于履约年度产量的基准法或基于设计产能的基准法分配指标，对其他行业的新增产能采用基于节能评估的总量法和基于节能评估的强度法分配指标。
四川	根据《四川省2019年度重点用能单位用能权指标分配及履约方案》的要求，水泥行业（水泥行业企业仅指通用硅酸盐水泥生产企业，不包括特种水泥生产企业）采用基准值法核算；钢铁行业采用历史强度法进行核算；造纸行业采用历史强度法进行核算。
河南	根据《河南省重点用能单位用能权配额分配办法（试行）》第九条的规定，对于既有产能，根据行业的生产流程、能源消费特点和产品类型，采用历史总量法或产量基准线法进行配额分配。其中，钢铁、化工等生产流程和产品较为复杂的行业，采用历史总量法；建材、有色等生产流程和产品较为单一的行业，采用产量基准线法。 根据《河南省重点用能单位用能权配额分配办法（试行）》第十条的规定，对于新增产能，在稳定运行满一年后，按照固定资产投资项目节能审查意见和年度产品产量核算配额总量。

从以上四个省的试点实践看，在用能权交易体系建设初期，一般会采用对全部配额进行免费分配的方式，而后再适时增加有偿分配的比例。在免费分配法中，历史总量法和产量基准法这两种方法适用于产量相对稳定的成熟经济体的行业。在我国，经济还处在中高速发展阶段，很多企业的产量年度变化很大，

利用这两种方法分配会出现公平性问题，特别不利于能效高且市场占有率大的企业，可能会出现"鞭打快牛"的问题（韩英夫等，2017）。因此，我国在实践中发展出了两种符合国情的配额免费分配方法，一种是基于当年实际产量的行业基准法（如福建省的火力发电行业），另一种是基于当年实际产量的历史强度法（如四川省的钢铁行业），这两种方式较好地克服了分配方法的问题。另外需要注意的是，在采用免费法分配时要谨慎制定行业基准和各类调节系数。当前我国各试点地区的指标分配方案设定了种类繁多的调节系数和修正系数，其本身虽有一定的合理性，但在全国统一市场中应该尽量减少此类调节系数的运用，减少地区和企业与政府讨价还价的空间，以此来保证分配方法的公平公正。

　　随着我国用能权交易市场的逐步发展和日趋成熟，增加有偿分配比例是未来的发展趋势，因此我国应积极研究和适时引入适合我国特点的有偿分配方法（蒋惠琴，2019）。

3. 用能权交易二级市场初现雏形

　　用能权交易二级市场是指通过初始分配取得或二级市场交易取得的用能权指标在不同交易主体之间合法流转的市场，其主要涵盖交易主体、交易标的、交易程序、市场监管等要素（见表 4 - 6 和表 4 - 7）。

表 4 - 6　各试点地区二级市场交易要素比较

试点地区	交易启动时间	交易平台	交易主体	交易标的	交易方式	交易市场行情
福建	2018 年 12 月	海峡股权交易中心	用能单位和其他法人单位	用能权指标	挂牌点选单向竞价协议转让	近日成交均价/开盘价：12.97 元 累计成交量：971 912tce（截至 2020 年 12 月 31 日）
四川	2019 年 9 月	四川联合环境交易所	重点用能单位、符合规定的其他用能单位、机构、组织	用能权指标经核证的节能量	定价点选单向竞价协议转让	近日成交均价/开盘价：212.67 元 累计成交量 3000tce（截至 2020 年 12 月 31 日）

续表

试点地区	交易启动时间	交易平台	交易主体	交易标的	交易方式	交易市场行情
河南	2019年12月	河南省公共资源交易中心	重点用能单位、自愿参与履约单位	用能权指标	定价转让协议转让	近日成交均价/开盘价：100元 累计成交量：25 160 tce（截至2020年12月31日）
浙江	2018年12月	浙江省公共资源交易服务平台	市、县级人民政府和有关企业	用能权指标经核证的节能量	协议转让	—— 累计成交量：772 525.47tce（截至2020年12月31日）

第一，交易主体。从目前各地试点的情况来看，交易主体一般包括用能单位、用能单位以外的企业和其他组织、政府共三类，其中又以重点用能单位为主。重点用能单位不仅是环境问题的主要制造者，其本身也应当成为解决环境问题不可或缺的重要因素。因此，不论是用能权交易制度还是《中华人民共和国节约能源法》《重点用能单位节能管理办法》都将重点用能单位作为节能降耗的重要主体来对待。重点用能单位通过进入一级市场获得初始用能权指标，在有富余用能权指标的情况下可以成为出让者，在用能权指标短缺的情况下可以通过二级市场有偿申购。同时，用能权交易制度还鼓励非重点用能单位自愿成为履约主体，这与《中华人民共和国节约能源法》所倡导的任何单位和个人都应当依法履行节能义务这一规定也是契合的。

第二，交易标的。用能权交易的标的以交易主体经核发或交易取得的用能权指标为主。总体来讲，我国目前的用能权交易品种还过于单一，不利于充分激发用能权交易市场的活力。未来可以考虑通过创新用能权金融衍生产品来丰富交易品种，增加市场交易的流动性和交易量，提升市场活跃度（谭冰霖，2017）。

第三，交易程序。用能权交易的二级市场是价值规律作用下的市场，因此，用能权交易应该按照市场规律进行，用能权交易合同应具有买卖合同的基本属性。但是，基于用能权交易的公法属性，用能权交易程序又有别于私主体之间的要约、承诺、付款及标的转让，其还需要纳入监管机关为实施管理而附加的程序条件，且交易主体应按照规定的程序进行交易（郭锋，2011）。

第四，市场监管。理论上，促进用能权的自由交易是提升产权效率的前提。产权是经济的，也是政治的，要使产权效率提升，可能更多的不是依靠健全私法制度，而是依靠公法制度（肖国兴，2018），因此，用能权交易二级市场的繁荣离不开监管机关的管理。但这些权力有可能直接影响交易主体的自由意志，所以必须对市场价格进行调控和对交易额进行核准的相关权力辅以严格的执行程序。例如，福建省发布的《福建省用能权交易规则》《福建省用能权交易市场调节实施细则（试行）》和《福建省用能权交易市场信用评价实施细则（试行）》等一系列实施细则就对这些问题进行了积极回应。

表 4-7　各试点地区市场监管比较

要素试点	福建	河南	四川	浙江
监管主体	主管部门主导下的多部门协同监管	主管部门主导下的多部门协同监管	主管部门主导下的多部门协同监管	县级以上人民政府节能主管部门统一监管
监管依据	地方政府规章、规范性文件	规范性文件	规范性文件	规范性文件
监管内容	市场准入监管；市场运作管理；市场交易风险管控；能源消费监测、计量、报告行为监管；能源消费量审核行为监管；价格调控	重点用能单位能源消费报告，第三方审核、配额清缴和指标交易情况；第三方审核机构开展能源消费报告审核相关业务情况；用能权交易机构开展用能权交易相关业务情况；其他用能权指标交易情况	市场准入监管；市场运作管理；市场交易风险管控；能源消费监测、计量、报告行为监管；能源消费量审核行为监管	实时监测用能权交易后的项目用能情况，并定期开展用能项目能源消费和利用状况等核查

续表

要素试点	福建	河南	四川	浙江
监管 对象	交易主体 第三方审核机构 交易机构 其他主体	交易主体 第三方审核机构 交易机构 其他主体	交易主体 第三方审核机构 交易机构 其他主体	交易主体 第三方审核 机构 交易机构
责任 方式	罚款 指标补缴 信用评价	信用评价 指标补缴	信用评价 指标补缴	信用评价

总之，构建用能权交易平台，制定能源消费量报告、第三方审核机构管理办法等规章规范以对用能单位的数据报告行为和第三方审核机构的核查行为进行监管是各试点地区的共同做法，其为交易的顺利展开奠定了基础。另外，福建省、四川省均制定了相应的实施细则来对市场交易规则、政府的市场调节与管控行为、用能单位的履约行为进行规范，形成了较为健全的市场管理体系。当然，各试点地区在交易机制的设计、交易价格和市场活跃度等方面存在一定差异。例如，由于市场价格尚不稳定，福建省与河南省的成交价格均呈下降趋势，且河南省与四川省的用能权交易市场均存在交易量稀少、流动性不足的现象。总之，福建省和浙江省的交易平台自 2018 年年底开始启动，用能权交易二级市场初现雏形，这为我国进一步推广用能权交易，建立全国性用能权交易市场奠定了基础，积累了经验。

4.2.2 试点地区用能权交易实践存在的问题

用能权交易制度试图在经济发展与生态环境保护之间达成一种社会可接受的妥协，以实现经济效率与生态环境、市场利益与社会利益之间的均衡。在用能权交易的两级市场设计中，需要将政府规制与市场化运作相互衔接与配合，成为一种"公共目的私人运作"的复合制度安排（胡炜，2013）。这种设计一方面印证了现代经济分析法学所倡导的行政机制让渡于社会机制的新视野、新主张（王紫零，2016），另一方面沿袭了环境资源保护领域公法和私法良性互动的融合趋势，形成行政规制主导下多种协调机制并存的法律调控模式（邓海峰，2008）。然而，用能权交易制度的试点实践也显现出一些问题，反映出在用能权的法律属性界定和用能权交易的法律关系调整方面仍存在一定的漏洞。因而，及时弥补相应的缺失、完善用能权交易制度是实现试点目标、进而顺利推广用能权交易所必不可少的条件。

虽然用能权交易制度在设计上具有新时期社会治理模式下规则制定科学化、社会化的显著优势，预期能够通过激励机制有效地实现节能目标、达到经济发展与生态环境保护的平衡（张立锋，2017），但是对用能权交易制度的合理性分析仍无法替代从法律角度对其存在的问题所进行的反思。在用能权交易试点阶段，法律的规制尚缺乏深度和广度，这导致了各试点地区对具体问题的处理实践存在差异，而这些差异在一定程度上影响着制度的统一构建，影响了具体实效，其具体表现为一级市场中指标初始分配的法律规制不足，二级市场中相关法律制度不健全以及用能权交易监管面临现实困境。究其根源，主要还是对理论认识的不足所致。因此，对于用能权交易市场的构建而言，须始终将其置于合目的性审视与法律监督的理论框架之中。其一，用能权的初始分配不仅会影响能源资源的配置效率，还会对特定社会主体的利益造成一定影响。在用能权交易一级市场分配理论尚未定型的前提下，如何保障初始用能权的公平分配不仅是一个经济上的难题也是一个法律上的难题。其二，如何降低用能权交易二级市场运行的不确定性也是用能权交易制度设计上需要解决的一个关键问题。用能权交易二级市场是一个信用市场，我国用能权交易机制中所收集的能耗数据主要来源于用能单位的自我报告、第三方审核机构的核查及政府抽查，作为市场主体，用能单位天然存在少报或瞒报的经济动机，而真实、准确的用能数据直接影响到用能单位应当缴纳的用能权指标数量，进而影响到用能单位的交易动机和策略乃至用能权交易制度的绩效。其三，作为市场需求和政府行为相结合的产物，用能权交易市场是一种特殊的政策市场，既受政府行为的影响又要遵循市场发展的规律。一方面，用能权交易市场作为政府主动创建的市场，政府的角色和作用贯穿于用能权交易及其监管的全过程，而用能权交易市场的高度专业性和风险性又对政府的监管能力提出了高要求；另一方面，用能权交易是一种特殊的市场机制，市场在用能权交易中仍具有基础地位，所以用能权交易市场也会出现交易信息不对称、价格操纵、市场垄断等传统的市场失灵现象。因此，合理建构用能权交易监管法律制度、有效应对用能权交易相关风险是顺利推进用能权交易试点工作进而构建统一的全国性用能权交易市场的重要前提。综上所述，通过法律视角来检视由环境资源领域导入市场化机制所引发的一系列问题的重要性是不言而喻的。

1. 一级市场中指标初始分配的法律规制不足

用能权交易一级市场是整个用能权交易市场创建和有效运行的基石，而用能权指标的初始分配制度又是一级市场制度架构的基础。换言之，用能权指标的初始分配是直接针对用能权交易市场要素的基础性制度，其不仅是一级市场科学建立的基石，也对二级市场流转关系的合法形成及运作具有重要作用（韩英夫等，2017）。其中，一级市场的法律调控主要指向作为供给方的政府部门和作为需求方的受控用能单位这两者之间的分配法律关系（刘明明，2017）。在这一分配法律关系中，用能权指标的初始分配是对利益或负担的配置，其法律层面的基本构成要素应当是相对确定的，如分配法律关系的主体、客体、分配原则、分配程序等一系列要素都应有相对明确的界定和规则，为统一市场的形成提供制度支撑。然而，对于用能权指标的初始分配，目前主要存在初始分配权的合理配置方面的法律问题。

1）政府初始分配权力的制约不足

政府是用能权初始分配活动中的管理者和直接参与者，其主导用能权初始分配的整个过程并发挥着举足轻重的作用。政府初始分配权的合理配置在很大程度上决定着初始分配市场中的效率与公平。一般而言，作为公益性代表的政府在初始分配用能权时不应该存在独立的利益，然而政府不同组成部门实际上是有其自身利益的，这种利益偏好将使其在制定分配规则、设计分配程序时难以独善其身（晋海等，2013）。同时，这种独立利益的存在意味着不同利益主体之间就初始分配问题易产生激烈的利益博弈，如果缺乏约束和制约，政府权力在行使的过程中就容易出现异化现象，使利益博弈的结果产生被扭曲的风险，这不仅会导致不合理、不公平的分配结果，也会使分配活动无序化（宋晓丹等，2010）。

在试点实践中，福建省的初始分配权由省用能权交易主管部门负责行使，河南省的分配权由省用能权交易主管部门会同相关部门共同行使，四川省则在广泛征求有关各方意见的基础上由省用能权交易主管部门行使①。也就是说，在横向权力配置方面目前存在两种模式，一种是主管部门独立承担分配职权的"独立模式"，另一种是由主管部门主导分配，其他部门有限参与的"主导模式"。这两种分配模式分别反映了权力主体相对集中和权力主体相对分散这两个侧面。首先，权力主体相对集中或分散各有弊端，特别是随着行政管理的专业化和行政职能的不断细化，当权力主体相对集中时，容易带来"公共权力部门化、部门权力利益化"的现象（张宝，2018），这就容易增加行政权力配置的综合协调难度，造成权力主体之间"相互牵制有余而相互配合困难"的现象（王敬波，2013）。其次，分配权的合理配置应由法律来规定，法律所确认的具体分配职责和范围是权力主体行使分配权力的法定依据，是对权力进行制约的基础，也是判断权力行使合法性的依据（史玉成，2018）。所以，有必要通过立法合理配置和约束政府的初始分配权，降低权力异化的可能。

2）用能单位和其他社会主体的利益诉求难以保障

用能权指标的取得代表着有资格获取并使用相应的能源，一旦获得便随即具备了可以交易的基础，因而用能权指标初始分配也是一个利益分配和资源配置的过程（陈志峰，2019）。换言之，政府对用能权指标的初始分配（无偿分配）行为在本质上应被界定为一种行政许可行为（韩英夫等，2017），即政府通过用能权初始分配授予用能单位用能资格，该过程体现了国家和政府对能源的调控和对能源市场的规制。用能权初始分配的行政主导性决定了政府的权责在很大程度上决定着初始分配的结果，会影响到重大利益的调整乃至各地的产业布局，所以这就对制度公平提出了更高的要求，其不仅要明确分配权的行使

---

① 参见《福建省用能权指标总量设定和分配办法（试行）》第四条，《河南省重点用能单位用能权配额分配办法（试行）》第四条，《四川省用能权有偿使用和交易管理暂行办法》第七条。

边界和权力的合理配置，为用能单位提供起点与机会公平，还要关注结果意义上的分配公平（王清军，2011）。同时，用能权初始分配还体现了用能权指标从总到分、从抽象行政行为到具体行政行为的过程。这种行政管控下的分配行为所对应的是一种垂直型的分配法律关系，相应地，各试点地区在分配权行使上主要表现为以政府为绝对中心的垂直分配模式。例如，在试点实践中，福建省和四川省就明确规定在指标有效期内用能单位关停的，政府将收回无偿分配的指标，而其有偿获得的指标则可自行处理；相反，河南省规定，用能单位因合并、分立等原因导致生产设施发生重大变化的，省发展和改革委员会将根据实际情况对其指标进行重新核定，用能单位关停的，待其履行完清缴义务后政府将收回剩余所有指标①。这种以政府为绝对中心的垂直分配模式强化了用能单位在用能权初始分配过程中的弱势地位，使用能单位的利益诉求难以得到有力保障。

在用能权初始分配过程中，用能单位以外的其他社会主体是最为广泛但也最不明显的利益关系者，他们不是权利的主要的获得者，在规则的制定和程序的构建中往往易被忽略，缺乏信息的获得和参与条件的支持，这导致了其参与意识低迷，在用能权的初始分配过程中处于弱势地位，游离在初始分配的边缘（晋海等，2013）。然而，其他社会主体的利益诉求是作为权利出让者的政府不应该漠视的。毕竟政府是公共利益的代表者，如果不能在用能权初始分配中反映这些社会主体的利益诉求，用能权交易制度的终极目标便将难以全面实现。因此，需要赋予其他社会主体用能权初始分配的参与和监督权利来规范和制约政府的行为（宋晓丹等，2010）。

综上所述，用能单位的地位弱化和其他社会主体的边缘化在一定程度上背离了现代社会治理改革中"规制治理"（斯科特，2018）的理念要求。规制治理强调利用多元的治理主体和治理工具通过更公平、更有效、更具参与性的治理体系来实现治理目标。在缺乏相对人有效参与的前提下，权力行使的单方性

① 参见《福建省用能权指标总量设定和分配办法（试行）》第二十至第二十一条，《四川省用能权有偿使用和交易管理暂行办法》第十条，《河南省重点用能单位用能权配额分配办法（试行）》第十八至第十九条。

不仅不利于对公共利益的充分保护，也难以调动相对人的积极性和实现制度绩效。因此，有必要通过理念的转变和制度的改进以充分保障用能单位和其他社会主体的合理利益诉求，充分保障公共利益的实现和增强初始分配权行使的民主法治性。

2. 二级市场中相关法律制度不健全

不同于传统命令型的直接管制手段，用能权交易是政府用来推进生态文明建设的一种特殊的市场机制和环境规制手段。与普通商品交易相比，用能权交易具有较强的国家干预色彩，既有国家对公共资源和环境的管理意志之体现，同时又有市场机制作用的发挥。用能权交易二级市场是用能权指标的供需双方进行指标交易的场所，被纳入用能权交易体系的企业可以通过该市场调剂余缺，即节能边际成本相对较低的企业可以将富余的用能权指标出售给节能边际成本相对较高的企业，从而通过交易活动降低整个市场的节能成本。因此，用能权交易二级市场是实现稀缺资源优化配置和制度目标的关键所在，可构成用能权交易制度之逻辑终点。然而，目前用能权交易二级市场中仍然存在第三方核查法制缺失、价格调控不够规范和履约确保力度不足等问题。

第一，第三方核查问题。目前，包括碳排放权和用能权在内的环境权益交易监管面临的重大挑战之一是如何保障排放数据、能耗数据的真实性、准确性。因为真实、准确的能耗数据将直接影响履约单位应当缴纳的指标数量，进而影响履约单位的行为动机和策略。类似于国际通行的碳信息披露机制（Monitoring，Reporting，Verification，MRV），我国用能权交易也采取用能单位自行监测、报告能耗数据，第三方审核机构予以核查，并由政府部门最终确定的信息核查模式。虽然我国的《中华人民共和国节约能源法》《重点用能单位节能管理办法》和《能源计量监督管理办法》等法律法规对用能单位的自行监测和报告义务以及政府部门的监管职责做出了相应规定，但缺乏规制第三方审核机构的相应实体规定和程序规定。目前，各试点地区出台的用能权交易能源消费量审核指南和第三方审核机构管理办法在法律性质上只能为用能单位和第三方审核机构提供建议或参考，不能对其产生法律约束力。用能单位作为市场主体具有少报、瞒报的动机，第三方审核机构的专业性和独立性问题也缺乏法律保障，这些潜在问题易对用能权交易市场造成一定的监管困境。

第二，价格调控问题。目前我国用能权交易市场的价格信号尚不稳定，市场交易规模有限且流动性较差，市场机制还不完善。即使是国际上较为成熟的、积累了多年经验的碳排放权交易市场，也面临着碳价长期低迷、市场信心不振的困境（陈惠珍，2017）。用能权交易市场的指标价格反映了市场参与主体的预期和信心，其直接关系到用能权交易制度最终目标的实现，这就使得政府对市场价格的干预和调控显得至关重要。虽然试点地区设置了预留指标并通过投放和回购行为来调控用能权指标的价格，但是政府调控用能权指标价格的法律依据仍不够充分。例如，政府对市场交易价格进行调控时能否直接适用《中华人民共和国价格法》的规定？对这一问题的回答实际上直接关系到用能权指标是否属于无形资产的问题。因此，政府相关监管行为的合法依据仍有待明确。

第三，履约确保问题。用能单位是否完全履约是用能权交易制度成功的关键。除了市场机制本身激励作用的发挥和市场交易的良性运行之外，履约责任的合理设定是用能单位按时履约的重要保障。目前，各试点地区对用能单位履约责任的规定不尽一致。由于地方政府立法权限有限，难以设置足够严格的法律责任，较低的违法成本可能导致用能权交易形同虚设，履约机制的法律约束力明显不足。

3. 用能权交易监管存在现实困境

在用能权交易制度中，市场是政府改良规制手段的一种新型工具，政府的角色和作用贯穿于用能权交易及其监管的全过程。用能权交易市场创设初期极易面临市场失灵和政府失灵等各种风险和问题，作为一个信用市场，用能权交易的正当性很大程度上依赖于监管主体对交易各环节的严格监管。

政府如何科学合理地构建用能权交易一级市场这个宏观行为本身就是一个较为复杂的经济问题和法律问题，本节假定政府对用能权指标总量的设定和分配相对科学、公平、合理，并在此基础上研究如何依法对二级市场的参与者及其市场行为进行监督和管理。因此，本节中的用能权交易监管是指监管主体依法对用能单位等市场主体的交易、报告、核查、履约等行为所进行的一系列引导、规范、监督和管理。通过梳理试点地区用能权交易监管的相关制度文本可知，目前用能权交易主要存在政府与市场之间定位不清、监管依据不足、监管主体的单一化和监管内容的差异化等问题。

1）政府与市场之间定位不清

用能权交易监管是一个涉及政府、用能单位、审核机构、交易机构等多方主体的经济管理活动过程，其核心无疑是政府与市场之间的关系。而且，用能权交易是市场机制与政府作用的结合体，用能权交易监管法律制度的完善需要市场决定与政府有为两个因素有机结合，需要妥善处理政府与市场之间的关系（陈惠珍，2017）。根据《用能权有偿使用和交易制度试点方案》的指导思想，依靠用能权交易制度来促进节能减排，是我国重视并发挥市场在资源配置中起决定性作用的表现，也是政府尊重市场决定资源配置这一市场经济一般规律的要求与表现，即需要坚持市场主导，政府培育的基本原则。然而，这一基本原则在试点实践中并未得到充分贯彻①。例如，河南省和四川省都在其管理暂行办法中规定用能权交易坚持"政府引导与市场运作相结合"的原则，福建省则规定用能权交易坚持"政府主导、市场化运作"的原则。这些文件规定了尽管用能权交易制度不同于传统命令控制型的直接管制手段，但它也只是提供了更加灵活和高效的管制工具，政府仍然处于主导地位，市场只是政府改良规制手段的一种新型工具。本质上，它还是一种政府用来治理能源环境问题的规制工具，是对政府传统直接管制手段的改良和升级，是命令控制型规制模式的升级版，仍未跳出直接干预主义的窠臼（谭冰霖，2018）。政府与市场之间定位不清、沟通受阻、配合有碍，易导致监管主体干预过多或监管不到位等监管困境（刘明明，2019）。

2）监管依据不足

我国用能权交易制度目前仍处于试点阶段，监管法律制度的健全对于全国统一用能权交易市场的构建和健康运行至关重要。虽然四个用能权交易试点地区均已出台了相应的用能权交易监管规范，但这些试点地区普遍存在监管制度

---

① 参见《河南省用能权有偿使用和交易管理暂行办法》第四条，《四川省用能权有偿使用和交易管理暂行办法》第四条，《福建省用能权交易管理暂行办法》第三条。

体系不够健全、监管规范效力等级较低和规范框架外在构成不足等问题。其中，福建省颁布的《福建省用能权交易管理暂行办法》为地方政府规章，且与该管理暂行办法相匹配的操作性规范也较为全面；其他三个交易试点地区用能权交易监管的基本依据则主要来源于地方政府部门制定的规范性文件，除此之外，这些试点地区与管理暂行办法这一类统筹性文件相匹配的操作性文件尚不全面。尽管如此，现有规章和规范性文件毕竟为各个试点地区提供了一定的用能权交易监管制度框架，这在某种程度上与我国目前采取的以地方试点来探索和创建新制度并循序渐进地向全国范围内铺开的做法是一致的。

用能权交易体系的建立是重视并发挥市场在资源配置中起决定性作用的表现，市场的决定性作用要求加快市场监管的法治化进程（邓江凌，2015）。而监管法治化折射出法治理念在当今市场经济中培植深度问题，在法治理念的指导下，市场监管的本质是一种法律监管，需要以全面和完善的监管法律规范来约束市场主体及其市场行为，并使监管权力的取得和行使均符合法定的条件和程序（陈婉玲，2014），以防止因立法缺位和监管无据可能对正常经济秩序带来的损害。换言之，将用能权交易监管纳入法治化的轨道，明确用能权交易监管的法治导向势在必行。一方面，监管依据的缺失易导致市场主体缺乏稳定预期，从而难以保证用能权交易的正常运行和发展；另一方面，在全面依法治国的大背景下，实现立法和改革决策相衔接，做到重大改革于法有据已经成为一项规律性认知，破旧立新、先试先行的合法性与合理性来源于法治的加持（白利寅，2018）。

3）监管主体的单一化

整体观之，作为政府传统直接管制手段的改良和升级版的用能权交易制度在监管模式的选择方面反映了政府主导这一传统监管模式。具体而言，各试点地区目前均秉持"主体-客体"思维范式下的政府主导型监管模式，将用能权主管部门和政府相关部门作为监管主体，将用能单位、第三方审核机构、用能权交易机构和其他主体作为被监管对象。例如，《福建省用能权交易管理暂行办法》第五条规定，用能权交易主管部门负责本行政区域用能权交易的监督管理，政府有关部门应当依法按照各自职责协同做好用能权交易相关的监督管理工作。其他试点地区也基本上在其管理暂行办法中确立了用能权交易主管部门主导下的多部门协同监管模式①。

　　理论上，用能权交易监管模式可能存在政府主导型、市场主导型以及政府、市场与社会机制共同作用等不同方式（陈惠珍，2017）。如今，第三方组织在市场监管的法权结构中扮演极其重要的角色，日益成为新兴的社会公共事务管理主体（蒋悟真，2013）。如果说政府监管是应对市场失灵的有效手段，那么第三方组织则可以凭借自身的信息或技术优势参与政府监管的过程。相应地，在用能权交易监管中，包括第三方审核机构和用能权交易机构在内的第三方组织应有的权利和能动性应得到一定重视，其同时具备权力主体和权利主体的资格与能力，它们既可以担任部分监管职能又是被政府监管的对象，可以在政府的监督之下发挥具体的监管作用，从而填补政府部门在监管力量和监管专业能力等方面的缺失。例如，在用能权指标交易方面，目前福建、河南、四川三个试点地区皆授权用能权交易机构既充当用能权交易的指定平台，又承担对用能权交易活动的日常监管职能②；在用能单位能源消费量报告核查方面，福建、河南、四川等三个试点省份均通过政府购买服务的方式委托第三方审核机构开展对用能单位能源消费数据的审核工作，这使得第三方核查机构在政府监管之下承担了一部分重要的监管职能③。然而，囿于第三方组织在我国尚未发展成熟，且其易产生行政化和内部人控制等问题从而影响社会监督机制作用的发挥并导致监管困境。因此，共同应对市场失灵和监管困境需要倡导社会各方广泛参与和共同合作的多元化监管模式，并进一步明确不同监管主体之间的层级关系、权能分工与职责范围。

　　4）监管内容的差异化

　　从监管内容上看，用能权交易监管主要是为了防范包括市场风险、操作风险和信用风险在内的各种风险（张墨等，2017）。其中，市场风险主要是指由市场机制本身的缺陷所引起的交易价格、供求关系等变化及可能造成的损失；

---

① 参见《河南省用能权有偿使用和交易管理暂行办法》第五条，《四川省用能权有偿使用和交易管理暂行办法》第五条，《浙江省用能权有偿使用和交易管理暂行办法》第四至第五条。

② 参见《福建省用能权交易管理暂行办法》第十七条，《河南省用能权有偿使用和交易管理暂行办法》第十四、十九条，《四川省用能权有偿使用和交易管理暂行办法》第二十条。

③ 参见《福建省用能权交易管理暂行办法》第二十二条，《河南省用能权有偿使用和交易管理暂行办法》第二十二条，《四川省用能权有偿使用和交易管理暂行办法》第十三条。

操作风险是指市场主体通过欺诈、垄断、贿赂、盗用等违规操作行为可能造成的损害；信用风险主要是指交易主体无法及时履行交易义务或指标清缴义务从而给另一方交易主体或用能权交易的制度目标带来损失的风险。为有效防范这些潜在风险，各试点地区基本都制定了相应的实施细则对市场主体的交易、报告、核查、履约等行为进行规范。以监管内容较为全面的福建省为例，《福建省用能权交易管理暂行办法》从市场交易运作和风险防范、能源消费量计量监测、能源消费量报告、第三方机构审核与用能权指标清缴等方面构建了用能权交易监管的基本框架。在此基础上，省经济和信息化委员会、统计局、质监局等政府部门牵头制定了《福建省用能权交易能源消费量报告管理办法（试行）》《福建省用能权交易能源消费量审核指南（试行）》和《福建省用能权交易能源消费量审核机构管理办法（试行）》等一系列规范性文件，进一步明确了交易规则及流程，确定了能源消费监测、计量、报告的范围、方法、流程和操作规范，明确了第三方审核流程和要求，规范了第三方审核机构的审核行为、审核机构的遴选办法，明确了用能权交易市场的信用评价标准和监督管理办法，建立了"守信激励、失信惩戒"的机制。

目前，各试点地区的用能权交易监管在内容上具有一定程度的相通之处，譬如，基本都涉及市场准入监管，市场运作管理，市场交易风险管控，对能源消费监测、计量、报告行为的监管和对能源消费量审核行为的监管等。但是，各试点在具体监管规则上仍存在一定差异，例如，福建省和四川省对第三方审核机构和审核员的准入条件均进行了较为细致的规范，包括审核机构的内部质量管理制度、审核员的资质、数量和经验要求等；而河南省仅规定了审核机构的准入条件，且该准入条件相较于福建省和四川省而言较为抽象化。内容不尽一致的地方监管规范虽然可以适应各地不同的产业发展现状和用能权交易情况，但是用能权交易监管规则是否一致、明晰和全面将会直接影响纳入不同用能权交易试点的用能单位及其他相关主体的权利和义务，进而导致用能单位因节能成本的不同而获取不同的市场竞争地位。另外，分散化和差异化的监管规则还会影响各用能权交易试点所收集到的能源消费量数据的质量和横向比较的结果，从而影响全国用能权交易市场的构建和运行。

第5章　国外节能量交易制度的比较与启示

节能已经成为世界各国应对环境问题的重要举措之一，节能降耗不仅能够有效缓解能源危机，也被证明是改善环境问题的有效措施之一（Vine et al.，2008）。用能权交易和节能量交易都是为节能和能效提升而设计的制度。节能量交易是指受约束单位在具体节能目标下，根据目标完成情况而采取的买卖节能量的市场交易行为，其实质是用能权的交易。从某种程度上来说，用能权交易可以视为节能量交易的一种更高级的形态，这也是我国将早期推行的节能量交易逐步改为基于能源消费总量管理下的用能权交易的重要原因。当然，在节能量交易的实践领域，国际社会已经做了很多探索，近年来发展最为迅速的节能制度主要有两种：一种是欧盟的可交易节能证书制度，也被称为"白色证书"（White Certificate）；另一种是美国的节能量认证制度，也被称为"白色标签"（White Tag）。它们为我国用能权交易制度的设计和运行提供了良好示范和参考借鉴。

5.1　欧盟的白色证书制度

节能被认为是减少温室气体排放和改善大气环境最快捷有效的方式之一（潘苏苏，2011）。自"后京都时代"以来，欧盟许多国家为了兑现其在京都议定书中的承诺和占据全球能源竞争的制高点，纷纷通过推行提高能效的计划来降低能源的使用强度。2005 年，欧盟委员会发布了《能源效率绿皮书》，并制定了到 2020 年节能 20％的目标。2006 年，欧盟委员会又发布了《能源终端使用效率和能源服务指令》（以下简称《指令》），以推进能效政策和能源服务市场。《指令》规定了一个指导性的节能指标，即到 2016 年额外节能 9％，还计划将一种新的节能量认证机制引入欧盟（秦海岩等，2010b）。与此同时，随着欧盟各国电力和天然气市场的逐步开放，消费者可以自由选择他们的电力和燃气供应商。市场的自由化和竞争化迫切需要一个能在能源行业的自由化和终端能效之间建立起长期激励效应的制度。在此背景下，针对终端能效提高而设计的节能证书交易制度——白色证书制度便应运而生了。

5.1.1 欧盟白色证书制度的基本原理和构成

1. 欧盟白色证书制度的基本原理

欧盟的白色证书制度是目前国际上较为成熟的节能量交易制度，其设计的初衷是促进能源节约目标的实现。白色证书制度是指由政府部门为特定的责任主体制定节能目标，而责任主体需要在规定期限内将其完成，否则将受到相应惩罚。责任主体可以通过自己实施节能项目并从中获取相应的节能量，也可以与其他责任主体或非责任主体共同实施节能项目并从中获取相应的节能量，或者以从节能市场购买白色证书等方式来完成节能目标。

白色证书制度主要包括管理机构、责任主体和非责任主体这几类参与者。管理者主要是指政府部门和下设的管理机构，其在确立节能量目标、分配节能量目标和签发证书的过程中扮演主要角色。责任主体是指在一定期限内承担义务目标的电力和天然气供应商。非责任主体虽然不承担义务目标，但是以其专业的技术背景和实践经验，可以为能源供应商实施能效措施，从而获得白色认证并参与到市场中。非责任主体包括但不限于节能服务公司、设备生产商、设备安装商等各类市场主体（秦海岩等，2011）。

白色证书旨在通过限定责任主体在一定时期内的目标能效提高量来提升全社会的能源使用效率。它既是一种能效政策，又是一种交易体系（魏胜强，2017）。作为一种能效政策，白色证书代表了实施节能项目所获得的、经过测量和认证的一定数量的节能量，它类似一项会计工具，可以度量相应主体在规定时间内获得目标能效提高量的情况，证明其在规定时间内所完成的额定标准的节能量，并于期末时由责任主体向管理当局提交一定数量的证书来证明规定的任务是否完成。作为一种交易体系，白色证书可以作为交易商品用于市场交易，责任主体通过对其进行买卖、储存来平衡花费在履行节能目标上的边际成本。

　　白色证书制度的一个显著特点是，它创造了一种弹性的调节机制，可以通过横向和纵向这两个维度对初始的节能义务进行重新分配。横向上，市场中白色证书的交易行为可以使责任主体当期的节能义务由边际节能成本最低的主体承担；纵向上，责任主体可以通过对白色证书进行跨期储存、拆借，或者直接结转下期节能量，实现节能义务在时间轴上的调节（杜增华等，2011）。因为不同市场主体完成节能目标的边际成本不同，市场主体之间可以通过交易市场调剂余缺，即节能边际成本相对较低的主体可以将富余的节能量出售给节能边际成本相对较高的主体，从而通过市场交易活动降低整个社会的节能成本。换言之，对于边际成本较高的市场主体而言，如果购买白色证书的费用低于其边际成本，则其将更愿意通过购买白色证书来完成节能目标；而边际成本较低的市场主体则可以通过出售超额完成的节能量来获取经济利益；与此同时，到期未完成节能目标的责任主体将会受到相应的惩罚，所受惩罚将超过购买同样数量白色证书所需的费用。

2. 欧盟白色证书制度的基本构成

　　一个较为完整的白色证书制度通常需要包括以下几个关键组成部分：其一，目标的确立和框架的制定，即制定节能量目标，确定义务机构和其他参与结构，进行配额分配，等等；其二，认证和交易制度的构建，即构建节能量的测量和确认方法，建立白色证书的签发规则，制定交易规则，等等；其三，惩罚机制的建立，即制定对不履约责任主体进行制裁的规则标准。

1）目标的确立和框架制定

　　政策目标及节能目标的选择与确立是建立交易制度的前提和基础。履行节能义务可以实现很多政策目标，如减少能源消耗总量、减少温室气体排放、改善环境质量、提高能源供应安全、优化能源结构、鼓励高能效技术的采用、缓解能源贫困、改善消费者福利等（邱立成等，2009）。不同政策目标或目标组合的选择会直接影响到节能目标的确立。如果政策目标侧重于改善能源供应安全，则节能目标很有可能定义为一次能源节约量；如果政策目标侧重于稳定可靠的电力供应，则节能目标可以设定为二次能源节约量；若目标侧重于实现的确定性，则可以设置累计的周期性目标；当目标侧重于鼓励回收期长的项目，则可以设置全寿命周期折算的单期目标（陶小马等，2008）。

责任主体作为白色证书制度中节能义务的主要承担者，其选择的合理性对于节能目标的实现至关重要。在一条完整的能源供应链中，不同主体所处的位置决定了其应否成为适合的责任主体。如果能源供应链上游的能效项目与减排项目趋同，其已包含在欧盟排放交易计划之中，为避免重复计算，这类主体不宜成为责任主体；处于能源供应链中游的输配商具有天然的垄断性，其本身缺乏最小化成本的积极性，故也不宜成为责任主体；而处于能源供应链终端的供应商通过市场竞争与用户产生直接联系，有利于推动提高能效计划的实施，所以，白色证书制度的责任主体宜聚焦于能源供应商。

在主体目标群被选定之后，还需要根据不同的分配原则将总节能目标在责任主体之间进行合理分配。分配原则有多种，如根据责任主体消耗能源的历史情况，根据所服务的顾客数量，根据销售量所占的市场份额，等等。不同的分配原则会产生不同的公平和效率评价，但应尽量与既定的政策目标相符合（林伯强和黄光晓，2014）。

2）认证和交易制度的构建

白色证书制度的目标确立和框架搭建为市场交易的运行奠定了基础，而市场运作的有效性还有赖于各种认证和交易规则的制定。

责任主体和非责任主体在对终端用户实施能效项目后，要向监管当局提交所实施项目的节能情况。监管当局可以根据两种不同的计量方法对节能量进行测量：一种是仪表测量法，即通过测量改进措施前后的能源消耗总量来计算节能量；另一种是标准节能公式法，即用标准公式计算节能量（陶小马等，2008）。待其节能量经测量证实之后，由监管当局颁发相应数量的白色证书。白色证书可以颁发给责任主体也可以颁发给非责任主体。监管机构可以授权第三方评估项目、核实节能量、颁发证书，并审计他们的行为，这可以降低整体运行成本，但会带来自律性风险（杜增华等，2008）。

白色证书的颁发和交易是分开的。白色证书的产权必须明确并受法律保护，否则交易就不可能发生。交易可以发生在责任主体之间，也可以发生在责任主体与非责任主体之间（林伯强等，2014）。在机制设计上应允许尽可能多地参与者进行交易，从而增加白色证书的流动性并增强边际消减成本的多样性。另外，还应鼓励白色证书的跨时间使用以增强节能的动力并降低市场势力过度的风险。白色证书的跨期使用体现在其储存和拆借规则上。其中，储存是指允许将当期剩余的白色证书用于未来各期完成任务或出售；拆借是指允许参与者借用以后各期的配额或证书并支付利息（陶小马等，2008）。不过，由于拆借的风险性较高，在白色证书制度未实践成熟且在较为完善的规制制度出台前尚不宜采用。

3）惩罚机制

对于没有完成节能目标的责任主体，管理者应设定相应的惩罚措施。罚款可以是固定的，也可以随证书价格的变化而动态调整。前者可以作为证书价格的上限，或者解释为达到目标的成本上限。较低的罚款会减轻计划的价格风险，但与此同时也会产生一个并行的风险，即节能目标无法完成。为确保责任主体能够按照规定履约，立法上应严格确立未能履约的惩罚机制，使不履约对责任主体有害无益，避免"违法成本低、守法成本高"的反向激励。只有对未完成履约义务的责任主体进行严格的惩罚，才能维持责任主体对白色证书的刚性需求。

5.1.2　欧盟国家中典型的白色证书制度

在欧盟范围内，最早相继实施白色证书制度的国家是英国、意大利和法国，另外，丹麦、荷兰、波兰等国及比利时的弗兰德地区也已开始或有意向实施这一政策（施健健等，2017）。各国通常会基于本国国情构建适合本国的白色证书制度。以下主要对英国、意大利和法国这三个国家的白色证书制度加以说明。

1. 英国的白色证书制度

为了提高终端消费者使用燃气和电力的效率，英国根据需求侧管理的基本原理，分别于 1986 年和 1989 年颁布了燃气法案和电力法案（陶小马等，2012）。根据法案中的相关条款，燃气管制办公室和电力管制办公室可以为特定的燃气和电力供应商设定须于一定限期内完成的能源效率改善目标。2000

年，英国又颁布了公共事业法案，将燃气管制办公室和电力管制办公室合并为统一的燃气电力市场办公室（陶小马等，2012）。随后，英国政府于 2001 年制订了由燃气电力市场办公室管理的"能源效率义务"计划（Energy Efficiency Commitment，EEC）也就是白色证书制度（施陈晨等，2013）。该计划以每三年为一个阶段，要求电力和天然气的供应商在住宅领域完成能效目标。第一能效义务阶段（2002—2004 年）要求所有拥有 15000 个及以上家庭用户的电力和燃气供应商通过帮助居民用户在其家中安装能效设施来提交一定数量的标准燃料节能量。第一阶段的节能量总目标是 62TWh，最终完成了 86.8TWh（Giraudet et al.，2012）。在第二能效义务阶段（2005—2007 年），履行节能义务的门槛已经提高到 5 万国内家庭用户，而节能量目标增加至 130TWh，该目标值使英国年住宅用能减少 2%（每年节能接近 0.7%）。第三能效义务阶段（2008—2011 年）被重命名为碳减排目标计划，框架和宗旨是基本相同的，只是侧重于再生能源（秦海岩等，2010b；施陈晨等，2013）。英国的白色证书制度主要包括政府、责任主体、第三方主体和其他参与者这四类市场主体。其中，政府主要是目标政策的制定者和监管者，如环境、食品与农业事业部和燃气电力市场办公室；责任主体主要是电力供应商和燃气供应商；第三方主体是指独立公正的节能量审核认证机构；其他参与者主要包括电力和天然气的消费者、能源零售商、设备制造商和安装商、社会住房供应者及慈善机构等（施陈晨等，2013）。

英国的白色证书制度并没有实体证书，但存在一些灵活机制，如节约的能源、节能义务在通过监管机构批准后均可交易。因此，不存在通过特定的市场交易，只存在双边场外交易（潘苏苏，2011）。场外交易有三种可能的交易情况：第一，不同义务期间的融资交易；第二，能源供应商和项目实施者之间的交易；第三，能源供应商之间的白色证书交易。实际上，第三种交易是一种理论上的交易，在实践中尚未实现（施陈晨等，2013）。这一方面是因为市场中缺少正式的白色证书，另一方面是因为供应商自己的节能量目标达到后才会进行白色证书交易。以上原因导致白色证书交易的数量极其有限。

2. 意大利的白色证书制度

为了提高终端能源利用效率，意大利工业部于 2001 年要求拥有 10 万用户的天然气和电力供应商在 2005—2009 年期间每年承担特定的节能量目标（Santo rt al.，2014），计划在 5 年内实现 580 万吨油当量（Mtoe）的节能量，其中节电量 140 亿 kWh，节气量 33 亿立方米（秦海岩等，2011）。意大利的白色证书机制于 2005 年 1 月正式启动，由电力和天然气管理局负责制定相关政策、进行节能量的测量和认证及市场交易的整体监管，并负责白色证书的签发和注册，在一定时期内组织白色证书交易市场（施陈晨等，2013）。2006 年 3 月底，电力和天然气管理局完成了节能证书的估算和发放，其中，约 70% 采用的是约定节能量法，21% 采用工程法，只有 4% 使用测量法，这一做法反映了可靠但简单的节能量计算方法和核查规则对白色证书制度的创建和发展的重要性（潘苏苏，2011）。

白色证书制度的节能目标从 2005 年的 20 万吨油当量/年开始，于 2016 年达到 760 万吨/年，完成了国家目标的 60% 以上（Santo et al.，2014）。

承担节能义务的天然气和电力供应商可以通过三种途径完成节能目标：其一，通过实施内部能效改进项目来对自身能效设备实施节能改造；其二，与设备生产商、设备安装商、零售商和合同能源管理公司等非责任主体联合开展节能改造项目；其三，从交易市场上购买可交易的白色证书。若天然气和电力供应商到期未完成被分配的目标，则电力和天然气管理局将严格根据实际未达标的幅度和未达标机构的情况，处以比弥补未完成目标的投资额多出几倍甚至更多的罚款。

意大利管理当局所构建的白色证书交易系统是实施白色证书机制的欧盟国家中唯一较为成熟的交易系统。白色证书一经签发和注册就可以进行交易，其包括双边交易（场外交易）和现货交易（场内交易）这两种交易类型，其中现货交易由电力市场运营商根据电力和天然气管理局认可的规则进行组织。另外，法律和技术要求都合格的非责任主体也可以加入交易市场。每个参与者仅能销售其账户上登记注册的白色证书，各方必须支付年费以供电力市场运营商负担对交易市场进行管理的成本（秦海岩等，2011）。

3. 法国的白色证书制度

2005 年 7 月，法国颁布的新能源法明确了 2006 年 7 月至 2009 年 6 月这三年的总节能量目标为 54TWh（Giraudet et al.，2012）。节能量目标的分配、证书的签发、交易体系的建立和监管由法国的工业部负责。该交易体系主要涵盖电力、天然气、家用燃料和静态器具加热冷却供应商，但不包括运输燃料供应商（秦海岩等，2011）。法国工业部主要依据各个能源供应商在住宅和商业板块的年销量（即市场占有率）对总节能量目标进行分配。年销量不超过 0.4TWh 的电力、天然气和静态器具加热冷却供应商将不承担节能量目标（施陈晨等，2013）。

纳入交易体系的节能义务主体可以激励用户采取能效措施，也可以自行实施能效措施，或者从第三方购买白色证书用于所需节能量（秦海岩等，2011）。在制度实施的整个生命周期内，除了 EU ETS 下的项目及化石能源之间的能源转换，只要项目在实施期限内累计节能量超过 1GWh，任何经济主体在其承担的节能项目中创造的节能量都可以获得白色认证（史娇蓉等，2011）。法国没有正式的由管理者组织的交易市场，但可以通过交易网站掌握交易信息。因此，白色交易大多是节能义务主体之间或节能义务主体和节能项目实施者之间的直接交易。未达到节能量目标的义务主体将被处以 0.02 欧元/kWh 的罚款。

4. 英国、意大利、法国白色证书制度的比较

一个有效的基于市场的白色证书制度应包括节能目标的设置和分配、能源市场责任主体、经节能措施产生的节能量、供交易的市场等要素。其中，特定的责任主体可以通过自己实施节能项目、与其他非责任主体共同实施节能项目以及从第三方购买白色证书这几种方式获得节能量。节能量应该通过科学的核算方法核算并由监管部门进行核实，那些没有节能义务的主体也可以通过节能措施创造节能量来获得证书并被获准交易，从而为这些主体自身创造额外的收益。这样可以提高证书市场的流动性，使义务主体可以更低的价格来完成节能义务。

依据前述白色证书制度在欧盟各典型国家的实施情况可知，英国、意大利、法国这三个国家的白色证书制度都根据各自的国家政策目标、管理机构、能源消费结构、市场格局与参与者的不同而有所区别。由于不同国家的制度侧重点不同，故白色证书制度的实施方式也存在一定差异，见表 5-1（杜增华等，

2011；史娇蓉和廖振良，2011；Giraudet et al.，2012；施陈晨等，2013）。

表 5-1　英国、意大利、法国白色证书制度实施差异比较

	英国	意大利	法国
节能目标	能源中 CO_2 含量 3 年期目标（TWh）2008—2012 年累计 130TWh	一次能源 年目标（Toe/年）2005—2012 年累计 22.4Mtoe	二次能源 3 年期目标（TWh）2006—2009 年累计 54TWh
覆盖范围	家庭住宅	所有终端能源使用	除欧盟绿色住宅气体排放交易系统涉及部分以外的所有终端能源使用
责任主体	电力和天然气供应商	在当地区域网络经营的电力和天然气输配商	除了汽油以外的所有类型的能源供应商
分配原则	基于住宅用户的数量进行分配；按照责任主体所占市场份额的变化每年调整	按照责任主体所销售的能源量在所有责任主体销售的能源总量中所占的比例来分配	结合责任主体在住宅和商业领域营业额和能源销售的市场份额进行分配
核算方法	事前标准节能量法、有限的事后核查	约定节能量法、工程法、实际测量法	基于标准化工程概算的事前节能量
交易市场	没有证书，责任可以交易；节能义务完成后节约量可以交易；只有场外交易；可以储存；交易频率较高；限制非责任主体的加入	证书交易；现货市场交易、场外交易；可以储存；交易频率较低；非责任主体可以实施节能措施并把节能量出售给责任主体	证书交易；只有场外交易；可以储存；交易频率较低；非责任主体可以实施节能措施并把节能量出售给责任主体

	英国	意大利	法国
责任方式	处罚最高为供应商营业额的 10%	由管理者根据实际情况决定；完成量大于 60%，允许延期一年	0.02 欧元/kWh

就节能目标而言，英国的白色证书制度最能体现多目的性。其制定的目标是每三年一期的按照 6% 折现的全寿命期的标准燃料节能量，燃料标准化的权数是不同燃料的碳含量，体现了减少能源消耗总量和减少温室气体排放的双重目的。此外，英国还规定至少有 50% 的节能量必须来自于低收入和中等收入的优先群体，这反映了其对能源贫困问题的关注（杜增华等，2008）。与之相比，意大利的节能目的更加侧重于减少能源消耗总量，其目标设定为逐年提高一次能源的年累积节能量，单位为吨油当量，而法国确定的是三年期的按照 4% 折现的全寿命期节能量。

就分配原则而言，英国基于住宅用户的数量进行分配并按照责任主体所占市场份额的变化每年进行调整；意大利则参照前一年该分销商所分销的电力/燃气占总销售量的比例进行分配；法国为不同类型的责任主体设定了不同的门槛和目标，即总的目标先在不同的能源类型之间分配，再按照市场份额在相关的供应商之间分配。

就实施情况而言，意大利的节能责任主体更倾向于进行节能量的交易，而英国和法国的节能责任主体则更倾向于节能义务的自给自足（郑婕等，2015）。目前意大利的白色证书交易最为成熟和规范，其参与者既可以参加市场交易，也可以进行场外的双边交易；法国目前尚没有建立起正规的证书现货交易场所，但是参与者可以进行场外双边交易，监管当局也会定期公布潜在证书供应者的名单和证书的平均交易价格以促成交易（林伯强等，2014）；英国的证书交易情况比较特殊，由于其没有证书，目前只有场外交易，且限制非责任主体的加入，因此，其市场交易缺乏充分的灵活性。

不可否认，白色证书制度在欧盟国家节能减排方面取得了良好的效果，能

够达到或超出各自国家或地区预设的节能目标。除了以较低成本实现节能目标
这一优势，该制度还能为节能服务公司、设备制造商、设备安装商等非责任主
体创造更广阔的市场，有利于挖掘出市场主体的节能潜力并降低公共预算的压
力，是应对气候变化、促进能源多样化、保障能源安全和寻求新的经济增长点
的利器。不过，欧盟各国在白色证书的基本特征设计上和交易机制的运行上毕
竟存在一定差异，未来有必要在欧盟范围内对节能量的测量和认证、认证周期
性、项目和技术的合格等方面形成一致的认同，只有这样才能使白色证书在更
大范围内得以发展。

5.2　美国的节能量交易制度

作为世界上的能源生产和消费大国，美国向来高度重视能源效率的提
高并积极采取了一系列提升能源效率的举措。一方面，美国各州以联邦制
定的整体节能政策和法案为基础因地制宜、循序渐进地制定各类节能制
度；另一方面，美国积极制定并实施能效标准，不仅推行强制的标准，还
提倡自愿的节能标识（秦海岩，2010a）。而且，美国还是国际上较早实行
总量控制和配额使用等方式以提高能源效率的国家，其先后实施的能源效
率配额制度（Energy Efficiency Portfolio Standards，EEPS）和节能量认证
制度（Energy Savings Certificate，ESC）实际上综合体现了与排放权交易
运行机制相似的"限额-交易"原理，其中，EEPS 制定的节能目标是限
额，而经第三方认证机构核证的节能量 ESC 则是可在市场中交易的产品
（施健健等，2017）。

5.2.1　能源效率配额制度

能源效率配额制度是由美国州政府或联邦政府制定的，是要求电力和天然
气供应商通过采取能效措施来部分满足节能目标的制度，即要求指定责任主体
在规定时期内必须完成一定的节能量（秦海岩等，2011）。美国的得克萨斯州
于 1999 年率先实行了能源效率配额制度，随后，包括新泽西州、内华达州、
宾夕法尼亚州、华盛顿州等在内的多个州开始实施能源效率配额制度或类似机

制，以各州的实践为基础，联邦政府提出了国家节能目标并建立起国家性的能源效率配额制度。

能源效率配额制度实施的关键在于对节能量目标的制定。在制定节能量目标时既需要考虑目标的可完成性也需要考虑目标的可挑战性，只有这样才有利于创造市场交易产品的稀缺性，使市场交易有发生的可能。美国的节能法令 S. 548 提议联邦建立一个国家层面的节能量目标，要求电力和天然气供应商累计减少 15％的电力和 10％的天然气使用量。美国能效经济委员会估计，能源效率配额制度的实施会减少 117000MW（相当于年发电能力 300MW 的 390 个发电厂的发电量）的能源需求，同时，二氧化碳减排量估计为 2.6 亿吨（相当于 4800 万辆汽车从公路上消失 1 年）并增加 22.2 万个就业机会。与此同时，能源消费者将会节省 1680 亿美元，成本效益比率达到 3∶1（秦海岩等，2010a）。

在能源效率配额制度下，能源供应商为履行自身的节能义务，可以通过多种方式获得节能量：一是通过对管理和技术手段进行改进以完善自身能源供应系统从而提高能效；二是利用更高要求的用能规范和设备能效标准，帮助用能主体实施节能项目以获得节能量；三是从其他能源供应商或第三方能效服务机构购买已经过认证的节能量（秦海岩等，2011）。

节能量目标的完成需要能源供应商及相关机构实施节能项目。节能项目一般分为三类：升级型、改造型、加热或冷却措施和负荷管理，具体包括暖通空调系统升级、锅炉、电机和空调改造、绿色照明、地源热泵或太阳能热水器，等等。此外，高能效设备如空调、热水器、锅炉和照明设备及家用或商用建筑翻新等项目的实施也会得到财政补贴（秦海岩，2010a）。

5.2.2　节能量认证制度

随着能源效率配额制度在美国各州和联邦层面的大规模实施，较早提出的节能量认证和交易的理论已付诸实践，节能量认证制度逐渐在能源效率配额的基础上发展起来。与可再生能源认证制度类似，美国的节能量认证制度要求能源供应商在规定时期内必须完成相应的目标节能量，并针对目标完成情况采取相应的奖惩措施。类似于欧洲的白色证书制度，美国的节能量认证也代表着一定数量的可交易的节能量或节能量的所有权，故其节能量认证也称为"白色标签"，是由权威机构经过测量和确认的一定单位（为了与可再生能源认证相兼容，ESC 大多也以兆瓦时为单位）的节能量。该证书是独立和可交易的商品，且代表着对相应节能量的所有权，其权益证书也可简称为节能权。总之，节能量认证是能源效率配额政策下的一种机制创新。建立一套完整和高效的节能量认证体系以促进交易市场的健康运行是该机制成功的关键，这就需要从对真实和准确的节能量的获取以及非义务机构对市场的开拓这两个方面进行考虑和完善（秦海岩，2010a）。

1. 获取真实和准确的节能量

确保节能量的真实性和准确性对节能量交易市场的有效运行是至关重要的，它直接决定责任主体节能义务的完成情况和市场主体进行交易的动机和策略。节能量交易市场是一个信用市场，节能量的测量和认证及其交易的正当性很大程度上依赖于节能量测量和认证的各个环节，如是否存在专业和独立的第三方认证机构、是否依据严格和完善的测量认证规则及是否建立了节能量的跟踪和报告系统等。

在节能量认证制度建立的初期，节能量的报告、跟踪和结算通常是由负责项目设计的机构来承担。从经济学的角度来看，项目单位作为理性经济人有可能会趋利避害并选择有利于实现自身成本效益最大化的测量方式和手段，这种自我管理的方式虽然可以在一定程度上降低项目管理成本，但其对于政策制定者来说却使之承担着巨大的合规风险（秦海岩，2010a）。因此，通过授权独立、专业的第三方认证机构对节能量进行认证可以有效地降低自我管理和测量的信用风险，满足市场的公正性要求。

当然，随着节能量交易的大力发展，其涵盖范围将会更加广泛，越来越多的能效措施会被囊括其中，更多的机构将会参与到能效项目的实施中。因此，针对各种技术和项目条件建立科学和统一的节能量测量和认证（Measurement and Verification，M&V）规程是必不可少的。在参考国际节能量测量和认证规程（IP MVP）等一些已经发展起来的 M&V 的基础上，需要建立一套由一系列合理的认证原则、规范的核查标准和详细的核查行为要求所构成的更加科学、统一、广泛、专业和详细的 M&V 规程（秦海岩，2010a）。

在节能量的签发阶段，可以根据节能项目在运行周期内测算的节能总量先行签发节能量，也可以签发反映年度节能量的证书。对于给定项目，可以在固定年限内随实际节能量变化每年重新签发，也可以提前签发全周期内的 ESC（秦海岩，2010a）。通常，为了避免节能量的重复签发和认证，可以使用自动的网络跟踪系统对节能量证书进行跟踪报告，从而有助于提高认证过程的效率。自动系统的使用能确保每一个节能量证书由一个独特的序列号确认，同时，自动的网络跟踪系统可以为认证机构有效地生成报告，这对降低重复认证和控制管理的成本非常有益。

2. 开拓非义务机构的市场

理论上，参与节能量交易的机构越多，能效项目的基数就越大，节能成本最小化的可能性也就越大。当然，参与交易的机构大量增加也会对管理者的能力和管理成本提出挑战，例如，会增加签发、跟踪和确认节能量的认证的成本，也会增加制定 M&V 标准以确保市场公正性的测量成本和相关机构的组织成本。因此，节能量交易实施的关键前提在于对义务机构和非义务机构的合理划分，以及对交易主体范围的确定。总体而言，扩大市场交易主体的范围可以增加引入非额外性项目的机会，增强市场的活跃性，降低总体节能成本，故非义务市场的融入可以积极推动节能量认证机制的完善。

5.3 国外节能量交易制度对我国用能权交易的启示

在节能减排领域，传统上由政府直接管制的税收手段、自愿协议、基于市场的可交易的节能量等构成了特征和效果各异的政策选择及政策组合（Oikon-omou et al.，2009）。佩雷尔斯（Perrels）（2008）认为，相比于能源税，节能量交易是一项高效的政策工具，节能量交易体系的设计使其在理论上能够以最低的成本发掘节能潜力（Perrels，2008）。行政手段的刚性和时效性常常使节能减排浮于表面，且节能减排需要的不仅仅是技术的创新，更需要的是制度的创新。

节能量交易制度的创新之一是它把节能量以产权的形式加以确认。产权不仅表达了人与人之间相互认可的一种行为关系，也可以理解为一系列维持资产有效运行的制度规则。制度的差异会影响经济绩效，而从政府强制走向产权激励，产权这把保护伞催生了企业进行节能的动力，使节能减排从外生经济变量转变成为内生经济需求，进而使节能减排成为有利可图的事业，有利于节能减排目标的实现。

节能量交易是一种前景广阔但十分复杂的政策工具（Labanca et al.，2008），其具有降低节能成本和提高环境效率的巨大潜力，但是在分配公正性上欠佳（Mundaca，2008）。尽管节能量交易机制的高效运行还需要解决一些基础性问题，但不可否认的是，节能量交易制度通过克服市场障碍，在实践中产生了一系列的基本效应和附随效应，不仅提升了能源效率并改善了大气环境，还增加了社会净福利（Bye et al.，2008；Bertoldi et al.，2010；Giraudet et al.，2012；Petrella et al.，2012）。由此可见，理论和实践对于节能量交易机制的优越性以及其作为节能减排政策工具之一的必要性和有效性已经基本达成了共识（郑婕等，2015），而国外节能量交易的先行经验也为我国用能权交易制度的构建和完善提供了宝贵的经验借鉴。

5.3.1　明确用能权交易的正当性与合法性

作为一项节能减排的政策工具，虽然国外的节能量交易制度在设计上具有能通过激励机制有效降低社会节能总成本和实现节能目标的显著优势，但是对该制度设计的经济合理性分析仍无法替代从法律角度对其正当性与合法性所进行的审视。对各种政策工具的试验都是一种有益的尝试，都具有暂时正当性。而法律作为所有制度中最具反思能力的社会建制，其具备增强各种社会制度相互反思、相互规训的能力（胡炜，2013），有能力承担起构建节能权证交易机制的重任。西方国家有关节能的法制不一而足，所取得的节能效果也非常显著（魏胜强，2017）。从前述欧盟、美国的节能量交易实践来看，其都是在有立法规定的前提下展开节能量交易机制的。例如，英国通过燃气法案和电力法案授权相关机构为特定主体设定相应的节能目标，法国和美国也通过立法提出了一定期限内的节能目标。因此，我国应将用能权交易制度的构建纳入法制的边界内，在充分汲取公共政策的价值与养分以实现自我完善的同时，也为市场交易提供确定性和权威性的法律框架，约束政府权力并保护市场主体权益，使用能权成为可排他、可确定、可交易的权利而走向市场。

根据第 4 章关于我国用能权交易试点的分析可知，现行用能权交易管理体系的立法效力等级明显不高，试点地区的总量目标设定、初始指标分配、交易市场监管等重要环节都是在缺乏明确法律依据的前提下进行的。例如，我国能源消费总量控制制度的要求是以国民经济和社会发展规划、国家相关部委发布的计划及政府职能部门发布的规范性文件的形式出现的（王伟，2018）。虽然能源消费总量控制制度在实践中得到了普遍执行与认同，但其具有总行为制度存在的普遍问题，直接关系到能源行业或者投资者的权利与义务，所以有必要明确其法律定位以形成合理控制能源消费总量的长效机制（张忠利，2018）。在现代法治社会中，各项改革实践都应遵循法治化的路径要求。当一项制度创新突破了现行法律规范体系并衍生出获得普遍认可的新机制时，必然需要通过修改旧法或制定新法以巩固这一改革成果。在全面依法治国的大背景下，实现立法和改革决策相衔接、做到重大改革于法有据已经成为一项规律性认知（白利寅，2018）。破旧立新、先试先行的合法性与合理性来源于法治的加持。因此，在用能权交易制度构建和完善的过程中应当注意通过立法来解决导入市场化机制引发的冲突以及相关立法缺位等一系列问题。

5.3.2 充分发挥市场在用能权交易机制中的作用

在西方发达的市场经济中，市场是资源配置最主要的决定因素，这一因素自然成为节能法制的重要调节手段（魏胜强，2017）。欧盟的白色证书制度和美国的节能量认证制度都是典型的市场调节制度，都非常重视市场在节能行为中的调节作用。例如，美国政府促进节能的原则是最大程度地发挥市场机制作用，而政府对政策的实施主要起监督、协调和宏观调控的作用（刘世俊等，2014）。申言之，政府主要负责制定相应规则，并在把握资源优化配置、能源安全及环境保护的前提下，维护公平的市场竞争环境，以充分体现市场经济中的激励原则，使政府、企业、用户等都能够从节能中真正获益（杜政清，1999）。只有在市场机制无法发挥作用或无法保障社会和公众的总体利益时，政府才直接对市场进行干涉（刘世俊等，2014）。

用能权交易是一个涉及政府、用能单位、审核机构、交易机构等多方主体的经济管理活动过程，其中政府与市场的关系无疑是用能权交易机制中的核心关系。而且，用能权交易是市场机制与政府作用的结合体，用能权交易法律制度的完善需要市场决定与政府有为两个因素有机结合，需要妥善处理政府与市场的关系。政府与市场的关系一直是我国经济体制改革和经济法治建设的关键所在。《中共中央关于全面深化改革若干重大问题的决定》强调，要使市场在资源配置中起决定性作用并更好地发挥政府作用。依靠碳排放权交易和用能权交易等市场机制来促进高效节能减排，正是重视市场、发挥市场在能源资源配置中的决定性作用的表现（陈惠珍，2017）。当然，由于节能减排在经济上所具有的外部性特点，政府干预是必然的（陶小马等，2008）。但是国外节能量交易的实践经验表明，在节能减排工作中，政府有为与市场激励不仅不矛盾，而且是可以相互促进的。

然而，注重行政手段的运用而忽视采用市场手段是我国长期以来推行节能工作的一大特点。能源效率的提升需要依靠市场革命，理论和实践都已证明，经济激励型要比命令控制型的规制模式更能提高政府治理能源环境问题的灵活性和有效性（谭冰霖，2018），而用能权交易就是经济激励型规制模式的典型产物之一。在该制度中，政府创建用能权交易市场并借助市场调节机制通过价格信号引导用能单位做出行为决策，以较低的成本来控制能源消耗总量和强度，从而解决政府直接管制手段在解决能源效率问题时的失灵和低效问题。所以，完善用能权交易法律制度的关键在于，要充分发挥市场在用能权交易机制中的作用，推动政府有为和市场激励的有效结合，使二者都能在各自的适用领域中最大限度地发挥作用。

5.3.3 结合本国国情合理设计用能权交易机制

欧盟和美国在节能量交易制度的设计上都有自己的特点。如英国虽然没有严格意义的证书和证书交易，但其关注国民福利的提高，允许节能量的结转。意大利和法国则将非义务主体纳入节能量交易机制，进一步开拓了节能量市场。尽管各国节能量交易制度的设计与实施效果参差不齐，但总体来说，各国的制度目标相对明确，责任主体界定比较合理，节能指标分配比较规范，节能认证制度比较完备，证书交易规则已初步建立，违规惩罚制度比较严格（董溯战，2013）。总之，各个国家都立足于本国国情积极探索最佳的制度设计和政策组合，同时各国的制度安排虽然不乏应汲取的教训，但从设计理念到具体制度构建，仍可为我国用能权交易制度的构建和完善带来诸多有益启示。

第一，明确制度目标。如果说实现能源消费总量和强度"双控"目标是我国用能权交易制度的微观目标，那么提升能源效率、保护生态环境、促进经济与社会可持续发展则是用能权交易制度的宏观目标。用能权交易制度旨在通过激励机制来提高能源要素的配置效率，从而实现绿色发展，即提高能源利用效率是直接目标，保护生态环境和实现可持续发展是终极目标。这是因为，环境污染和资源配置不合理都是能源无效率或低效率的表现，而能源效率是解决环境污染和分配不公的前提（肖国兴，2008），提高能源效率也是实现经济与社会可持续发展、资源环境保护的应有之义，从此意义上来说，提高能源效率既是目标也是手段。因此，未来用能权交易立法在明确用能权交易制度目标体系的同时，有必要进行准确定位以区分该制度的目标层次，在满足经济利益、社会利益和生态利益等各种利益诉求的前提下，重点突出兼具目的和手段功能的能源效率目标，注重能源安全保障，同时也要兼顾生态环境保护和可持续发展目标，以体现时代需求和生态文明理念。

第二，构建科学合理的初始分配规则。在用能权的初始分配过程中，应始终坚持公平和效率并重的基本原则。一方面，分配公平是一个关乎社会正义的基本问题，其不仅需要依法约束政府的分配权力并划定权力边界，为用能主体提供起点和机会公平，也要关注结果意义上的分配公平（王清军，2012），注重用能主体在地域、行业和规模上的差异，区分产能过剩行业和其他行业、高耗能行业和非高耗能行业、重点用能单位和非重点用能单位、现有产能和新增产能，构建差异化的指标分配规则。另一方面，初始指标的配置必须同时体现效率原则。初始分配追求的效率原则是多维的，其包含经济效率与环境效率、整体效率与局部效率，它们被统一实现于制度效率之中。用能权初始分配制度提供了一种利益相关者相互影响和制约的框架和规则的集合，可以克服谈判的障碍、减少不合作的损失，从而提高制度本身的运行效率，还能够保证合作者的总体利益，从而增加对经济效率和环境效率的贡献。

第三，构建公平有序的用能权交易规则。证书交易规则是节能证书交易制度的核心，没有交易规则就不可能有证书交易制度（董溯战，2013）。由于节能量交易、排污权交易和碳排放权交易的基本原理具有相似之处，因此在充分吸收国内外节能量市场、排污权市场和碳市场交易经验的基础上，要注意打造清晰和可自由转让的产权，即对用能权交易市场的交易主体、交易范围、交易内容等核心范畴进行明确界定，明确各项交易规则和交易流程，构建透明公开的交易信息平台以实现市场交易的有序开展。与此同时，还需要注重培养多元化的市场主体、创建丰富多样的交易产品、完善场内交易和场外交易的形式、完备指标的跨期使用规则等，以保障市场交易有效地运行。

第四，构建第三方核查法律制度。节能认证不仅应体现公平交易原则，且具有一定技术性要求，适宜由政府与节能项目实施方之外的第三方机构负责实施（董溯战，2013）。用能权交易的逐步推广和实施也必然导致对第三方核查机构需求大量增加。第三方核查制度是用能权交易制度的一个重要组成部分，高效的核查质量是用能权交易得以顺利进行的基石，决定了用能权交易制度的实施效果。这就需要充分发挥第三方机构在用能权交易中的参与、策划和测量确认等重要作用。为了确保核查数据的真实性和准确性，有必要对有关第三方核查的法律制度进行系统化完善。第三方核查制度的系统化要以逐步制定和完善相应的法规和规章为依据，有针对性地对能源消费量的统计标准、第三方审核机构和核查人员的市场准入、第三方审核机构进行审核的基本程序、核查人员的基本行为准则及法律责任进行具体规范。

第6章　我国用能权交易法律制度的构建

用能权交易制度作为建设生态文明背景下作出的一项现实制度安排，需要法律与政策的共同规制以应对复杂多元的治理问题。现代规制国家中，各种公共政策大量涌现，政府对经济与社会的干预无处不在，具有价值导引和行为规范功能的公共政策已经全面渗入了人们的社会生活，也不断地向法律渗透。各种政策工具的试验都是对社会进步的有益尝试，都具有暂时的正当性。而法律作为所有制度中最具反思能力的社会建制，具备增强各种社会制度相互反思、相互规训的能力，有能力承担起构建一个健康的用能权交易市场的重任。因此，应将用能权交易市场的构建纳入法制的边界内，在充分汲取公共政策的价值与养分以实现自我完善的同时，也为市场主体提供确定性和权威性的法律框架，约束政府权力并保护用能权主体的权益，使用能权成为可排他、可确定、可交易的权利而走向市场。

6.1　构建我国用能权交易法律制度的总体思路

用能权交易制度实践在我国是由政策驱动的，从法政策学的视角对用能权交易的相关法律制度进行研究，不仅能在立法的过程中论证用能权交易政策的正当性与合法性，还能在用能权交易政策的推行过程中加强法治色彩。在法政策学的视角下，政策与法律的共生互恰将绘制出一个递进和互补的规制系统。从政策引导到法律制定，从法律规制到政策执行，这一系列互动过程体现了从宏观到微观、从抽象到具体的规制进路。在用能权交易制度的目标体系下，通过政策、立法、执法等行为对能源资源的利用进行有效规制，是提高能源效率，实现能源资源的可持续利用，促进经济、社会、环境协调发展的有效保障。

用能权交易制度在设计上具有传统命令控制型行政规制难以比拟的显著优

势，理论上能够通过市场激励机制有效地实现节能目标、达到经济发展与生态环境保护之平衡。尽管国家和试点地区颁布的相关政策文件对用能权交易制度的基本原则、主要目标、实施步骤和保障措施等作出了详细部署，但是官方和学术界对于"用能权"及"用能权交易"等术语尚未和概念的确定性、规范性表述达成一致。而且，各地在其制度探索中对总量控制目标和分配模式、市场主体准入条件、监管体制和处罚强度等方面的定义存在差异，这在一定程度上造成了用能权交易市场的人为分割。与此同时，实践中各试点地区的用能权交易市场普遍存在市场活跃度不高、市场价格差异大、绿色金融工具发展迟缓等诸多现实问题。如果说以上这些问题的出现是"中央决策—地方试点"这一改革逻辑的阶段性结果，那么后续"地方经验—国家立法"的法治巩固过程则是我国法治建设的应有之义（白利寅，2018）。因为用能权交易制度不仅是重要的经济发展问题，还是涉及与其相关的法律制度不断完善等重要法学问题。换言之，政策驱动下的用能权交易市场一方面体现了政策较强的导向性和较高的灵活性，另一方面也凸显出对我国用能权交易市场进行系统性法律规制以有效实现制度目标的必要性。因此，本节致力于分析法政策学视角下构建用能权交易法律制度的总体思路，首先阐述将体现社会公共利益的用能权交易制度之内容诉求融入法律的必要性，在此基础上探讨作为规制工具的用能权交易政策与法律的互动与融合，最后遵循"规制目标—规制模式—规制工具"这一理论进路尝试对我国用能权交易法律制度进行构建和完善。

6.1.1 用能权交易制度：政策与法律的矛盾与张力

用能权交易制度是由用能权指标核定、用能权指标交易和用能权指标清缴三大环节构成的、有机结合的制度体系。在用能权交易过程中，政府设定用能权指标总量并按规则将其分配给纳入用能权交易体系的用能单位，用能单位可依法在市场中自由进行指标交易，但必须在履约期限之前根据审查核定的实际能源消费量按时足额向政府缴纳相应的指标数量，以确保其能源消费量不超过其获取的用能权指标量。究其本质而言，用能权交易制度是国家为了实现特定公共目标并以国家管控为主兼具激励功能的一项规制工具（韩英夫等，2017）。

一方面，用能权交易制度可以通过市场机制促进节能降耗，以较低的成本实现能源消费总量和强度"双控"的目标任务，反映了以公共利益和大众福祉为目标导向的、体现"目的—手段"逻辑的政策驱动模式，并立足于以更高效的手段来实现制度目标。另一方面，在能源消费总量和强度"双控"的天花板下，用能权交易主体范围的合理界定与初始用能权指标的科学分配等问题不仅涉及国家对能源这一稀缺资源的合理分配，还关涉不同主体之间社会关系的规范性判断，反映了规范性判断的法律思考模式，即如何配置权利、义务才能够恢复平衡或者符合公平正义。

　　然而，在自上而下的政策驱动模式下，用能权交易制度的实践仍面临着诸多问题。第一，政策制定的主体各异。在浙江、河南和四川三个试点省份，省发展和改革委员会是构建和实施用能权交易制度的主管部门，而福建省构建和实施用能权交易制度的主管部门则是省经济与信息化委员会。在构建用能权交易市场的过程中，政府其他相关职能部门也不断通过制定规划、政策、管理制度并组织实施，增加了用能权交易制度运行的规范性并提高了交易效率。然而，在部门既定事权和职权范围的基础上，由不同政府部门制定政策文件，一方面易体现一定的部门利益倾向（喻文光，2016）（例如，各试点地区在设定总量控制目标时所考虑的因素和配额分配办法上的差异会影响分配结果和各权利主体的公平发展机会，同样是钢铁行业，四川省以历史强度法进行指标分配核算，福建省则采用历史总量法进行指标分配核算）；另一方面，易造成用能权交易的监管不畅（例如省级发展和改革委员会在用能单位能耗数据的获取上未必比直接负责工业节能减排工作的省级经济和信息化工作委员会来得便利（王彬辉，2015）。第二，用能权的确权问题。根据试点的相关规定，用能权的确权方式包括政府核发取得和市场交易取得①。这两种方式下取得的用能权指标是用能权交易的标的，也是用能权的外在量化表征，其合法性决定了交易本身的稳定性和有序性，也决定了交易是否受法律保护（王彬辉，2015）。那么，对于用能单位对其所取得的用能权指标的所有权、使用权、收益权和处分权应

---

① 参见《四川省用能权有偿使用和交易管理暂行办法》第三条。

通过何种法律来确认和保障等诉求，现有法律法规尚无法直接回应。第三，政策的稳定性问题。目前各试点的用能权交易制度主要由政策规范构成，相较于法律，政策具有不稳定性的特点，易造成用能权交易制度的权威性、稳定性和透明性不足，不利于用能权交易市场的构建、推行和发展。因此，有必要在法治化改革逻辑的引导下将相关成熟的政策及时固化为法律制度（王清军，2018），并逐步形成一种制度化的利益分配机制、交易机制、履约机制及监管机制，以促进用能权交易市场的健康发展。

将关乎社会经济发展和社会公共利益的公共政策内容诉求融入法律，实现符合公共政策治理目的的制度设计，是法政策学所秉持的基本立场与研究进路（白利寅，2018）。法政策学之所以能为法学理论进入用能权交易制度提供方法论，不仅取决于法政策学所蕴含的制度设计取向，还源于用能权交易制度本身具备的上升为立法的必要性与可能性。法政策学研究政策与法律之间的结合，重点强调政策与法律在互动过程中所呈现出的一体两面的互动关系。不容否认的是，政策的不足可以通过法律来弥合。首先，可通过立法来明确地方各级政府及政府职能部门的职责分工，理顺管理体制，充分发挥各级政府及政府职能部门在对用能权交易制度进行构建和完善中的主导作用，切实保障制度目标的实现。其次，用能权交易制度涉及的社会主体众多，除了交易主体之外，还包括交易机构和第三方审核机构等市场主体。通过法律的确定性和可预测性来制定各类市场主体的准入条件和退出机制，将主体间在不同利益冲突下形成的社会关系纳入法律的调整范围，可以使多元的利益诉求得到法律的有力保护，从而为用能权交易制度的市场化运作提供法律支撑（韩英夫等，2017）。再者，用能权交易制度的法治化可以改变目前用能权交易政策规范繁多且效力层级较低的弊端，增强交易主体对用能权交易的信心和安全感。当然，完全实现用能权交易立法对政策的替代也是不现实的，因为用能权交易政策与一般执法政策不同，其复杂性和特殊性不仅表现为制度设计上的创新功能，还包括其本身存在的不确定性（周海华，2019）。例如，在用能权交易中，指标一年一清缴、一年一分配，这意味着在我国节能减排目标、节能改造技术进步率、用能单位历史产量等诸多因素的影响下，每年的指标总量和分配结果会产生不同程度的变化；而且，由于各类核算标准是构建市场秩序的重要技术依据（伍文虹等，2017），在用能权指标分配和清缴的实践环节，对用能单位能耗数据的核算一般须以各种标准或标准化文件为依据。由此可见，作为用能权交易制度不同表现形式的政策和法律之间并非截然对立，而是存在着在一定程度下融合的基础的，因此，有必要从法政策学的视角对用能权交易政策与法律之间的关系进行进一步的审视。

6.1.2 用能权交易制度：政策与法律的互动与融合

在现代法治国家，公共政策与法律体系往往呈现出深度融合的趋势，承担政策调控任务的法律规范日益增多（鲁鹏宇，2012）。一方面，这种融合之势体现为政策对法律的指导，但政策指导法律内容并非意味着政策可以超越或破坏法律，政策欲以法律形式呈现必须符合法律的基本原理和原则；另一方面，立法亦并非万能，不是所有的政策都能以法律的形式付诸实施，从该角度来说，法律是达成特定政策目标的工具（陈雪娇等，2014）。总之，法政策学的研究主要涉及两个方面：第一，从政策的角度看法律；第二，从法律的角度看政策。前者着眼于法律之工具性及合目的性，探究如何使法律能顺利达成其所代表的政策；后者重点在于政策之适法性以及可行性，研究政策是否合适或有必要以立法的方式来表达（王清军，2018）。由此可见，政策与法律的双向互动与融合是建立和完善用能权交易制度的前提和必要条件，在能源消费总量和强度"双控"的天花板下，用能权交易制度实践的全过程将受到政策和立法的全面渗透和深刻影响。只有立足于法政策学的研究进路，把握政策思维和法律思维的契合点，逐步将条件成熟的用能权交易政策及时上升为法律，才能求得用能权交易法律制度设计的最佳途径和方法。

1. 从政策视角解读用能权交易制度

最好的法律就是能顺利达成政策目的之法律（陈铭祥，2011），从政策视角来看，法律就是实现特定政策目标的工具。因此，对用能权交易制度的目标、内容和推行进度等方面进行分析是开展后续立法工作的基础。

1) 用能权交易制度的目标

在用能权交易制度中，市场化、生态化和社会化分别是能源效率提升、生态环境保护、经济与社会可持续发展等多元多层次政策目标体系的集中体现（见表6-1）。该目标体系具有层次性、包容性和完整性，其中，市场化是提高能源利用效率、优化能源结构的必要手段；生态化是减少能源利用外部性的现实需求；社会化则是实现能源分配正义的必然要求。这三种价值追求较好地融合了经济增长、环境友好和社会公正三种目标，共同构成了用能权交易制度的"阿基米德支点"。政策目标的正当性与合法性通常是其向立法目标转化的前提，当然，为防止法律沦为政策合法化的外衣，还需根据法律的品性要求并结合政策内容对政策目标进行仔细甄别（喻文光，2016）。

表 6-1　用能权交易的政策目标体系

文件名称	发布时间	总体目标	具体目标
《生态文明体制改革总体方案》	2015 年 9 月	构建资源总量管理和全面节约制度	推行用能权交易制度，建立用能权交易系统、测量与核准体系
《中华人民共和国国民经济和社会发展第十三个五年规划纲要》	2016 年 3 月	能源消耗总量和强度"双控"，提高能源效率	建立健全用能权初始分配制度，创新有偿使用，培育和发展交易市场
《用能权有偿使用和交易制度试点方案》	2016 年 7 月	发挥市场在资源配置中的决定作用，推动能源要素高效配置，提高绿色发展水平	建立较为完善的制度体系、监管体系、技术体系、配套政策和交易系统，不断完善法规标准体系

2) 用能权交易制度的内容

如前所述，用能权交易制度是由用能权指标核定、用能权指标交易和用能权指标清缴这三大环节构成的、有机结合的内容体系（详见表 6 - 2），它深刻体现了用能权从产生、流转到消灭这样一个循环反复的发展过程。

第一，用能权指标核定环节。该环节是构建用能权交易市场的逻辑前提，而用能权指标核定的结果，从法学理论的角度而言则表现为用能权的初始取得（张立锋，2017）。用能权指标核定主要表现为政府对指标总量的设定和初始分配，以形成可测量、可排他、可交易的用能权，并开启用能权交易市场的大门（刘明明，2017）。换言之，政府在用能权指标产生的静态层面具有非常重要和特殊的地位，其在实现资源有效配置这一目标指引下完成了以能源消费为基础的第一次利益或负担分配，而分配的结果事关分配正义以及资源的高效配置。由此可见，初始用能权的分配是用能权指标核定环节的核心问题，因为在总量控制的大前提下，它肩负着公平与效率的双重使命，不仅关涉对用能单位之间公平发展机会的公平分配、对与生态文明建设有关的知情权和公平参与等公民政治自由权的公平分配，还涉及对能够体现效率价值目标的具体分配规则的构建（韩英夫等，2017）。一言以蔽之，这就是政策实践中需要解决的"谁来分配、分配给谁、分配什么和如何分配"的问题，因此，未来尚需加强对分配法律关系的理论构建。

第二，用能权指标交易环节。该环节是用能权交易市场健康运行的核心组成部分，在整个用能权交易制度体系中承担着承上启下的功能。用能主体对用能权指标进行交易的目的是在履约期限到来之前将多余的用能权指标出售获利，或者购入短缺的用能权指标以冲抵自身的实际综合能源消耗量，以履行指标清缴义务。此种目的的实现从法学理论的角度而言就是用能权的转让过程，即权利主体将用能权指标有偿转让给有需求的另一主体，使用能权的归属关系发生变化。当然，与碳排放权交易等其他环境权益交易市场的公共金融属性一样（刘航等，2018），用能权交易也因具有明显的外部性特征而易导致市场失灵，因此需要政府完善相应的规则以对包括交易主体、交易产品、交易程序在内的诸多市场组成要素进行规范调控，以防范市场风险和优化资源配置。

第三，用能权指标清缴环节。该环节是用能权指标市场化交易的逻辑终点，意味着用能单位需要向政府主管部门提交经审定的与上一年度综合能源消费量等额的用能权指标。用能权指标清缴是用能权消灭的事由之一，其具体表现为，政府主管部门将用能单位用于清缴的用能权指标在用能权注册登记系统内注销。用能权指标清缴还是用能权交易制度内容体系中的保障性环节，正因为存在履约清缴的压力，用能单位才有在用能权交易市场中购买用能权指标的动因和进行节能技术改进的动力。也就是说，用能权指标清缴实际上担负着保障稀缺资源实现优化配置的功能，而此功能的实现还依赖于对履约监督机制和违约惩罚机制的有效设计。一方面，由于真实、准确的能源消耗数据对于用能单位的履约具有相当重要的作用，它直接影响参与用能权交易的用能单位应当缴纳的指标数量，进而影响到用能单位交易用能权指标的动机和策略。另一方面，用能权交易制度的使命在于以较低成本实现能源消费总量和强度"双控"目标，因此，确保经由用能权交易制度所设定的总量控制目标不因用能单位的超额用能行为而被突破或者不因其虚假报告行为而被减损是科学合理地设计违约惩罚机制的重要目标。所以，未来制度设计应重点关注对履约监督机制和违约惩罚机制的完善，以避免"违法成本低、守法成本高"的反向激励问题。

表 6 - 2　各试点地区用能权交易制度的内容体系

	具体要素	福建	浙江	四川	河南
用能权指标核定	总量控制因素	产量控制系数 强度控制系数 总量控制系数	—	能源消费结构优化系数	能源消费总量下降系数、煤炭消费总量下降系数
	初始分配方法及分配主体	产量基准值法、强度基准值法、历史总量法；省经信委负责制定	区域年新增用能指标、压减过剩产能和企业通过节能技术改造等方式产生的节能量	基准值法、历史强度法；省发展和改革委员会在广泛征求有关各方意见的基础上制定	历史总量法或产量基准线法；省发展和改革委员会会同相关部门制定

续表

具体要素		福建	浙江	四川	河南
用能权指标交易	交易主体	用能单位和其他法人单位	市、县级人民政府和有关企业	重点用能单位、符合规定的其他用能单位、机构、组织	重点用能单位、自愿参与履约单位
	交易品种	用能权指标	用能权指标经核证的节能量	用能权指标经核证的节能量	用能权指标
	交易方式	挂牌点选、单向竞价、协议转让	协议转让	定价点选、单向竞价、协议转让	定价转让、协议转让、竞拍转让
用能权指标清缴	第三方审核	政府委托	政府委托	政府委托	政府委托
	违约罚则	从下一年指标中扣除；市场信用评价；罚款	—	限期清缴；市场信用评价	限期清缴市场信用评价

3）用能权交易制度的推行进度

目前各试点地区的用能权交易进展各异，如表 6-3 所示，四个试点省份于 2019 年前后基本形成了由"工作方案＋管理办法＋配套文件"（即"1＋1＋n"模式）构成的省级用能权交易试点制度体系。体系基本涵盖了指标初始分配机制、交易管理机制、能源消费量审核机制、履约机制及监管机制。其中，四川、河南、浙江发布的管理暂行办法均为规范性文件，而福建省的《福建省用能权交易管理暂行办法》则为地方政府规章。另外，相对于其他试点地区而言，福建省和四川省的相关配套细则更为全面，例如，其通过规范用能权指标的分配、发放、清缴及用能单位能源消费量的报告管理，以及规范第三方机构的审核流程和管理监督，构建了市场交易规则、交易风险管控机制、信用评价机制和交易纠纷协调机制以确保用能权交易有序进行；通过对用能权指标市场价格进行调控以确保市场稳定运行。总体而言，各试点地区对用能权交易政策的推进既存在共性经验也存在特色尝试。譬如，构建用能权交易平台时全程电子化、信息化管理，强化政府监督制约是各试点的共性做法，其为交易的展开奠定了良好的基础。当然，各试点地区在交易机制的设计、交易信息的透明度和市场活跃度等方面存在一定差异。例如，河南省、福建省和四川省的用能权交易范围不仅包含既有产能，同时也包含新增产能，而浙江省则设置了"增量交易—存量交易—租赁交易"这三个不同的阶段来逐步扩大交易范围。除浙江省外，其他省份的用能权交易平台中的成交价格均有披露。从成交量来看，浙江省和福建省的交易市场活跃度比四川省与河南省大得多。总之，用能权交易制度目前尚处于政策探索期，距全国范围内统一的用能权交易市场形成尚有一定距离。

表 6-3　各试点用能权交易制度最新进展

试点省份	试点方案	相关办法	交易市场行情
四川省	《四川省用能权有偿使用和交易试点实施方案》	《四川省用能权有偿使用和交易管理暂行办法》	近日成交均价/开盘价：212.67 元 累计成交量：3000tce（截至 2020 年 12 月 31 日）
河南省	《河南省用能权有偿使用和交易试点实施方案》	《河南省用能权有偿使用和交易管理暂行办法》	近日成交均价/开盘价：100 元 累计成交量：25 160tce（截至 2020 年 12 月 31 日）

续表

试点省份	试点方案	相关办法	交易市场行情
浙江省	《浙江省用能权有偿使用和交易试点工作实施方案》	《浙江省用能权有偿使用和交易管理暂行办法》	近日成交均价/开盘价：/ 累计成交量：772 525.47tce （截至 2020 年 12 月 31 日）
福建省	《福建省用能权有偿使用和交易试点实施方案》	《福建省用能权交易管理暂行办法》	近日成交均价/开盘价：12.97 元 累计成交量：971 912tce （截至 2020 年 12 月 31 日）

数据来源：四川联合环境交易所，https：//ert. sceex. com. cn/index. htm? language=zh_CN；

河南省公共资源交易中心，http：//hnynq. hnggzy. com：8130/Henan_SPIC/♯；

浙江省公共资源交易服务平台，http：//223.4.69.158/ynqjy/index. html♯；

海峡股权交易中心，https：//carbon. hxee. com. cn/index. htm。

2. 从法律视角解读用能权交易制度

从法律视角来解读用能权交易制度需要分析其转化为法律的正当性、合法性与可行性，即研究用能权交易制度是否适合或有必要以立法的方式来表达。

1）正当性考量

法律与政策相互融合与转化的基础在于其两者目标的一致性。基于实现公共利益最大化这一正当性目标，政策与法律作为不同的社会治理方式，其必然要统合于治理的公共性目的（白利寅，2018）。建立用能权交易制度，推动能源要素更高效配置，是提高绿色发展水平、推进生态文明体制改革的重大举措。能源既是国家经济社会发展强有力的物质基础，也是生态环境的重要污染源。如今，传统的以物质利益和眼前利益为中心的能源利用理念已经被以人类和生态共同利益为中心的、注重能源安全与能源效率的价值理念所取代，经济、社会、环境和谐共处的可持续发展原则逐渐得到了有效贯彻（任洪涛等，2014）。

具体而言，用能权交易制度的本质是国家对传统的私人财产权之上的有关能源使用权利的限制，用能单位的用能行为建立在其具备的能源所有权的基础之上，但其不仅要支付能源所有权的经济对价，还要受到用能权指标的约束（韩英夫等，2017）。这种约束和转变来源于生态文明理念在全社会的不断渗透和贯彻。传统能源理论认为，能源效率与经济效率的内涵具有趋同性，能源问题的本质是经济问题（肖国兴，2012）。依此理论，能源价格只反映资本成本而忽视了环境成本（陈德敏，2011），因此能源使用权反映的是"物"的经济属性对私主体需求的满足。近年来能源的生态价值逐渐得到了应有的重视，兼顾"物"之经济与生态双重价值的"资源社会性"理论把能源利用的视角转向了社会公共福利的增加，反对将能源视为私主体确定无疑的自由财产（黄锡生等，2011）。

换言之，能源资源消耗的机会成本以及生态功能价值应包含在投入成本中，从而可以有效避免"公地悲剧"的发生，保障资源在全社会范围内得到公平、合理、高效的利用，以促进社会公共利益的实现（黄锡生等，2011）。因此，社会公共利益为国家的管控行为提供了正当性支持（罗尔斯，2009）；同时，国家也有必要作为社会公共利益的天然代表伸出有形之手以维护各方利益的平衡（陈海嵩，2016），从而将社会现象还原到人与人的利益关系中去，以恢复平衡或者使之符合公平正义。

2）合法性考察

在现代法治社会中，各项改革实践都应遵循法治化的路径要求。当一项制度创新突破了现行法律规范体系并衍生出获得普遍认可的新机制时，必然需要通过修改旧法或制定新法以巩固改革成果。在全面依法治国的大背景下，实现立法和改革决策相衔接，做到重大改革于法有据已经成为一项规律性认知，而破旧立新、先试先行的合法性与合理性均来源于法治的加持（白利寅，2018）。

在用能权交易制度中，用能权的确权与初始分配，能源消耗量的报告与审核，交易要素、交易平台和交易规则的确认与设置等诸多创新举措是否符合《中华人民共和国节约能源法》《中华人民共和国循环经济促进法》《中华人民共和国清洁生产促进法》《重点用能单位节能管理办法》《能源计量监督管理办法》等相关法律法规的规定，是否与现行法律有效衔接，是否与现行法律法规相抵触，能否经受合法性拷问，均是用能权交易制度面临的重要检验。这不仅是法治建设的必然要求，也是法政策学的价值取向。

例如，现行的《中华人民共和国节约能源法》在解决由于节能领域政策创新所引致的新问题时，还存在不足之处，用能权交易中的一系列创新举措也缺乏明确的上位法依据。《中华人民共和国节约能源法》在手段上强调行政直接管制，在制度设计上更注重能源使用环节本身，这种做法对节能工作与经济发展、生态保护的内在一致性有所忽略（范战平，2016）。譬如，虽然针对能源消费总量的控制政策在实践中得到普遍执行与认同，但其具有总行为控制政策存在的普遍问题，直接关系到能源行业或者投资者的权利与义务，因此有必要明确其法律定位，以形成合理控制能源消费总量的长效机制（张忠利，2018）。再如，用能权指标在企业会计核算中是否能作为用能单位的资产以及属于何种资产？其权属转移的生效要件如何确定？适用何种法律？政府对用能权指标的价格进行调控是否适用《中华人民共和国价格法》？对以上种种问题的回答尚需进一步的理论支撑。

总之，用能权交易制度的构建不论在目标、范围、规模等哪一个方面都符合公众对"重大改革"的一般性认识，因此要注意从动态和发展的角度理解重大改革于法有据的含义。这一方面要强调改革对法治的顺应，另一方面也要注重改革对法治的能动性。这一能动性主要表现在改革对立法的影响或立法对改革需求的适应（白利寅，2018）。申言之，在制度构建的过程中应当注意通过立法来解决导入市场化机制所引发的冲突及相关立法缺位等一系列的问题。因此，有关用能权交易的政策规划如果涉及现行法律法规的空白，则应通过修法或立法来赋予相关改革政策以合法性地位。

第三，可行性分析。在将用能权交易制度的内容诉求融入法律时还需考察其入法的可行性。根据政策类型的不同，可以将其分为以下几类：第一，引导促进类，例如，《生态文明体制改革总体方案》和"十三五"规划提出推行用能权交易制度，这类政策性文件旨在推动、引导和促进用能权交易，比较宏观且没有涉及各方主体的权利、义务等具有规范性和可操作性的内容，一般不需转换为法律，但可作为引导法律的背景规范；第二，指导实施类，例如，《用能权有偿使用和交易制度试点方案》指出，试点地区要制定用能权交易管理办法，不断完善法规标准体系，这种倡导性的政策本身就蕴含着遵循法律规范的要求，因此政策向法律的转化较为清晰和可行，同时此类政策性文件对用能权交易制度的实施设计了总体性框架，给出了具体实施内容和意见，特别是其中关于初始用能权的确权方法、用能权有偿使用的主体、交易要素、交易争议解决机制等涉及主体之间权利义务关系的主要内容，对实践也具有较强的指导性，可以逐渐转化为法律形式，其中《福建省用能权交易管理暂行办法》即是政策驱动立法的典型代表，是政策与法律互动与融合的突出反映；第三，配套措施类，如各试点省份发布的用能权交易实施方案、管理办法及配套文件等都是用能权交易制度得以运行的具体运行机制和实操性技术措施，其中涉及的法律问题如果经实践证明具有普遍性和实效性，且在权限范围内能够通过地方立法来化解的，便可以升级为地方立法。

6.1.3 构建用能权交易法律制度的总体路径

作为性质和功能互不相同的治理方式，政策与法律共存于社会之中，这两者本质上并不具有相互排斥和相互替代的特征，而是共同构成了一个完整的社会规范体系（白利寅，2018）。然而，各种公共政策在现代规制国家大量涌现，政府对经济与社会的干预无处不在（叶必丰，2017），具有价值导引和行为规范功能的公共政策已经全面渗入了人们的社会生活，同时还不断地向法律渗透，引起了一定范围和程度上的政策法治化现象（王继远等，2017）。相应地，实践中的用能权交易政策与法律经过一轮互动与融合的动态反应之后，也将逐渐升华为法律与政策共生互恰的静态局面。在这一"化学反应"过程中，一方面，法律可以发挥对用能权交易政策内容的评价、规范和统合作用，另一方面，现行法律制度还可以充分汲取用能权交易政策的基本理念与价值养分，适时扩充立法储备资源以不断实现自我完善。在法政策学的视角下阐释政策与法律的共生互恰，则构成了对用能权交易制度法治路径的表达。进一步而言，在"规制目标—规制模式—规制工具"这一制度构建逻辑的方法论下，用能权交易法律制度的构建可以从以下几个方面来考虑。

1. 规制目标

　　法政策学致力于规范解释之外的制度设计。为使法律法规具备更明确的治理针对性和更充分的公共价值基础，立法必然需要关注公共政策治理的价值取向（白利寅，2018）。也就是说，政策的价值取向与法律的理性应当具有一致性，这种一致性通常表现为目标的一致。并且，确定规制目标也是进行法律制度设计的首要任务，其关键在于对多元主体和多元诉求构成的政策目标进行梳理和提炼，以在不同价值目标之间寻求平衡并做出最终选择。

　　如前所述，市场化、生态化和社会化这三种价值取向是用能权交易制度目标体系的集中展现，其较好地融合了经济增长、环境友好和社会公正三种社会目标。具体而言，用能权交易制度的核心在于对能源消耗总量和强度进行科学调控，通过引入市场机制来寻找节能减排的边际成本下限并将社会整体节能减排成本降至最小，借助激励相容原则驱使企业使用更先进、更节能的生产技术，从而提高能源使用效率，以缓解能源资源的不合理利用对经济社会发展和生态环境造成的双重压力（王兵等，2019）。由此可见，用能权交易制度旨在通过激励机制来提高能源要素的配置效率以实现绿色发展，即提高能源利用效率是直接目标，保护生态环境和实现可持续发展是终极目标。这是因为，环境污染和资源配置不合理都是能源无效率或低效率的表现，而能源效率是解决环境污染和分配不公的前提，提高能源效率也是实现经济与社会可持续发展、资源环境保护的应有之义（肖国兴，2012），从这个意义上说，提高能源效率既是目标也是手段。

　　从现行立法来看，《中华人民共和国节约能源法》《中华人民共和国循环经济促进法》《中华人民共和国清洁生产促进法》《重点用能单位节能管理办法》等法律法规都将提高能源或资源利用效率、保护和改善环境、促进经济社会可持续发展[1]作为立法目的，这种目的的共通性与用能权交易政策的目标体系是完全契合的。另外，2020 年 4 月公布的《中华人民共和国能源法（征求意见

---

[1]　参见《中华人民共和国节约能源法》第一条、《中华人民共和国循环经济促进法》第一条，《中华人民共和国清洁生产促进法》第一条，《中华人民共和国重点用能单位节能管理办法》第一条。

稿)》也将"提高能源效率"① 作为立法目的之一。所以,未来用能权交易立法在明确用能权交易制度目标体系的同时,有必要进行准确定位以区分该制度的目标层次,在满足经济利益、社会利益和生态利益等多种利益诉求的前提下重点突出兼具"目的—手段"功能的能源效率目标,注重能源安全保障,同时也要兼顾生态环境保护和可持续发展目标,体现时代需求和生态文明理念。

2. 规制模式

当立法目标确定之后,随之而来的问题就是通过何种调整方式将这一目标贯彻到相应社会主体的决定或决策中去。这一问题关乎规制模式的选择,即把众多主体参与下的不同调整手段有机结合而形成的规制方法的选择。例如,对于能源效率目标的贯彻实施,以往的规制模式是命令控制型的,像《中华人民共和国节约能源法》和《重点用能单位节能管理办法》等法律都将提高能源使用效率作为用能单位的一种法定义务。但是,能源效率的提高只有成为企业的投资标的而非投资义务时,其才会成为企业决策行为的有机组成部分(肖国兴,2005)。换言之,能源效率的提升需要依靠市场革命,理论和实践都已证明,经济激励型的规制模式要比命令控制型更能提高政府治理能源环境问题的灵活性和有效性(谭冰霖,2018)。而用能权交易就是经济激励型规制模式的典型产物之一。在该制度中,政府创建用能权交易市场,并借助市场调节机制通过价格信号引导用能单位做出行为决策,以较低的成本来控制能源消耗总量和强度,从而解决政府直接管制手段在解决能源效率问题时的失灵和低效问题。

虽然以市场机制为核心的经济激励型规制模式具有企业选择空间更大、政府监督成本更低、对市场扭曲程度较低和对实现总体目标的潜力更大等一系列优势(陈惠珍,2017),但此模式不仅存在"定价难题"和"热点效应"(谭冰霖,2018)等一般性问题,而且在该模式下孕育的用能权交易制度也具有不容忽视的内在缺陷。一方面,用能权交易市场由政府根据需要来构建和运行,政府依然处于主导地位,市场只是政府改良规制手段的一种新型工具。申言之,

---

① 《中华人民共和国能源法(征求意见稿)》第一条:"为了规范能源开发利用和监督管理,保障能源安全,优化能源结构,提高能源效率,促进能源高质量发展,根据宪法,制定本法。"

尽管用能权交易制度不同于传统的直接管制手段，但它也只是提供了更加灵活和高效的管制工具，本质上它还是一种政府用来治理能源环境问题的规制工具，是对传统的政府直接管制手段的改良和升级，是命令控制型规制模式的升级版，仍未跳出直接干预主义的窠臼（陈惠珍，2017）。另一方面，在用能权交易制度下，企业能耗数据和边际减排成本的不确定性易为总量控制目标的确定带来一定困难，由于信息的不对称，政府执行监测、核查、清缴等任务所产生的信息成本并不一定比命令控制型模式下更为轻松（谭冰霖，2018）。尤其是受宏观经济波动影响导致的市场需求量变动，容易因用能权指标不足或过量而造成市场失灵。

由此可见，经济激励型规制模式下的用能权交易制度有利有弊，一旦对该规制模式产生了路径依赖则易导致规制困境，从而难以顺利地实现制度目标。那么，用能权交易制度真的难以跳出政府直接干预主义的窠臼吗？德国学者图依布纳提出的反身法理论或许可以为用能权交易制度的现有模式提供改进的方向和突破。图依布纳将现代社会的法律划分为形式法、实质法和反身法等三个理想的顺次演化类型：形式法以其消极的秩序功能来保障个人意思自治，其以合同法为典型；随着社会外部性的增加，以结果为导向的实质法则以其积极的秩序功能强调国家对社会经济生活的干预，具有较为明显的行政倾向；由于干预主义的逻辑和价值容易导致社会系统内部产生冲突和危机，故反身法应运而生，其不仅摒弃了消极秩序下的市场自由，也部分摆脱了积极秩序下的政府直接干预，转而诉诸于授权、程序、组织等间接规制手段，提倡受规整的自治（谭冰霖，2016）。晚近在国内外兴起的第三方治理、第三方认证、第三方核检、环境信息披露、内部环境管理、协商制定规则等制度就是反身法的理论范式在实践中的体现（谭冰霖，2018）。

表面上看，经济激励型规制具有形式法的外观，原因是其试图通过拟制的市场来解决个体行为的外部性问题。但是仔细斟酌后就会发现，其本质上仍保有实质法的内核，因为它脱离了政府的构建和监管，使拟制市场无从产生。因此可见，经济激励型规制作为孕育用能权交易制度的母体模式，其理论范式并不是故步自封的，因为在形式法、实质法与反身法三种法律范式之间并不存在不可逾越的鸿沟。例如，用能权交易制度中的能源消耗量第三方审核机制就体现了反身法的相关理论内核，即政府在规制过程中适时引入其他社会主体的有益力量以降低规制成本和提升规制效能。也就是说，反身法范式下的去中心主义在一定程度上被注入用能权交易制度中，以形成不同主体之间的合作共治。因此，为了进一步实现和增进用能权交易制度的效能，未来可以尝试从反身法的范式中汲取更多有益的理论内核和基本方法，譬如，在指标初始分配过程中淡化目前以政府绝对中心为主的分配模式，强化公众参与、公开透明及可问责性，以保障用能权交易制度的民主正当性。

3. 规制工具

规制工具是构建和完善法律制度的重点问题，是为达成制度目标而采取的各种措施的总称。我国自 2011 年起开始进行碳排放权交易的试点工作，随后各试点地区纷纷出台了相关地方政策和地方立法对碳排放权交易活动进行规制。2014 年 12 月，国家发展和改革委员会公布《碳排放权交易管理暂行办法》，从立法上确立了全国碳市场的总体框架；2017 年 12 月，国家发改委发布《全国碳排放权交易市场建设方案（发电行业）》，从政策上完成了全国碳市场的总体建设；2019 年 4 月，生态环境部公布《碳排放权交易管理暂行条例（征求意见稿）》；2020 年 12 月，生态环境部公布《碳排放权交易管理办法（试行）》，进一步为新形势下加快推进全国碳市场的建设提供了更加有力的法制保障；2021 年 3 月，生态环境部再次发布《关于公开征求〈碳排放权交易管理暂行条例（草案修改稿）〉意见的通知》，为实现碳达峰目标和碳中和意愿加快了推进全国碳排放权交易市场建设的决策部署。

与碳排放权交易法律制度的构建与完善过程相似，我国用能权交易制度也是政府主导、市场运作、社会公众参与的综合治理方案的集合，其同样需要法律与政策的共同规制以应对复杂多元的治理问题（肖国兴，2018）。具体而言，用能权交易制度既涉及资源与环境可持续发展等公共利益维护、个体权利和利益的平等保护，又涉及市场与政府、不同产业与行业之间错综复杂关系的调整。由于法律的稳定性和滞后性，其难以及时应对用能权交易制度实践中出现的各种新问题和专业技术问题，同时用能权交易制度目标的多元性和交易过程的复杂性也决定了对用能权交易活动不可能只采取一种规制方法。因此,最好的规制方法在于能够从规制的百宝箱里找出最为合适的规制工具或工具组合(Brown et al.,2011)。所以,政策与法律作为不同的规制工具只有整合起来形成一个完整的制度体系,才能对用能权交易制度的最终实现发挥更好的作用。

一方面,在法政策学的视角下,法律思维模式始终占据主导地位,这是因为在政策与法律的互动关系中,只会出现政策上升为立法的情况,而非相反(鲁鹏宇,2012)。虽然政策驱动下的用能权交易制度充分展现了政策多元性、调试性和灵活性的一面,但仍需相关立法活动适时介入以为用能权交易活动提供充分的法律依据和保障。从长远来看,未来可以通过制定用能权交易管理条例对用能权交易制度中的基本原则、指标总量的设定与分配、指标的市场化交易、能源消费量报告、指标履约评定、用能权交易的监督管理体制、主管部门和各市场主体的法律责任等方面做出总体规定,给用能权交易市场创造一个稳定的法制环境。用能权交易主管部门在此基础上可制定一系列配套的部门规章来对用能权交易管理条例的重点内容进行进一步细化。第一,制定用能权指标总量控制与分配办法。在该办法的制定过程中,要注意对反身法路向下多中心治理理论的汲取和借鉴,保障广大公众的参与度、指标分配规则和分配程序的透明度,充分发挥产业部门、行业协会等各类组织团体、理论界和实务界的专家代表、民众代表在规则制定过程中的作用,通过正当程序的行使来防止公共利益的泛化,保障分配公平。第二,制定用能权交易规则及市场调控办法。用能权交易市场是新兴市场,交易过程中既可能存在老问题也可能出现新问题,因此,通过制定用能权交易规则及市场调控办法对包括交易场所、交易主体、交易品种、交易方式、交易结算、交易费用、信息披露、风险管理、异常情况处理和交易纠纷处理在内的诸多事项进行规定,可以将市场交易的整个过程纳入法治的轨道,防止各种不当市场行为发生,维护用能权交易市场的健康秩序。第三,制定用能权交易机构管理办法与用能权交易第三方审核机构管理办法。用能权交易机构和第三方审核机构是用能权交易市场中交易主体之外的服务主体,其本身不参与市场交易,但是对市场交易的公平进行和交易动机的规范引导具有重要作用，因此，有必要分别针对这两类主体进行相应规制。例如，通过制定用能权交易机构管理办法，明确交易机构的职能范围、组织机构、监管职责、相应罚则等，有助于其及时发现和处理各种违法、违规行为，防范和化解市场风险。通过制定用能权交易第三方审核机构管理办法，明确第三方审核机构的准入条件、工作流程、审核员的行为规范、日常监管、相应罚则等，有助于第三方审核机构科学合理、高效公正地开展能源消费量的审核工作，减少能源消费数据的不真实性和不确定性给制度运行带来的负面影响。由此可见，法律既是政策与法律互动关系中的终极目标，也处于整个用能权交易规制系统的顶端，其将用能权交易政策纳入法制的边界内，为交易主体提供确定性和权威性的法律框架，约束政府的权力并保护用能权主体的权益，使用能权成为可排他、可确定、可交易的权利而走向市场。与此同时，法律还可以使利益可期，激发用能者的节能兴趣，从而使用能权主体的行为向有利于节能环保的方向发展，在获得经济效益的同时创造环境效益。

另一方面，政策作为用能权交易制度的规制工具之一，其在用能权交易立法之后也应长期存在。因为政策可以迅速高效地回应实践需要，且具有针对性和灵活性，从而成为用能权交易规制系统中第二层级的工具，并发挥其与法律的协同规制作用。例如，目前各试点的能源消费量审核指南，火力发电企业、水泥制造企业、铁合金冶炼企业等对应行业的企业综合能源消费量核算与报告指南，综合能耗计算通则等规范性文件为用能权交易市场的构建提供了重要的技术依据。也就是说，即便实现了用能权交易制度的体系化构建，用能权交易政策也不必完全被法律所取代，而是有必要持续存在并长期指导我国用能权交易实践的发展。当然，不论是创制型还是执行性的用能权交易政策都应满足正当性和合法性要求。

6.2 用能权交易一级市场的法制构建

国内外诸多环境权益交易实践表明，环境权益的初始分配构成是一级市场中最具争议的问题，是一个政治上、法律上和技术上的难题（王清军，2012）。因为环境权益的初始分配不仅会影响资源配置效率，还会对特定社会主体的利益造成影响（Hahn，1986）。换言之，对一级市场中的初始分配关系进行法制构建，不仅是提高资源配置效率的需要，也是保护特定主体利益的重要手段。综上所述，用能权交易一级市场的科学性和正当性有赖于用能权的初始分配法律关系的构建（韩英夫和黄锡生，2017）。根据王清军（2011）提出的"分配共同体结构理论"，一级市场中的分配法律关系可根据垂直型分配共同体结构和水平型分配公共体结构的不同特点从两个方面进行分类调整，即垂直型分配结构下初始分配权的合理配置和水平型分配结构下行政合同关系的法律规制。

6.2.1　初始分配法律关系的分类调整

用能权交易制度始于以"目的—手段"为思维模式的政策驱动方式，旨在实现节能领域的公共政策目标。当通过法律制度来实现此目标时，需要将思维模式逐渐转向不同主体之间关系的规范性判断，同时应兼顾对正义价值和效率价值的遵循。用能权的初始分配是一种行为和一类关系的总和，是指在用能权交易制度框架体系内，在用能权交易主管部门主导下，通过既定的分配原则、规则和方式，在被纳入用能权交易体系的用能单位之间进行用能权指标分配的行为、过程及所形成的各种法律关系的总和。明确界定用能权初始分配法律关系主体和合理设置初始分配权是用能权交易制度的合目的性要求之一。用能权初始分配法律关系主体是依法参与用能权初始分配过程、享有权利和承担义务的法人或其他组织，包括分配主体和分配接受主体（王清军，2011）。分配主体是用能权初始分配法律关系中，依法对用能权指标进行分配、享有权力和承担责任的行政主体或其他依法授权或受委托的组织，即各试点地区的用能权交易主管部门与相关政府部门。分配接受主体是指依法被纳入用能权交易法律关系、基于一定能源使用份额而享有权利和承担义务的用能单位的总称，即各试点地区被纳入用能权交易体系的用能单位。于是，一个以分配主体和分配接受主体为主，联结其他利益相关者的分配共同体结构由此形成。其中，其他利益相关者是指自愿参与履约的单位，符合规定的其他单位、机构、组织及社会公众。"分配共同体结构"理论将初始分配结构分为垂直型分配和水平型分配两种类型。

1. 垂直型分配结构

垂直型分配结构以亚里士多德的分配正义观为理论来源。亚里士多德认为，正义包括事物和应当接受事物的人这两个因素。这里所描述的分配正义结构一定程度上反映的是相对于分配对象而言的分配接受者的范围及他们与分配主体之间的关系（王清军，2011）（见图 6-1）。

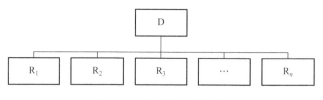

图 6-1　垂直型分配结构

这是一种垂直型的分配结构，即一种外在于分配对象的自上而下的分配，分配者与接受者泾渭分明（马晶，2005）。其中 D（distributor）代表分配主体，是分配权力的代表；R_1、R_2、R_3、$\cdots$、R_n（recipient）则代表若干接受分配的成员。在垂直型分配结构中，决定和推动分配的动力资源自上而下地来自于公法上的权力机构，分配接受主体 R 的范围和数量由分配主体 D 根据一定的分配原则和分配规则决定，分配接受主体全体构成了一个利益相关的除分配主体之外的分配正义共同体。对垂直型分配结构进行公平正义评价主要关注的是作为分配主体的权力机构用何种基于道德或公正的原则对一定的资源与负担进行调动和整合，即分配接受主体应当得到什么（王清军，2011）。

垂直型分配结构具有漫长的发展历史，在现代国家仍然被广泛应用于由政府主导进行财产利益分配的各类政策之中。例如，代表权力机构的用能权交易主管部门依照预先确定的分配规则，在除自己之外的分配接受主体之间进行自上而下式的用能权指标的无偿分配。用能权指标的无偿分配在一定程度上可以被视为利益分配和资源配置的过程，也意味着用能单位有资格获取并使用相应的能源。这种用能资格的授予体现了国家和政府对能源的调控和对能源市场的规制，反映了行政法上的行政许可法律关系。用能权初始分配的行政主导性决定了政府的权责在很大程度上决定着无偿分配的结果，并会影响到重大利益的调整乃至各地的产业布局，这就对制度的公平性提出了更高的要求：其不仅要明确分配权的行使边界和权力的合理配置为用能单位提供起点和机会公平，还要关注结果意义上的分配公平（王清军，2011）。由此可见，无偿分配下的分配行为所对应的是一种垂直型的分配结构，在垂直型分配结构中，需要注重对初始分配权的合理配置，以缓和分配主体与分配接受主体之间因分配规则和程序而相互博弈的力度，并有效抑制分配接受主体之间的潜在利益冲突。

2. 水平型分配结构

水平型分配结构是在不断挑战垂直型分配结构的过程中逐渐产生的（王清军，2011）。垂直型分配结构受到了来自自由主义者关于特定分配模式所要求的组织机构或公法意义上的权力机构的正当性的质疑（马晶，2005）。例如，诺齐克（2008）就是在反对模式化分配时提出了他自己的分配观，他认为："在考虑物品、收入等东西的分配中，他们的理论是接受者的正义理论，他们完全忽视了一个人可以拥有给予某人以某种东西的权力。"诺齐克所言的分配"并不是一种生产出了某个东西，然后必须问谁将得到这个东西的情况"，因为任何模式化的分配模式终将会被"一个人可以拥有给予某人以某种东西的权力或自由"搅乱，而如果存在一种分配，这种分配将体现在占取、转让、矫正等市场化的过程中。在马晶（2005）看来，诺齐克所述的分配可以被理解为一种水平型的分配，因为它客观地道出了平等主体之间的分配关系（见图 6-2）。

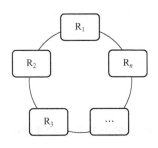

图 6-2 水平型分配结构

在这种水平型分配结构的圆周上，各个主体之间处于形式上的或法律上的平等地位，R_1、R_2、R_3 直至 R_n 都是形式上的接受者，但其中实力卓著的某个主体在发挥其在某领域的影响时，就可能由 R 成为事实上的分配者 D（马晶，2005）。水平型分配理论打破了仅从被动等待分配的受众角度理解分配共同体的桎梏，更加关注分配接受主体的平等和自由。因为在水平型分配结构中，分配共同体中的接受分配主体与主导分配的主体都是形式上或法律上的平等者，所有的主体既有可能成为分配主体，也有可能成为分配接受主体，而不像垂直型分配结构那样将处在分配行为两端的主体截然分开（王清军，2011）。此种水平型的分配结构与第3章所述的节能管理的多元治理模式也是一致的。多元治理模式是一种多主体、多机制的治理模式，其更具扁平性的组织行为结构有利于形成更有效率的新结构和新机制，从而增强市场和社会主体在节能管理中的独立性和自主性（刘险峰，2019）。

不容否认的是，在用能权初始分配的过程中也呈现出水平型分配理论的若干特点。用能权指标总量一般由既有产能指标、政府预留指标两部分组成，其中，政府预留指标主要用于新增产能指标发放和市场调节等。例如，在市场调节活动中，用能权交易主管部门通过用能权指标投放、回购等方式影响市场中流动的用能权指标数量，从而调节市场供求关系。在进行市场调节的过程中，一方面政府是以宏观管理者的身份进行买进和卖出指标的行为的，另一方面用能权交易主管部门也在交易达成时成为用能权交易中的平等一员，从而与用能单位之间构成行政合同关系。再如，在用能权初始分配的有偿方式下，一般是通过指标拍卖等市场竞争方式来满足用能单位一定数量的能源消费需求。最终，价高者取得用能权指标的法律证成形式则是政府与该竞得者订立合同，双方形成的法律关系也为行政合同关系。也就是说，当用能权交易主管部门与用能单位之间建立行政合同关系时，双方已成为了交易中平等的成员，此时便呈现出水平型分配的特质。

6.2.2　垂直型分配结构下初始分配权的合理配置

如前所述，用能权的无偿分配方式体现了分配主体与分配接受主体之间垂直型分配结构的特征，分配主体享有初始分配权，其有权依法确定分配接受主体的范围、分配对象以及具体的分配规则与程序。一定程度而言，初始分配权具有"准立法权、执行权和准司法权"三重属性（王清军，2011）。各地用能权交易主管部门有权确定用能权指标总量并制定初始指标分配方案，这表现为一种"准立法权";用能权交易主管部门负责组织实施用能权指标的分配和管理等相关工作,这表现为一种"执行权";分配接受主体对指标分配结果有异议的可以提出书面复核申请,这又体现了"准司法权"的部分属性。这三重权力属性决定了初始分配权应是明确受到法律制约的权力,应在法律制度上为其确立一定的标准尺度和裁量边界。换言之,国家有必要通过适度分权和协商民主这两大原则的贯彻对初始分配权力进行合理配置,并加强监督制约以保障分配接受主体的正当权利。

1. 适度分权

分权实质上是权力配置的一种模式,分权的目的在于通过权力之间的相互制约来实现权力结构均衡和力量均衡,最大限度地防止权力滥用。权力的配置结构包括横向分权与纵向分权:当权力配置出现在同一层级政府部门中时,可以将此时形成的权力配置结构称为横向权力配置结构;当权力配置发生在不同层级政府部门之间时,此时的权力配置结构可以称为纵向权力配置结构(刘志欣,2008)。对于初始分配权的合理配置问题,横向权力配置实际上就是探索如何建构用能权交易主管部门主导以及其他政府部门之间有效参与的管理机制,纵向权力配置的关键则在于探索建立以中央管理为主,分省管理和共同管理为补充的分配管理体制。在集初始分配权的"三重权力"属性于一身的情况下,即从规则的制定到执行,如果从管理到监督都由一个部门完成,权力制约和权力监督的缺失易使权力偏离正当性轨道。故厘清不同分配主体的权责和建立相互制约协调的机制在用能权初始分配机制运行初期极为重要(王清军,2011)。

在分配权的横向配置问题上,易采取主管部门主导下的分配模式,通过贯彻适度分权的原则,不断完善冲突协调机制和责任机制,以增强部门之间合作的规范化和刚性。适度分权原则首先需要明确哪些行政部门应当参与用能权初始分配,其次就是这些参与的部门配置多少权力才能保障用能权初始分配的顺利进行。例如,各层级用能权交易主管部门作为主要分配工作的实施者,应在分配的实施主体中起主导和协调的作用,而其他部门如各层级的统计部门、财政部门、物价部门要积极地与主管部门协同,做好相应的辅助工作，通过联席会议制度辅之以强力的财权和人事配置，实现初始分配权的横向合理配置。

在分配权的纵向配置问题上，在中央层面，国家一级的用能权交易主管部门应依法主导用能权初始分配工作，包括依法确定全国范围内的用能权指标总量，明确须纳入全国用能权交易体系的用能单位的准入条件，制定全国统一的用能权初始分配规则。在地方层面，省级用能权交易主管部门主导本行政区域内的初始分配权工作，具体包括依据国家层面的指标总量与分配规则确立本区域的指标总量，在国家制定的用能权分配规则范围之内可以制定符合本地实际情况的具体实施细则。另外，设区的市和县应在省级用能权交易主管部门的统一协调下参与用能权初始分配工作，不单独享有初始分配权（王清军，2011）。

2. 协商民主

用能权交易制度的发展需要的不仅是制定者的积极推动，还需要被规制对象和其他社会主体的普遍参与和认同，最终通过反复不断地磨合过程达到上行下效的有序状态。这种参与和认同不仅反映在分配共同体的显性结构中，也应体现于分配共同体的隐性结构之中。一方面，如果分配过程缺少显性结构中分配接受主体有效表达与反馈的制度设计，分配规则可能难以得到分配接受主体的认同，从而使分配结果沦为分配主体单方意志的产物。另一方面，虽然分配共同体结构中的其他利益相关者并非用能权初始分配的直接参与者，其利益不是显性的，但是政府毕竟是公共利益的维护者和代表者，其不应忽视用能权初始分配过程中其他利益相关者的合理诉求。换言之，如果分配过程缺乏隐性结构中其他社会组织或社会公众的有序参与与合理关注，则也将难以有效实现社会公共利益的最大化。因此，从制度实效的角度来看，协商民主原则对于垂直型分配结构下初始分配权的合理配置具有不可忽视的重要作用。

协商民主的要义在于通过扩大被规制对象和其他社会主体的程序性权利来制约政府的权力。反身法理论也为在合理配置初始分配权中贯彻协商民主提供了理论基础。反身法本身强调直接控制手段的谦抑，倾向于间接和抽象的规制手段，即通过在法律治理中引入其他社会子系统的有益力量以实现不同主体间利益的协调与整合（谭冰霖，2016）。在社会公共领域中，政府单向规制的资源局促是导致市场和政府之间沟通受阻、配合有碍的重要原因（陈惠珍，2017）。沿着由行政规制向规制治理进阶的理论进路，在分配主体与分配接受主体之间突破传统行政规制中的权威式作风，寻求双方乃至多方之间的合作与互通，尽可能地就分配原则、分配规则和分配程序等事项达成共识，才能更加有利于实现不同主体间利益的协调与整合。

基于法治民主性的角度，如果说传统行政规制是规制机构对被规制者运用科层权力的过程，那么规制治理则是要求受特定规制体系影响的各主体都能有效参与的多元治理过程（斯科特，2018）。在第三代环境规制范式下，基于反身法的规制治理在实施主体、规制方式和规范策略等维度上呈现出迥异于第一和第二代环境规制范式下的本体特征。

首先，在实施主体层面，规制治理深刻展现了从传统政府中心主义规制进路向多中心治理架构的转型（谭冰霖，2018）。譬如，在用能权指标的初始分配过程中，分配主体与分配接受主体不再是单一和定向的，在一定条件下，用能单位、社会组织、行业协会以及社会公众皆可通过获得授权或民主协商等方式成为分配共同体中的重要一员，从而与政府进行合作共治。

其次，在规范策略层面，规制治理强调从命令控制型规范、市场激励型规范向包含程序、信息、权限和商谈规范的"自我规制型"规范的跨越（谭冰霖，2018）。例如，用能权交易中能源消费量第三方审核机制的设立就是通过权限规范将规制权力在一定范围内对适格主体的转移或分享。而对于一级市场中的初始分配权而言，商谈规范则大有用武之地。哈贝马斯的"商谈民主"理论认为，只有通过民主、合理、公正的话语规则和程序的制定，保证每一个话语主体都享有平等、自由的话语权利，彻底摒弃以权力的滥用和暴力手段压制话语民主的做法，才能达成理想现实的话语环境（晋海等，2013）。在哈贝马斯看来，所谓"程序的正义"意味着正义是程序的结果，即"什么是正义的"不是先定的，而是由公民之间的对话、交流、讨论、协商所达成的共识决定的，或者是由"多数决定"的民主原则决定的。任何涉及社会公共利益和需要之立法的正当性必须源于公民自由而平等的协商（高鸿钧，2008），人们通过协商制定规则这一合理程序来达成共识，确认并保障自己的各种权利。因为协商制定规则在信息的完备性、规则的正当性和遵从度方面都被实践证明比政府单方制定规则更胜一筹（Harter，1982），因此，在初始分配权的行使过程中要注重协商民主原则的贯彻，通过协商步骤与合作程序的建制为各主体提供平等表达意志的机会，通过公共理性消除分配障碍，以寻求最大限度的分配公平（杜健勋，2013）。在具体的实践中，可以采取广泛式的参与方式，比如在规则和程序设计方面，政府可以通过听证、座谈会等形式广泛采集用能单位、社会组织、行业协会以及社会公众的意见，使各类主体的利益诉求在分配之前就得以进入决策机制内。

6.2.3 水平型分配结构下行政合同关系的法律规制

在人类管理公共事务的历史上，先后有两种制度发挥着神奇的作用，一种是程序，一种是契约（江必新，2012）。其中，合同这一制度似乎在大陆法系被民法学者视为私法之"独占物"（李霞，2015）。然而，随着公法私法化的发展，行政合同（行政协议）作为国家治理的重要方式应运而生。行政合同是近现代国家基于民主法治理念形成的行政管理手段，是行政机关与行政相对人之间从"权力服从关系"转变到"平等合作关系"的重要体现，也是从干涉行政等强制性行政法律关系到合作行政等平等协商式行政法律关系转变的重要领域（梁凤云，2020），其不仅在保障行政机关依法履行职责中发挥着重要的作用，在灵活地维护社会公共利益过程中同样有着突出的价值（邓明峰等，2020）。

长期以来，我国在理论上对行政合同的认定标准主要存在"主体说""目的说""标的说""权力说""综合说"等几种不同的观点（杨解君等，2014；李霞，2015；余凌云，2019；于立深，2017；姜明安，2015；王海峰，2020）。于 2019 年 11 月发布的《最高人民法院关于审理行政协议案件若干问题的规定》这一司法解释第一条就将行政协议定义为行政机关为了实现行政管理或者公共服务目标，与公民、法人或者其他组织协商订立的具有行政法上权利义务内容的协议。在考察当前理论研究和司法实践现状的基础上可以发现，行政合同的判断标准并非棱角分明或一成不变。本书尝试将其边界厘定为主体上的特定性、目的上的公益性和行政主体的特权性这三个方面。依此观点，在用能权初始分配过程中，分配主体通过投放和回购等方式调节用能权指标数量以及通过有偿方式分配用能权指标时，其与分配接受主体之间的法律关系就体现为行政合同关系。第一，在行政合同中，合同一方须为行政主体，另一方须为行政相对人。用能权交易主管部门在能源消费总量控制的前提下，将用能权指标有偿分配用能单位，例如，在拍卖结束后，政府作为合同一方当事人与竞得者签订合同，将竞拍内容和结果通过合同的形式予以固定。第二，行政合同的目的是其区别于民事合同的核心，"行政合同的根本目的在于实现公共资源效益最大化或保障公共服务之良好运作，即维护公共利益"（王海峰，2020）。在用能权有偿分配的过程中，虽然用能权交易主管部门通过拍卖或其他方式取得了相应的对价，但是主管部门进行有偿分配的最终目标不是为了取得对价收益，而是为了实现节能降耗的公共目的。通过将用能权指标价格化，一方面可以增加政府的财政收入，为节能降耗提供资金支持，另一方面可以通过价格成本机制来减少能源消耗，从而维护公共利益（陈建，2015）。第三，行政主体的特权即行政优益权。所谓行政优益权，是指行政主体在行政合同从签订、履行、及单方变更或解除等一系列过程中所享有的优惠条件及特权（邓明峰等，2020）。这种权利并非来自于双方当事人的合意，也不属于合同法规定的法定解除合同的情形。根据行政主体享有的行政优益权，如果用能单位不按合同规定履行，用能权交易主管部门可以采取相应的行政措施予以惩处，或者根据公共利益的需要在该合同不能实现行政管理目标时将双方达成的合同作单方面的变更或者解除。

可以说行政合同从其诞生之初就没有被作为一种意思自治的工具，而是被视为一种旨在实现公共服务之良好运作的合作机制（陈天昊，2015）。尽管行政合同形式上是行政主体与行政相对人合意的结果，但出于维护公共利益的客观需要，使得行政优益权成为行政合同区别于民事合同的最鲜明的特征（王海峰，2020）。如果说民事合同是一种作为纯粹主观行为的合同，那么行政合同则是客观要素与主观合同内容的混合体，所以行政机关可以基于行政合同中的客观要素单方变更行政合同中的客观内容（陈天昊，2015）。行政合同中的行政优益权在保护公共利益中有着独特而重要的作用，然而，优益权作为行政自由裁量权容易导致权力滥用或越权等风险。在行政优益权中存在着"行政性"和"合同性"两方面的微妙平衡，若双方绝对平等，则私人利益的急剧膨胀易导致公共利益难以得到保护，若忽视相对人的利益，则其本身将与行政命令没有差别（李依明，2018）。因此，如何在保障行政优益权的同时不损害行政合同相对人的合法权益，是当前理论界需要深入研究的问题。

目前，从立法层面完善行政合同的法律规制已成为法学界的共识。关于行政合同立法的思路主要有两种，一种主张在行政法中增加行政合同的相关内容，另一种主张在合同法中增加行政合同的相关内容（邓明峰等，2020）。本书认为第一种观点更为可取。其一，行政合同是行政机关依法履行其公共资源配置职责、公平对待义务的结果，行政合同在缔结程序、内容与形式上都已行政化，所以要一以贯之地运用公法来调整（陈国栋，2018）。其二，行政优益权的存在本身就意味着合同约束力的削弱，这种无法通过一般合同规则调整也不能经由合同约定排除的固有合同履行风险必然要求立法创设出一套同样不依赖合同规则调整和合同约定产生的相对人保护制度，从而使行政合同中行政主体代表的公共利益与相对人的私人利益通过这种独特的公法进路得到平衡（李颖轶，2020）。只有从公法原理、公法视角出发，在充分结合中国行政法既有救济制度的基础上，参考私法债法相关规则，以一套公法自有的规则体系重新阐释与构建公法上的合同制度（于立深，2019），并明确行使行政优益权的基本原则、实体要件与程序要件，以确立行政机关行使该权单方变更、解除行政协议的具体规则，严格规范和约束行政优益权的行使（熊勇先，2020），才能最终探索出一套既有利于政府公共服务与行政效率，也能充分有效保障相对人合法权益的新时代中国特色行政合同制度（李颖轶，2020），从而保障水平型分配结构下分配主体与分配接受主体之间的行政合同关系得到合理规制。

6.3 用能权交易二级市场的法制构建

要发挥市场机制在用能权交易中的作用，核心乃是处理好政府与市场的关系。在用能权交易二级市场中，既存在反映市场主体行为的基础性经济关系，也存在反映政府部门行为的管理性经济关系，这两种类型的经济关系也是完善用能权交易二级市场的立足点。针对第 4 章所述问题，可以尝试通过信息核查、价格调控、履约责任等方面的构建和完善来促进用能权交易的发展。

6.3.1　第三方核查制度的系统化

第三方核查制度不仅是用能权交易的一个重要组成部分，也是一个包含市场准入、委托方式、核查行为和行为责任的独立的内部系统。高效的核查质量是用能权交易得以顺利进行的基石，其决定了用能权交易制度的实施效果。为了确保核查数据的真实性和准确性，有必要对第三方核查制度进行系统化完善。第三方核查制度的系统化要以逐步制定和完善相应的法规和规章为依据，在梳理核查基本法律关系的基础上，有针对性地制定专门的第三方核查机构制度规范，加强对第三方审核机构和核查人员的市场准入、核查行为准则及第三方核查机构和核查员的法律责任等方面的规定。

1. 核查基本法律关系

第三方审核机构的不同类型和不同委托方式使得政府、第三方机构和用能单位之间的关系错综复杂。解决这一问题需要厘清政府、第三方审核机构与用能单位三者之间的法律关系。

第一，政府部门委托第三方审核机构的情形。此时，政府与审核机构之间本质上是一种核查服务合同关系，属于政府采购行为，对其规范的重点在于保证政府委托程序的合法性与公正性，政府在选任核查机构时应按照现行的政府采购法律制度对采购程序、合同内容及法律后果进行明确约定（陈惠珍，2017）。政府部门委托第三方的情况主要存在于用能权交易试点的初期，其优势在于通过政府购买服务减轻用能单位的负担，争取更多用能单位对该制度的支持与有效参与，如目前四川、河南和福建均明确采取此种方式。

第二，用能单位自主委托第三方审核机构的情形。根据碳排放权交易市场的经验，核查市场化、由被核查主体委托和承担核查费用是未来的努力方向（彭峰等，2015）。因此，未来规范的重点也会逐渐转向对审核机构独立性和专业性的法律保障。此时，审核机构与用能单位之间构成服务合同关系，为避免用能单位对审核机构施加不正当影响，可以在相关的核查规范中规定双方应避免选择与自己存在利益冲突关系的合同相对方，以及依法禁止用能单位长期委任同一家审核机构，从而从源头上减少影响核查结果公正性的因素，保证审核机构作为第三方的独立性和专业性（陈惠珍，2017）。

2. 市场准入

完善第三方核查制度的关键在于构建相对统一的核查市场准入标准，确保第三方审核机构的专业性。目前，我国各个试点地区的经济发展水平、用能权交易市场活跃度不一，各个试点地区的核查准入标准也不尽一致。针对各地市场准入标准不一的现状，只有统一准入标准才能更好地完善第三方核查制度和保障第三方审查机构及相关核查人员具备专业的核查水平和能力。

第一，在准入条件方面，应综合考虑各地经济发展水平，在保证第三方核查市场活跃度的基础上研究制定准入条件。首先，协调相关部门对第三方审核机构和核查人员进行统一认证，提高和完善第三方审核机构资质和相关核查人员资格的认证标准，对第三方审查机构和核查人员的专业能力进行严格把关，保证核查的专业性和公正性。目前，各试点主要从第三方审核机构场所、设施条件以及核查技术人员数量、学历、年龄等硬件上规定第三方审核机构的准入条件，一般仅要求承担过一定数量的节能量审核、能源审计等核查工作，对核查机构及其人员专业能力的软件要求较为忽视。在这一点上可以参照 EU ETS 在 2012 年所制定的《认证与核查规制能力》指南对第三方审查机构及人员所应具备的知识技术所作的详尽要求进行改进（谭冰霖，2017），从而保障第三方核查结果的准确性和科学性。其次，对第三方审核机构进行分级管理，参照我国信用评级行业建立严格的第三方审核机构信用等级（杜莉等，2013）。其一方面可以借此培养模范审核机构以形成良性竞争，另一方面可以通过引入退出机制淘汰有不良信用的第三方审核机构（孙永平等，2017）。

第二，在准入领域方面可以按照对核查工作的不同行业要求，按照科学分工的原则分行业领域进行核查资格准入。目前，福建、四川、河南各试点地区均采取"一揽子许可"模式，即第三方审查机构一经许可即一次性获得所有行业领域的核查资质。由于不同行业能源消费量计量和统计的巨大差异及其对核查工作的不同专业要求，采取"分领域许可"模式应更有利于保障核查结果的精确性和专业性。例如，在我国的碳核查实践中，北京、上海等试点地区采取了更为细化的"分领域许可"模式，即核查机构从事不同行业领域的碳核查需要分别获得许可，但可同时获得多个行业领域的核查资质（谭冰霖，2017）。

3. 核查行为准则及违反的法律责任

第三方审核机构应按照规定的程序进行审核，审核的主要步骤包括签订协议、审核准备、文件评审、现场核查、核查报告编制、内部技术评审、核查报告交付及记录保存等 8 个步骤。核查程序规则的作用在于为审核工作设定框架结构，规定第三方审核机构如何开展审核工作，帮助第三方审核机构全面实现规制目标，从而保障核查的质量（Shapiro，2005）。除此之外，政府还应根据独立原则、公正原则和保密原则这三大核查原则加强对第三方审核机构的行为规制，如第三方审核机构应当与受审核方没有任何利益冲突，审核员应当只在一个第三方审核机构从事审核工作，禁止第三方审核机构将审核任务再整体或部分分包，确保对审核数据和审核过程中获得的受审核方的相关信息严格保密等等。其中，针对第三方在核查中发生的利益冲突，政府可以建立和完善相关的监督规则，例如要求即将受被规制者雇佣的第三方审核者在开始审核前的一定期限内提供潜在的、有关利益冲突的自我评估报告，报告中应说明过去与被规制者合作的情况，而审核者则要对利益冲突以较高、中等、较低三个标准进行评级，以此来决定该第三方机构是否应承担审核工作（高秦伟，2016）。另外，政府还可以建立审核轮换制度以防止第三方机构与受审核方之间因长期合作关系而产生的合谋现象。

在第三方核查制度的运作过程中，"第三方审核机构在规制者与被规制者之间增加了一个角色，使得被规制者有机会隐匿它们的活动信息，从而也为其逃避责任提供了方便"（高秦伟，2016）。因此，需要通过法律对第三方审核机构及其人员的核查行为进行监督和制裁。在第三方审核机构的相关法律责任制度中，要注意责任形式的区分，追究其行政法律责任和民事法律责任应当是基础，而追究其刑事责任则一般只适用于其存在特别严重的违法行为。一方面，对于出具虚假、不实和存在重大错误的审核报告、泄露被审核单位的商业秘密等行为，司法机关要根据违法行为的不同程度进行法律制裁；另一方面，第三方审核机构也要对侵害他人权益、造成经济损失的行为承担赔偿责任。

综上所述，为保证第三方审核机构数据审核工作的权威性和公正性，保证审核数据的质量，主管部门应加强对第三方审核机构及审核员的监督管理，实施严格的资质和资格认证制度，综合评估第三方审核机构的信用等级、硬件资质、技术人员能力等，确保其有能力承担审核工作，同时还应对第三方审核机构实施动态管理，对在审核过程中出现弄虚作假、严重失误的机构执行问责制度，对不能胜任审核业务工作的机构则应取消其审核资质（沈照人等，2014）。此外，第三方审核机构也需加强自身管理，制定完善的内部管理制度及严格的公正性管理制度，确保审核过程公平公正，并健全保密管理制度，确保其相关部门和人员对从事审核活动时获得的信息予以保密。另外，审核机构不能参与任何与用能权交易有关的活动，如代用能单位管理配额交易账户，通过交易机构开展配额交易等均应被严格禁止。

6.3.2 价格调控的规范化

用能权交易市场需要形成稳定的价格信号才有利于持续引导用能单位进行节能部署或吸引资本进入节能领域。作为用能单位必备的生产要素，用能权指标市场价格的波动易对用能单位的生产经营造成冲击，这无助于实体经济的发展。因此，有必要从调控依据和调控规则两方面对用能权交易市场价格进行调节，防止用能权交易制度的运行成为经济发展的阻碍因素。

在调控依据方面，政府对用能权指标的价格调控不仅会直接影响受调整主体的权益，还会产生一定程度上的市场不确定性及相应的法律不确定性等问题（陈惠珍，2017）。因此，应当使政府的价格干预行为在法律的框架内进行，对政府的调控行为进行法律规制（邓江凌，2015）。如前所述，由于用能权交易市场中的管理性经济关系应立足并服务于基础性经济关系，因此从规制原则上来说，政府对用能权指标的调控必须尊重市场规律，以市场机制为基础，即应当以能够克服的市场失灵为限，并着眼于通过调控手段来促进用能权交易市场的发展。另如前所述，从规制依据上来说，政府在对市场交易价格进行调控时能否直接适用价格法之规定也是一个问题，价格法第二条和第四十七条分别从正反两个方面界定了该法的适用范围，即其适用于商品价格（有形产品以及无形资产）和服务价格，不适用于利率、汇率、保险费率、证券及期货价格。用能权指标毫无疑问不属于有形产品，从其相对独立性、排他性和可交易性、可分割性和可继承性等特点来看，在一定程度上也可以将其视为一种无形资产，对其适用价格法似乎存在一定合理性。但是，盲目地扩大解释有可能违背当时制定价格法的客观目的和法律对于一般主体的可预知性（刘金艳，2007）。因此，未来应该进一步明确价格法的适用范围，以确定其对政府调控用能权指标价格的法律适用性。同时，在试点探索成熟化的前提下，国家也应适时制定关于政府调控用能权指标价格的专门行政法规或规章，确保政府对用能权市场交易价格的调控行为具有统一、充分且较高位阶的法律依据。

在调控规则方面，对用能权指标的市场价格进行调控可以从用能单位的节能降耗成本和市场中用能权指标的供求关系入手，具体操作可借鉴储存、公开市场业务、抵换等多种类型的规则（夏梓耀，2016）。其一，储存规则，储存是指允许企业在某一履约年度未使用完的用能权指标可以储备至下一交易阶段使用或者出售的规则。储存规则可以免除企业进行节能技术创新的后顾之忧，提升企业技术创新的积极性，增强企业应对市场价格风险的能力。其二，公开市场业务，受货币政策中公开市场业务政策的启发，这里所言的"公开市场业务"是指主管部门预留一定数量的用能权指标，并根据市场行情以交易参与者的身份将其买入或卖出，以调节市场中用能权指标的流通数量并影响用能权交易价格的规则。其三，抵换规则，抵换是指用能单位可以从市场中购买经由适格节能技术改造项目产生的自愿节能量，并通过主管部门将之转换为用能权指标，用以冲抵自身能源消费量的规则。例如，《河南省用能权有偿使用和交易管理暂行办法》第十八条规定："探索用能权补偿机制，鼓励通过利用可再生能源、实施节能技术改造项目实现的自愿节能量参与用能权交易。"抵换规则虽然具有从整体上降低企业生产成本的优势，但是需要注意对抵换的数量或适用条件进行限制，以防止其在降低企业生产成本的同时降低购入企业自身进行技术创新的动力。

6.3.3 履约责任的多元化

由于用能权指标具有一定的经济价值，其交易价格释放出来的经济信号既可以刺激用能单位以更低的成本提高能效，也有可能诱使用能单位不遵守交易规则（程雨燕，2013），因此只有对未按时履行用能权指标清缴义务的用能单位进行惩罚，充分维持用能单位对用能权指标的刚性需求，才能促进用能权交易市场的正常发展。这种法律责任的设定将直接影响用能单位的守法策略与具体行为，并进一步影响交易主体之间的权利义务及公平竞争关系（徐以祥和刘海波，2014）。

针对目前各试点省份在实际操作中存在着的法律责任设计不一致且惩罚力度不足等问题，未来需要在国家层面上进行统一规范，以增强法律责任的惩罚力度并综合运用其他辅助措施为立法取向，各地在此基础上可以结合本地的实际情况在权限范围内制定和完善相关实施细则。例如，行政罚款作为用能权交易监管法律责任制定中的重要内容，在保证各方主体不以违反规则为代价来追逐自身利益方面发挥着关键作用。具体而言，对未按时履行指标清缴义务的用能单位进行惩罚时，应当确保该单位的违法成本高于守法成本，即对共超额使用的每单位标准煤的罚款金额应比每单位用能权指标的价格要高（Stranlund et al.，2010）。

此外，应加强信用管理建设，综合运用诸如信用罚、声誉罚、资格罚等约束机制及资金资助、社会荣誉奖励等激励措施，使其成为增强我国用能权交易中法律责任追究效果的辅助手段。一个富有实效的信用管理制度可以从建立履约信用档案和拓展信息传播渠道这两个方面夯实其信息基础（谭冰霖，2017）。其一，只有透过系统化、精细化的档案技术，用能单位的履约情况才能"被编码化为易于从外部观察的文本，形成信息汲取、分类、定性、编码、储存、传播的制度化载体"（吴元元，2013）。具体而言，档案的内容应尽可能涵盖有关履约状况的所有信息，包括第三方核查报告、违约次数、延迟履约情况等，要注意通过信息复核制度保证信息的准确性与及时性。其二，可采用媒体通报机制，将用能单位的违约信息定期通报给新闻媒体，借助大众传媒将违约信息广泛传递给广大消费者，启动大规模的声誉罚。同时，还应注重与金融机构的信息共享，将用能单位的违约信息纳入金融征信系统，借助信贷惩罚机制约束用能单位及时履约（谭冰霖，2017）。具体而言，激励和惩戒措施可采用行政惩戒和市场惩戒等手段。行政手段主要是指政府部门在检查频次、项目和财政审批方面对守信和失信方给予差别对待。市场惩戒的常见方式是金融、商业机构及其他社会服务机构根据市场主体的信用状况，在提供金融服务、社会服务时给予不同的服务待遇。如信用记录良好的给予减低贷款利率、提高贷款额度等优惠；信用记录不良的，给予提高贷款利率、严格贷款条件等限制（卢盛羽，2016）。

6.4　用能权交易市场监管的法制构建

在全面深化改革，依法保护生态环境和推动绿色发展的进程中，探索用能权交易监管法律制度的新思路、新方向已经成为理论支撑和实践操作的现实需求和挑战。用能权交易市场是一种特殊的市场，需要政府依法对用能权交易秩序及其相关活动进行监管。任何法律都是通过规范行为实现其价值目标的，故而法律规范的要素结构是其范式的核心（郝海青，2017）。不论是传统规范模式下以构成要件和法律后果为要素的规制模式还是反身法规制范式下以组织规范、程序规范、权限规范和沟通规范为要素的规制模式，都是用能权交易监管法律制度体系中不可或缺的一部分。传统规范模式下的用能权交易监管倾向于管控式的监管机制，难以与用能权交易制度所体现的"公共目的私人运作"的理念相契合。而反身法范式下的用能权交易监管则是一种反思型的、强调自我规制的法律治理路径，其既强调监管依据的规范性，又强调多元主体参与的法律权威分享性，故能够有效回应用能权交易制度的内生需求。因此，在完善用能权交易监管法律制度的过程中，可以充分吸收反身法理论内核所提供的养分，使用能权交易的法律制度逐步完善并发挥其应有的效能。换言之，虽然用能权交易制度体现了形式法的外观与实质法的本质，且这两种法律范式依然对用能权交易制度发挥着重要的支撑作用，但是作为第三代环境规制理论内核的反身法范式也逐渐在法律理念、规范结构、实施主体、规制方式等维度上显现出一定优势（谭冰霖，2018）。因此在反身法视域下，我国用能权交易监管法律制度的构建路径可以尝试从理顺用能权交易监管中政府与市场的关系、构建用能权交易监管中的制度规范体系、促进用能权交易监管中的多元主体共治和构建统一的用能权交易监管内容体系这四个方面进行探索，从而有效应对与用能权交易相关的各种风险，促进用能权交易的顺利进行。

6.4.1 理顺用能权交易监管中政府与市场的关系

用能权交易监管是以政府为代表的监管主体对各市场主体的行为所进行的监督和管理，以防范各种交易风险和实现特定的环境经济为目标。其中，政府与市场的关系是贯穿于用能权交易监管全过程的一组核心关系，完善用能权交易监管需要在法律框架下正确处理政府与市场的关系，从而实现通过公私合作实现节能减排这一目标。

用能权交易市场是政府行为和市场机制相结合的政策市场。一方面，用能权交易作为一种政府行为，其表现在于其机制的各项关键要素都是由政府通过政策和立法构建起来的，政府在制度构建的整个过程中扮演着设计者、实施者、引导者和监管者等多重角色。例如，政府可以凭借惩罚违规者和奖励履约者保证用能单位对用能权指标的刚性需求，通过对指标数量进行合理调节而间接影响市场中对用能权指标的需求和供给。又如，政府通过设计核查市场准入、核查行为规范等规则引入第三方核查机构，使核查市场的形成也受到其的直接影响。另一方面，用能权交易作为一种市场机制则主要体现在其通过价格信号引导市场主体，通过比较节能成本高低的方式实现节能目标，从而促进能源资源的优化配置和实现社会环境经济效益的最大化。

由此可见，用能权交易是市场机制和政府行为相结合、相交错的产物，用能权交易监管法律制度的完善需要市场决定和政府有为这两个因素有机结合。一方面，发挥市场在资源配置中的决定性作用一直是我国经济体制改革和经济法治建设的关键所在，依靠碳排放权交易和用能权交易等市场机制来促进高效节能减排正是重视并发挥市场在资源配置中起决定性作用的表现；另一方面，政府有为则表现为在尊重市场决定资源配置这一市场经济基本规律的基础上，结合政府职能转变的要求，准确定位政府在用能权交易中的角色和作用，全面发挥政府在用能权交易监管中的职能（陈惠珍，2017）。从政府职能转变是"政府干预"到"政府保障"执政理念的更新，其在一定程度上承载了反身法的规范理性，是对社会子系统运行自主性的承认和尊重。吉登斯认为，尽管政府负有保护自然资源和自然环境的公共职责，但其不宜在政治子系统和市场子系统中强行贯彻节能环保政策，而应通过提高环境政策与经济子系统和政治子系统的敛合度实现政治与经济的双敛合（吉登斯，2009）。基于政府保障这一理念，政府在与市场关系中的定位应由"主导"转变为"引导"，作为规制者的政府不应再为市场主体设定事无巨细的行为规则，而是转向一种相对原则和灵活的框架立法，在尊重社会子系统运行的独特逻辑的基础上设计有利于各子系统自主运行的程序规范、组织规范和激励规范以及失范时的政府保障责任，为其他社会子系统积极作用的发挥提供规范性预期（谭冰霖，2016）。

因此，在构建和完善用能权交易监管法律制度时，要坚持政府引导与市场运作相结合的原则，既要严格依法监管，又要使市场决定和政府有为二者之间有机结合有效实现于法律框架之内，从而推进政府与市场之间的良性互动（陈惠珍，2017），充分尊重和保护市场主体的合法权益，促进和推动可持续发展。

6.4.2　构建用能权交易监管中的制度规范体系

在功能高度分化的现代社会，通过设定技术标准和绩效标准来直接影响和控制行为的法律规范在环境规制领域已日渐式微。作为一种新型的自我规制，反身法强调通过系统间的"结构耦合"和"信息交互"对其他社会子系统进行间接干涉，并通过建立制度化的行为规范和程序机制解决现代社会的合法性问题（李巍，2019）。相应地，反身法视域下的规范结构具有如下特点：其一，框架立法的特色明显，重视法律规范目标与框架，赋予社会主体较大的自主空间；其二，注重软法规范的运用，多元化的规范创制渠道在国家立法以外发挥着事实上的规制效果（谭冰霖，2018）。目前，《中华人民共和国节约能源法》作为我国节能领域的基本法律制度，是完善用能权交易监管法律制度体系的基石，在此基础上还应当注意形成由相关法律、法规、规章、规范性文件和行业标准等构成的用能权交易监管法律制度体系，以解决导入市场化机制引发的协调半自治的社会子系统内部相关监管法律体系缺失和对监管法律规范结构调整等一系列问题。进一步而言，完善用能权交易的监管法律制度，需要对用能权交易监管中的监管规则构建、监管能力建设、监管实施过程等各种要素和环节进行优化配置和组合，特别是在监管依据的提供上，要处理好现有立法与新设立法、硬法与软法之间的关系（陈惠珍，2017），具体制度规范体系见图 6-3。

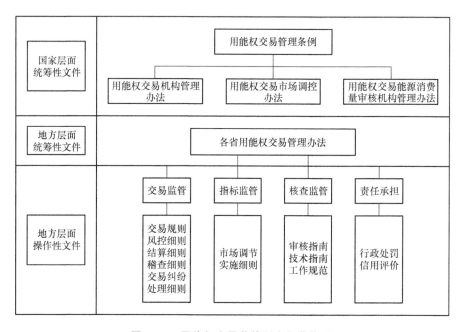

图 6-3 用能权交易监管制度规范体系

第一，现有立法与新设立法。一方面，用能权交易监管需要以现有法律和法规为基础。由于用能权交易监管与其他政府监管领域的问题存在相似或相通之处，所以政府监管部门可以充分利用现有法律、法规来解决用能权交易监管中遇到的相似问题，以减少立法成本、强化监管依据（陈惠珍，2017）。例如，对于用能单位能源消费量的监测、报告、核查等方面的监管可以参照《中华人民共和国节约能源法》和《重点用能单位节能管理办法》中的相关规定。再如，针对用能权指标交易活动的特点，对用能权指标交易的市场监管可以从其是否能够适用现有的竞争法和反垄断法等方面考虑。另一方面，用能权交易作为一种制度创新，其仍需相关立法活动适时介入以为用能权交易监管提供充分的法律依据和保障。为了完善用能权交易监管法律制度，国家与地方立法机关应在各自立法权限内及时制定相关的全国性立法与地方性立法。首先，针对我国目前用能权交易试点的监管依据不足的问题，有必要在全国层面上通过制定用能权交易管理条例来对用能权交易制度中的基本原则、指标总量的设定与分配、指标市场化交易、能源消费量报告、指标履约评定、用能权交易的监管和各市场主体的法律责任等方面做出总体规定，给用能权交易市场创造一个稳定的法治环境。在此基础上，国务院相关部门可以通过制定用能权交易机构管理办法、用能权交易第三方审核机构管理办法、用能权交易市场调控办法等部门规章来为用能权交易监管提供监管规则。其次，以全国统一的用能权交易监管依据为基础，各地方人大及地方政府应当根据统一的监管原则和规则依法制定和完善相应的地方性法规、地方政府规章，为用能权交易监管提供健全的法律框架。

第二，硬法与软法。在完善用能权交易监管法律制度时，还需注意硬法与软法在用能权交易监管法律制度中的角色、作用和关系。如前所述，反身法理论范式下的规范结构不仅显示出明显的框架立法特色，还较为注重软法规范的运用。相较于硬法，软法是总体上不依赖国家强制力的保障，但事实上存在的、可以有效约束人们行动的规则（强昌文，2016）。现代社会公共治理领域规范体系的结构特点之一就是软法与硬法的并存，软硬兼施的混合法结构也是我国解决公共问题的基本模式（沈岿，2014）。在搭建用能权交易监管制度规范体系的过程中，除了国家立法以外，政府各部门制定的一系列规范性文件及第三方组织经授权制定的用能权交易规则均可成为用能权交易监管的规范渊源。同时，国家强制力以外的第三方规制、自我规制以及守信激励和失信惩戒的信用评价机制等也可以发挥事实上的监管效果。例如，用能权交易监管中不同行业的综合能源消费量核算与报告指南、能源消费量审核指南、用能权交易规则等这些软法文件虽然没有被纳入正式的硬法体系中，但其发挥的实质性作用与政府在经济管理活动中的角色与作用相关，并且可以因政府的实质性管制而具有特殊的执行效力，即对用能单位、第三方审核机构以及其他市场主体具有实质性的约束力（陈惠珍，2017）。因此，在完善我国用能权交易监管法律制度时，应当同时重视硬法与软法的作用，逐渐"迈向一元多样的软硬法混合治理"（罗豪才等，2013），共同构建用能权交易监管的制度框架。

6.4.3 促进用能权交易监管中的多元主体共治

外部去中心化是现代社会整合的理性选择，其提倡一种多中心主义的治理体系，表征着反身法的系统理性，有助于协调不同社会子系统运行逻辑之间的冲突（谭冰霖，2016）。与之相适应，治理是实现社会公共利益最大化的社会管理过程，是公共主体和私人主体在管理共同事务中所使用的诸多方式的综合（王浦劬，2014）。其中，节约能源资源和保护生态环境属于环境治理的重要范畴，即政府、企业、其他组织和社会公众通过正式的或非正式的制度来管理和保护环境资源并实现可持续发展。在环境治理中，最佳的治理模式必须与对应的环境问题的特质相符，面对环境保护和节能减排等领域专业知识的复杂性，其监管已不再拘泥于以政府为中心的单一主体治理模式，而是逐渐采取了分散的多元主体共治模式（齐晔，2013）。如今，监管的含义已经延伸为一种系统性的智能治理机制（郝海青，2014）。用能权交易的监管法律关系中也存在多元主体，其包括政府部门、用能权交易机构、第三方审核机构和其他社会参与主体等。由于用能权交易涉及这些多元主体，而且在交易方式和交易程序方面具有一定的复杂性，故有必要在多元共治的理念下充分发挥政府监管、用能权交易机构监管、第三方机构监管和社会监督的各自优势，通过融合政府、用能权交易机构、第三方审核机构和社会公众等多种主体的相互作用来构建多元共治的监管体系。

首先，政府作为用能权交易的监管主体，其对用能权指标的市场化交易行以及能源消费量的报告与核查活动实施直接的监管。对用能权指标的市场化交易行为的监管，目前各个试点省份都基本授权当地的环境交易所或公共资源交易中心等交易机构作为用能权交易的指定平台，并承担对用能权指标交易活动的日常管理职能，与此同时用能权交易平台本身的组织、运作和管理要受到政府的直接监管。而对于能源消费量报告与核查活动的监管，则由于政府及其工作人员的专业能力及人力资源有限，难以直接对用能单位的能源监测行为和报告的能源消费数据逐一进行核查。尽管第三方审核机构的引入可以在一定程度上分担政府在这一方面的监管任务，但是政府仍然要承担对用能单位和第三方审核机构进行监督和管理的职责。由此可见，政府在用能权交易监管制度中充当着最终监管者的角色。按照多中心治理的理念，各方主体在市场中的权利都可通过一定的机制得到应有的尊重和保障（蒋悟真，2013）。在多元主体互动的过程中，政府一方面可以通过其他主体获得有效的信息和服务，另一方面也要通过转变政府职能，创造资源和条件让多元共治主体中的其他各方主体具备相应的独立性，提升其他参与主体的监管能力和有效性，充分发挥其他主体在多元共治体系中的重要监管作用。

其次，用能权交易机构和第三方审核机构等社会组织在用能权交易监管的法权结构中扮演着重要的角色，因此应通过立法来明确其权力主体的资格与能力，以符合监管权力分散化、监管主体多元化的发展趋势。第一，用能权交易机构。在用能权交易监管中，用能权交易机构通过制定交易规则、监督会员交易活动、提供技术服务、公布交易信息和协助政府查处违法行为来履行自律管理职能和发挥协助监管的作用。这些交易规则大多是关于用能权指标交易的具体业务规则和操作要求，在一定程度上吸收了证券交易的交易惯例、习惯规范等，带有比较明显的技术性和操作性，本质上属于自律性规范，对所有会员和相关市场活动主体都具有约束力。当然，作为场内交易活动的组织者和管理者，用能权交易机构应当具备一定的资质和专业能力，其设立的条件、程序和权限范围应类似于证券交易所一样由相关立法明确规定[①]。第二，第三方审核机构。在用能权交易监管中，第三方审核机构的不同类型和不同委托方式使得政府、第三方机构和用能单位之间的关系错综复杂。在试点初期，各地均以政府部门委托第三方审核机构对用能单位的能源消费量报告行为进行核查的方式进行监管，其优势在于政府购买服务可以减轻用能单位的负担，争取更多用能单位对该制度的支持与有效参与，但其劣势则在于第三方审核机构易受到来自政府部门的干涉，从而难以保持独立和中立的状态。根据碳排放权交易市场的

---

① 例如《中华人民共和国证券法》第一百零二条至一百二十一条明确规定了证券交易所的设立程序、内部组织、相应权限和责任承担等。

经验，核查市场化、由被核查主体委托和承担核查费用是未来的努力方向（陈惠珍，2017）。因此，未来规范的重点应逐渐转向对第三方审核机构独立性和公正性的法律保障，通过避免用能单位选择与自身存在利益冲突的第三方审核机构、在第三方审核机构内部建立独立评审制度和政府聘请其他核查机构对核查结果进行复查等方式来保障核查的独立性和公正性。总之，未来应通过在一定范围内将公权力转移或分享给社会组织，明确界定该组织的权力来源、规制权限、授权主体之间的监督关系、责任分配等以实现社会组织的自我规制。而其中法律的主要作用则在于为这种自我规制模式进行充分赋权并提供必要的限制，保障社会子系统的自主运作（谭冰霖，2016）。

最后，参与用能权交易的其他市场活动主体也发挥着重要的社会监管作用。由于能源使用和消耗活动本身会因其外部性而对能源资源储备和生态环境产生直接或间接的影响，因此各类社会投资者、环境保护组织、信用评级机构、行业协会、社会公众等社会主体都是重要的利益相关者，可以对用能单位、用能权交易机构和第三方审核机构的行为进行必要的监督和管理（陈惠珍，2017）。社会监管作为用能权交易监管中的重要组成部分，其将通过信息公开制度、守信联合激励和失信联合惩戒制度的运用，在一定程度上弥补政府监管在手段和效果上的不足。其中，信息公开制度指向用能单位纳入标准、名单及其用能情况，用能权指标清缴情况，以及具备资质的第三方核查机构名单等重要信息的公开；守信联合激励和失信联合惩戒制度指向以现代社会信息共享、信息传递和信息交互为基础的新型治理手段。这种监管方式充分体现了反身规制中的必备机制：信息规制（李巍，2019）。相对于传统规制方式，信息公开并不直接产生、变更或消灭用能权交易市场主体的权利和义务，而是通过守信联合激励和失信联合惩戒这种干涉方式来影响用能单位的形象声誉和利益结构，从而利用来自其他社会子系统的引导力来促进用能单位调整自身表现（谭冰霖，2018）。这种信息规制的威慑效果比行政处罚影响更为深远，因为行政处罚虽然是行政主体常用的监管方式之一，但是传统监管手段在相对普遍化的市场失范背景下已出现了明显的能力不足，从而需要通过反思现有的干预手段和干预程度并以信用这种新的方式来构建和完善监管体系的整体功能（卢护锋，2019）。

6.4.4　构建统一的用能权交易监管内容体系

用能权交易监管的内容体现了用能权交易市场监管工作的重心和监管思路。如前所述，用能权交易监管是指监管主体依法对用能单位等市场主体的交易、报告、核查、履约等行为所进行的一系列引导、规范、监督和管理，其主要目的在于根据用能权交易二级市场的特点及其现实或潜在风险，通过监管来防范、控制和降低风险，以维护交易安全和公平竞争的市场秩序，保障社会公共利益的实现。

一般而言，用能权交易的监管内容覆盖了市场主体进行交易、报告、核查和履约的全过程。因而可以遵循事前监管、事中监管和事后监管的监管思路对用能权交易进行全方位的立体监管，不过每个监管阶段的监管主体、监管依据和监管内容应各有侧重（见表 6-3）。

表 6-3　用能权交易监管内容体系

监管阶段	监管内容	监管主体	监管依据
事前监管	交易主体准入 第三方审核机构及其工作人员准入 用能权交易机构及其工作人员准入	政府	硬法
事后监管	全额资金交易 持仓量限制 涨跌幅限制 协议转让监管 交易限制 交易信息披露 异常情况监管 风险警示 交易违规违约处理及纠纷调解 能源消费量报告 能源消费量第三方审核 用能权指标清缴	政府 用能权交易机构 第三方审核机构	硬法 软法

续表

监管阶段	监管内容	监管主体	监管依据
事后监管	行政处罚 守信激励失信惩戒	政府 社会组织 公众	硬法 软法

根据表6-3可知,第一,在事前监管阶段,应主要通过对市场主体进行规范和约束来防止交易风险。可以在相关法律、法规的授权下由政府部门出台一系列办法对各种风险进行预防和控制,具体包括交易主体准入条件、第三方审核机构及其工作人员准入条件、用能权交易机构及其工作人员准入条件等。第二,在事中监管阶段,应主要针对用能单位的交易行为和能源消费量的报告与核查行为进行规范和约束,以有效应对操作风险和信用风险。这样,一方面可以通过相关法律、法规的授权由政府部门出台一系列办法或细则对用能权交易机构的不合规行为以及市场中用能权指标价格的波动采取行政干预措施,同时由用能权交易机构出台相关的规则或细则对交易风险进行管控,具体包括全额资金交易制度、持仓量限制制度、涨跌幅限制制度、协议转让监管制度、交易限制制度、交易信息披露制度、异常情况监管制度、风险警示制度和交易违规违约处理及纠纷调解制度等。另一方面可以通过相关法律、法规的授权由政府部门出台一系列办法或指南对能源消费量的报告、能源消费量第三方审核以及用能权指标的清缴等行为进行规范和约束,具体包括用能单位能源消费量报告制度、能源消费量第三方审核制度、用能权指标清缴制度等。第三,在事后监管阶段,应针对违规违约的市场主体以及不按时履行清缴义务的用能单位进行相应处罚。具体而言,事后监管包括行政处罚、守信激励和失信惩戒以及社会监督等手段。其中,失信守信激励和失信惩戒是一个包含多元化主体和体现市场性、行政性、行业性、社会性的多元化社会治理机制,是为所有社会子系统构造内部组织和程序的机制(贾茵,2020)。在此阶段,政府、金融机构、信用评级机构、行业协会和其他社会主体可以通过公私合作的模式相互协助,以增强用能权交易监管活动的效率。

参 考 文 献

安东尼·吉登斯，2011. 现代性的后果 [M]. 田禾，译. 江苏：译林出版社.

安东尼·吉登斯，2009. 气候变化的政治 [M]. 曹荣湘，译. 北京：社会科学文献出版社.

芭芭拉·亚当，乌尔里希·贝克，约斯特·房·龙，2005. 风险社会及其超越：社会理论
　　的关键议题 [M]. 赵延东，马缨，译. 北京：北京出版社，2005.

埃德加·博登海默，2017. 法理学：法律哲学与法律方法 [M]. 邓正来，译. 北京：中国
　　政法大学出版社.

白利寅，2018. 新旧动能转换的法政策学分析 [J]. 法学论坛，33（3）：109-119.

包晴，2010. 中国经济发展中环境污染转移问题法律透视 [M]. 北京：法律出版社.

保罗·萨缪尔森，威廉·诺德豪斯，2012. 经济学 [M]. 萧琛，译. 北京：商务印书馆.

鲍磊，2016. 风险：一种"集体构念"——基于道格拉斯文化观的探讨 [J]. 学习与探索
　　（5）：28-34.

蔡拓，2017. 世界主义的理路与谱系 [J]. 南开学报（哲学社会科学版）（6）：144-156.

蔡潇彬，2016. 诺思的制度变迁理论研究 [J]. 东南学术（1）：120-127.

曹明德，2007. 生态法新探 [M]. 北京：人民出版社.

曹明德，刘明明，崔金星，2016. 中国碳排放交易法律制度研究 [M]. 北京：中国政法大
　　学出版社.

曹树青，2014. 法律效率价值导向下的城乡环境正义探究 [J]. 政法论丛（5）：62-69.

陈德敏，2011. 资源法原理专论 [M]. 北京：法律出版社.

陈国栋，2018. 行政合同行政性新论——兼与崔建远教授商榷 [J]. 学术界（9）：103-119.

陈海嵩，2016. 环境法国家理论的法哲学思考 [J]. 甘肃政法学院学报（3）：17-26.

陈惠珍，2013. 减排目标与总量设定：欧盟碳排放交易体系的经验及启示 [J]. 江苏大学学
　　报（社会科学版），15（4）：14-23.

陈惠珍，2017. 中国碳排放权交易监管法律制度研究 [M]. 北京：社会科学文献出版社.

陈建，2015. 我国碳排放配额初始分配方式的法学探究——以行政法律关系为视角 [J]. 西
　　南石油大学学报（社会科学版），17（2）：10-15.

陈铭祥，2011. 法政策学 [M]. 台北：元照出版公司.

陈天昊，2015. 在公共服务与市场竞争之间 ——法国行政合同制度的起源与流变 [J]. 中外

法学，27（6）：1641-1676.

陈晓晨，2020. 南太平洋地区公共产品机制化研究——以"限额交易"规则为中心[J]. 亚
    太安全与海洋研究（4）：82-99，4.

陈婉玲，2014. 法律监管抑或权力监管——经济法"市场监管法"定性分析[J]. 现代法
    学，36（3）：187-193.

陈雪娇，王继远，2014. 非上市公司立法构造——以股东权和控制权为中心[M]. 北京：知
    识产权出版社.

陈志峰，2019. 能源消费税与用能权交易制度的协调使用[J]. 资源科学，41（12）：
    2205-2215.

程承坪，2007. 所有权、财产权及产权概念辨析——兼论马克思所有制理论与现代产权理
    论的异同[J]. 社会科学辑刊（1）：90-94.

程芳，2013. 能源环境问题的外部性分析[J]. 学术论坛，36（6）：146-151，160.

程雨燕，2013. 气候变化应对法律责任研究[J]. 中国地质大学学报（社会科学版），13
    （2）：27-32.

戴彦德，吕斌，冯超，2015. "十三五"中国能源消费总量控制与节能[J]. 北京理工大学
    学报（社会科学版），17（1）：1-7.

道格拉斯·C. 诺斯，2014. 制度、制度变迁与经济绩效[M]. 杭行，译. 上海：格致出版
    社，上海三联书店，上海人民出版社.

邓海峰，2008. 排污权：一种基于私法语境下的解读[M]. 北京：北京大学出版社.

邓江凌，2015. 市场"决定论"语境下强化对政府干预行为的法律约束研究[J]. 云南大学
    学报（法学版），28（3）：43-50.

邓明峰，郭跃，2020. 我国行政合同中优益权规制研究[J]. 铜陵学院学报，19（3）：
    74-78.

丁丁，潘方方，2012. 论碳排放权的法律属性[J]. 法学杂志，33（9）：103-109.

丁延龄，2015. 社会治理创新的反思理性法模式——以反思环境法为例[J]. 政法论丛
    （4）：153-160.

董才生，王彦力，2015. 论贝克风险社会理论的解释框架[J]. 自然辩证法研究，31（1）：
    70-74.

董溯战，2013. 论中国节能证书交易法律制度的构建[J]. 中国地质大学学报（社会科学
    版），13（5）：12-18.

杜晨妍，李秀敏，2013. 论碳排放权的物权属性[J]. 东北师大学报（哲学社会科学版）

（1）：27-30.

杜健勋，2013. 环境利益分配法理研究［M］. 北京：中国环境出版社.

杜立，2015. 论排污权的权利属性［J］. 法律适用（9）：30-34.

杜莉，张云，2013. 我国碳排放总量控制交易的分配机制设计——基于欧盟排放交易体系的经验［J］. 国际金融研究（7）：51-58.

杜祥琬，2017. 对我国《能源生产和消费革命战略（2016—2030）》的解读和思考［J］. 中国经贸导刊（15）：44-45.

杜增华，陶小马，2008. 引入市场交易机制推动中国节能降耗［J］. 能源技术，29（6）：311-314.

杜增华，陶小马，2011. 欧盟可交易节能证书制度及其对中国节能降耗的启示［J］. 经济问题探索（10）：161-166.

杜政清，1999. 美国节能政策简介［J］. 外国经济与管理（3）：47-48.

范如国，2017. "全球风险社会"治理：复杂性范式与中国参与［J］. 中国社会科学（2）：65-83＋206.

范战平，2016. 我国《中华人民共和国节约能源法》的制度局限与完善［J］. 郑州大学学报（哲学社会科学版），49（6）：33-37.

方德斌，时珊珊，杨建鹏，2017. 新常态下中国能源需求预测预警研究［J］. 资源开发与市场，33（1）：8-13＋26.

方世荣，2017. 论我国法治社会建设的整体布局及战略举措［J］. 法商研究，34（2）：3-14.

冯健鹏，2006. 论规范法学对法律自创生理论的影响——从卢曼到图依布纳［J］. 浙江社会科学（2）：62-66.

冯晓青，刘淑华，2004. 试论知识产权的私权属性及其公权化趋向［J］. 中国法学（1）：63-70.

高鸿钧，2008. 权利源于主体间商谈——哈贝马斯的权利理论解析［J］. 清华法学（2）.

高鸿钧，2015. 德沃金法律理论评析［J］. 清华法学，9（02）：96-138.

高秦伟，2007. 政府福利、新财产权与行政法的保护［J］. 浙江学刊（6）：23-31.

高秦伟，2016. 论政府规制中的第三方审核［J］. 法商研究，33（6）：24-33.

高清霞，曹亚慧，2015. 金融创新解决外部性导致环境问题的路径研究［J］. 环境与可持续发展，40（3）：40-42.

高宣扬，2016. 卢曼社会系统理论与现代性［M］. 北京：中国人民大学出版社.

龚群，2014. 德沃金对罗尔斯分配正义理论的批评与发展［J］. 湖北大学学报（哲学社会科学版），41（05）：1-7＋148.

公维友，刘云，2014. 当代中国政府主导下的社会治理共同体建构理路探析［J］. 山东大学
学报（哲学社会科学版）（3）：52-59.

贡塔·托依布纳. 法律：一个自创生系统［M］. 张骐，译. 北京：北京大学出版社，2004.

顾祝轩，2010. 自省法学范式下中国法律秩序建构［J］. 北方法学，4（2）：5-16.

郭锋，2011. 金融服务法评论［M］. 北京：法律出版社.

郭武，2017. 论中国第二代环境法的形成和发展趋势［J］. 法商研究，34（1）：85-95.

国家统计局能源司，2000. 能源统计工作手册［M］. 北京：中国统计出版社.

国务院发展研究中心资源与环境政策研究所，2020. 中国能源革命进展报告（2020）［M］. 北
京：石油工业出版社.

哈耶克. 自由秩序原理（上卷）［M］. 邓正来，译. 生活. 读书. 新知三联书店，1998.

韩慧，2000. 法律制度的效率价值追求［J］. 山东师范大学学报（人文社会科学版）（1）：
11-14.

韩英夫，黄锡生，2017. 论用能权的法理属性及其立法探索［J］. 理论与改革（4）：
159-169.

郝宇，张宗勇，廖华，2016. 中国能源"新常态"："十三五"及 2030 年能源经济展望［J］.
北京理工大学学报（社会科学版），18（2）：1-7.

郝海青，2017. 法治政府视角下中国碳市场法律监管制度研究［J］. 辽宁大学学报（哲学社
会科学版），45（2）：94-100.

何建坤，2015. 中国能源革命与低碳发展的战略选择［J］. 武汉大学学报（哲学社会科学
版），68（1）：5-12.

何小勇，2007. 风险、现代性与当代社会发展——当代西方风险理论主要流派评析［J］. 内
蒙古社会科学（汉文版）（6）：67-71.

何一鸣，罗必良，2009. 产权管制放松与中国经济转轨绩效［J］. 经济理论与经济管理，
（7）：10- 15.

何一鸣，罗必良，2012. 制度变迁理论及其在中国的修正［J］. 当代财经（3）：5-13.

胡红，2019. 节能政策的实施、演进和展望［M］. 北京：中国发展出版社.

胡炜，2013. 法哲学视角下的碳排放交易制度［M］. 北京：人民出版社.

胡卫星，1992. 论法律效率［J］. 中国法学（1）：99-104.

黄少安等，2012. 产权理论比较与中国产权制度变革［M］. 北京：经济科学出版社

黄锡生，峥嵘，2011. 论资源社会性理念及其立法实现［J］. 法学评论，29（3）：87-93.

黄鑫,陶小马,2008. 欧美国家节能政策演变趋势及对中国的启示 [J]. 经济纵横 (9)：98-100.

霍菲尔德. 基本法律概念 [M]. 张书友,译. 北京：中国法制出版社,2009.

贾茵,2020. 失信联合惩戒制度的法理分析与合宪性建议 [J]. 行政法学研究 (3)：95-108.

江必新,2012. 中国行政合同法律制度：体系、内容及其构建 [J]. 中外法学,24 (6)：1159-1175.

姜明安,2015. 行政法与行政诉讼法 [M]. 北京：北京大学出版社,高等教育出版社.

蒋海龄,肖文海,魏伟,2019. 能源气候外部性内部化的价格机制与实现路径 [J]. 价格月刊 (8)：1-6.

蒋惠琴,2019. 碳排放权初始配额分配研究 [D]. 杭州：浙江工业大学.

蒋金荷,2016. 中国经济和能源政策对碳排放强度的影响 [J]. 重庆理工大学学报 (社会科学),30 (7)：28-36＋43.

蒋悟真,2013. 市场监管法治的法哲学省察 [J]. 法学 (10)：24-29.

晋海,张洪燕,2013. 论排污权初始分配程序规则的建构 [J]. 华东交通大学学报,30 (2)：116-121.

景春梅,2016. 能源技术革命：能源革命的动力源泉 [J]. 经济研究参考 (48)：5-8.

凯斯·R. 孙斯坦. 自由市场与社会正义 [M]. 金朝武等,译. 北京：中国政法大学出版社,2002.

科林·斯科特,2018. 规制、治理与法律：前沿问题研究 [M]. 安永康,译. 北京：清华大学出版社.

兰文等,曾斌,2019. 用能权有偿使用和交易机制研究 [M]. 北京：中国环境出版集团.

李昶,2018. 中国专利运营体系构建 [M]. 北京：知识产权出版社.

李昌麒,岳彩申,2013. 经济法学 [M]. 北京：法律出版社.

李国兴,2013. 中国特色社会主义理论与实践专题研究 [M]. 北京：中国社会科学出版社.

李晗,2018. 回应社会,法律变革的飞跃：从压制迈向回应——评《转变中的法律与社会：迈向回应型法》 [J]. 政法论坛,36 (2)：185-191.

李建华,王琳琳,2012. 构筑私权的类型体系 [J]. 当代法学,26 (2)：84-90.

李仂,2016. 基于产权理论的城市空间资源配置研究 [D]. 哈尔滨工业大学.

李龙,孙来清,2015. 论法律权威的生成机制及其维护 [J]. 湖北社会科学 (7)：133-139.

李巍,2019. 应对环境风险的反身规制研究 [J]. 中国环境管理,11 (3).

李霞,2015. 行政合同研究 [M]. 北京：社会科学文献出版社.

李霞，2015. 论特许经营合同的法律性质——以公私合作为背景 [J]. 行政法学研究（1）：22-34.

李霞，狄琼，楼晓，2006. 排污权用益物权性质的探讨 [J]. 生态经济（6）：31-33.

李先悦，陈学明，2015. 贝克、吉登斯自反性现代化理论之比较研究及其理论审视 [J]. 云南社会科学（5）：29-33.

李响玲，周庆丰，2010. 试论我国场外交易市场法律制度的完善 [J]. 证券市场导报（9）：58-63.

李晓宇，2019. 权利与利益区分视点下数据权益的类型化保护 [J]. 知识产权（3）：50-63.

李依明，2018. 浅谈行政优益权在公共资源交易中的规范问题 [J]. 中国政府采购（12）：73-77.

李颖轶，2020. 优益权的另一面：论法国行政合同相对人保护制度 [J]. 苏州大学学报（哲学社会科学版），41（2）：87-93.

梁凤云，2020. 行政协议的界定标准——以行政协议司法解释第 1 条规定为参照 [J]. 行政法学研究（5）：3-12.

梁兴印，陈正良，2016. 可持续发展视野下我国生态文明建设的历史演进 [J]. 华北电力大学学报（社会科学版）（3）：18-25.

林伯强，黄光晓，2014. 能源金融 [M]. 北京：清华大学出版社.

林卫斌，方敏，2016. 能源体制革命：概念与框架 [J]. 学习与探索（3）：71-78.

林卫斌，苏剑，周晔馨，2016. 新常态下中国能源需求预测：2015—2030 [J]. 学术研究（3）：106-112＋178.

刘海英，王钰，2019. 用能权与碳排放权可交易政策组合下的经济红利效应 [J]. 中国人口·资源与环境，29（5）：1-10.

刘航，温宗国，2018. 环境权益交易制度体系构建研究 [J]. 中国特色社会主义研究（2）：84-89.

刘金艳，2007. 论《价格法》的宏观调控功能 [J]. 经济师（11）：86＋88.

刘利珍，2010. 法的效率价值与人的发展的关系 [J]. 内蒙古财经学院学报（综合版），8（5）：99-101.

刘明明，2017. 论构建中国用能权交易体系的制度衔接之维 [J]. 中国人口·资源与环境，27（10）：217-224.

刘明明，2019. 论碳排放权交易市场失灵的国家干预机制 [J]. 法学论坛，34（4）：62-70.

刘少杰，2009. 当代国外社会学理论 [M]. 北京：中国人民大学出版社.

刘世俊，王志刚，2014. 美国节能政策 [J]. 电器（2）：69-71.

刘素英，2009. 行政许可的性质与功能分析 [J]. 现代法学，31（5）：14-19.

刘旺洪，2011. 社会管理创新与社会治理的法治化 [J]. 法学（10）：42-46.

刘险峰，2019. 从政府规制到多元治理：节能管理模式的发展与变革 [J]. 求索（2）：81-88.

刘岩，2010. 风险文化的二重性与风险责任伦理构建 [J]. 社会科学战线（8）：205-209.

刘勇，田杰，余子鹏，2012. 诺斯制度变迁理论的变迁分析 [J]. 理论月刊（12）：119-123.

刘志欣，2008. 中央与地方行政权力配置研究 [D]. 上海：华东政法大学.

柳思维，沈浩，2013. 枯竭与污染：双元困境的修法化解 [J]. 求索（9）：224-226.

鲁楠，陆宇峰，2008. 卢曼社会系统论视野中的法律自治 [J]. 清华法学（2）：54-73.

鲁鹏宇，2012. 法政策学初探——以行政法为参照系 [J]. 法商研究，29（4）：111-118.

卢护锋，2019. 失信惩戒措施设定与实施的理论图景 [J]. 学术研究（12）：73-80.

卢盛羽，2016. 失信惩戒机制运行探讨 [J]. 青海金融（8）：39-42.

现祥，2010. 论中国人的制度观 [J]. 中南财经政法大学学报，（12）：3-10，142.

陆宇峰，2014. "自创生"系统论法学：一种理解现代法律的新思路 [J]. 政法论坛，32
    （4）：154-171.

罗尔夫·克尼佩尔. 法律与历史——论《德国民法典》的形成与变迁 [M]. 朱岩，译. 北
    京：法律出版社，2003.

罗伯特·诺奇克，2008. 无政府、国家和乌托邦 [M]. 姚大志，译. 北京：中国社会科学
    出版社.

罗纳德·H. 科斯，等. 弗鲁博顿阿尔钦. 产权：一个经典注释 [C]//科斯. 财产权利与
    制度变迁——产权学派核心制度学派文集. 刘守英，等译. 上海：格致出版社，上海三
    联书店，上海人民出版社，2014.

罗斯科·庞德，2010. 通过法律的社会控制 [M]. 沈宗灵，译. 北京：商务印书馆.

罗豪才，周强，2013. 软法研究的多维思考 [J]. 中国法学（5）：102-111.

吕忠梅，2003. 超越与保守——可持续发展视野下的环境法创新 [M]. 北京：法律出版社.

吕忠梅，2000. 论环境使用权交易制度 [J]. 政法论坛（4）：126-135.

吕涛，侯潇然，2019. 习近平总书记能源革命重要论述的理论逻辑 [J]. 煤炭经济研究，39
    （3）：4-8.

马晶，2005. 环境正义的法哲学研究 [D]. 吉林大学.

马克思·韦伯，2010. 法律社会学非正当性的支配 [M]. 康乐，简惠美，译. 广西：广西
    师范大学出版社.

马燕，2004. 论地方环境立法公正和效率价值的平衡 [J]. 河北法学（4）：149-152.

马中，2019. 环境与自然资源经济学概论（第三版）[M]. 北京：高等教育出版社.

尼克拉斯·卢曼，2020. 风险社会学 [M]. 孙一洲，译. 广西：广西人民出版社.

尼克拉斯·卢曼，2013. 法社会学 [M]. 宾凯，赵春燕，译. 上海：上海人民出版社.

聂力，2014. 中国碳排放权交易博弈分析 [M]. 北京：首都经济贸易大学出版社.

内特，塞尔兹尼克，2004. 转变中的法律与社会—迈向回应型法 [M]. 张志铭，译. 中国政法大学出版社.

潘苏苏，2011. 节能证书交易制度研究 [D]. 上海：华东理工大学.

潘晓滨，2017. 我国碳排放交易配额初始分配规则比较研究 [J]. 环境保护与循环经济，37（2）：4-9.

裴庆冰，2017. 我国用能权交易与其他资源环境权益交易制度比较研究 [J]. 工业经济论坛，04（2）：39-44.

彭本利，李爱年，2017. 排污权交易法律制度理论与实践 [M]. 北京：法律出版社.

彭本利，李挚萍，2012. 碳交易主体法律制度研究 [J]. 中国政法大学学报（2）：47-53，159.

彭飞荣，2018. 风险与法律的互动：卢曼系统论的视角 [M]. 北京：法律出版社.

彭峰，闫立东，2015. 地方碳交易试点之"可测量、可报告、可核实制度"比较研究 [J]. 中国地质大学学报（社会科学版），15（4）：26-35＋138.

齐绍洲，2016. 低碳经济转型下的中国碳排放权交易体系 [M]. 北京：经济科学出版社.

齐绍洲，王班班，2013. 碳交易初始配额分配：模式与方法的比较分析 [J]. 武汉大学学报（哲学社会科学版），66（5）：19-28.

齐延平，1996. 法的公平与效率价值论 [J]. 山东大学学报（社会科学版）（1）：69-74.

齐延平，2003. 人权与法治 [M]. 济南：山东人民出版社.

齐晔，2014. 环境保护从监管到治理的转变 [J]. 环境保护，42（13）：15-17.

强昌文，2016. 公共性：理解软法之关键 [J]. 法学（1）：58-66.

秦昌才，2013. 碳排放：理论、价格与机制设计 [M]. 北京：经济科学出版社.

秦海岩，李承曦，2011. 节能量认证关键技术与应用 [M]. 北京：中国标准出版社.

秦海岩，张华，李承曦，2010. 美国节能量认证机制介绍 [J]. 节能与环保（3）：24-27（a）.

秦海岩，张华，李承曦，2010. 欧洲的节能量认证机制 [J]. 节能与环保（6）：25-28（b）.

秦明瑞，2013. 系统的逻辑——卢曼思想研究 [M]. 北京：商务印书馆.

邱立成，韦颜秋，2009. 白色证书制度的发展现状及对我国的启示 [J]. 能源研究与利用（6）：1-4.

邱立新，雷钟敏，王小兵，2016. 基于公共政策视角的节能减排政策评价与优化研究 [M].
　　北京：科学出版社．

冉昊，2005. 财产含义辨析：从英美私法的角度 [J]. 金陵法律评论（1）：23-31.

任海军，赵景碧，2018. 技术创新、结构调整对能源消费的影响——基于碳排放分组的
　　PVAR 实证分析 [J]. 软科学，32（7）：30-34.

任洪涛，黄锡生，2014. 生态文明视阈下的能源法律制度研究 [J]. 广西社会科学（3）：
　　97-100.

芮建伟，韩奎，2002. 不可再生资源稀缺性研究的意义、现状与问题 [J]. 中国人口·资源
　　与环境（01）：38-42.

沈岿，2014. 软法概念之正当性新辨——以法律沟通论为诠释依据 [J]. 法商研究，31
　　（1）：13-21.

沈照人，薛明，鲍志勤，2014. 加强节能量审核机构的规范管理 [J]. 能源研究与利用
　　（2）：45-47.

沈宗灵，2009. 法理学 [M]. 3 版．北京：北京大学出版社．

施陈晨，于凤光，徐寒，2013. 欧盟白色证书机制研究和应用分析 [J]. 建筑经济（11）：
　　92-95.

施健健，鲍志勤，倪俊，2017. 节能量交易政策实施的思考 [J]. 能源研究与利用（4）：
　　50-53.

石茂生，2010. 法理学 [M]. 2 版．郑州：郑州大学出版社．

史丹，马翠萍，2014. 我国能源需求的驱动因素与节能减排政策效果分析 [J]. 当代财经
　　（10）：17-24.

史丹，王蕾，2015. 能源革命及其对经济发展的作用 [J]. 产业经济研究（1）：1-8.

史娇蓉，廖振良，2011. 欧盟可交易白色证书机制的发展及启示 [J]. 环境科学与管理，36
　　（9）：11-16.

史玉成，2018. 环境法的法权结构理论 [M]. 北京：商务印书馆．

斯科特．制度与组织：思想观念与物质利益 [M]. 姚伟，王黎芳，译．北京：中国人民大
　　学出版社，2010.

斯科特·拉什，王武龙，2002. 风险社会与风险文化 [J]. 马克思主义与现实（4）：52-63.

宋晓丹，温尚杰，2010. 排污权交易初始分配中的权利配置与救济 [J]. 中国环境管理干部
　　学院学报，20（4）：28-30，38.

孙丹，马晓明，2013. 碳配额初始分配方法研究 [J]. 生态经济（学术版）（2）：81-85.

苏永钦，2002. 走入新世纪的私法自治 [M]. 北京：中国政法大学出版社.

孙国华，1987. 关于法律效率的几个问题 [J]. 中国人民大学学报（5）：10-17.

孙伟平，2000. 事实与价值 [M]. 北京：中国社会科学出版社.

孙永平，刘瑶，2017. 第三方核查机构独立性的影响因素及保障措施 [J]. 环境经济研究，2（3）：132-138.

孙宪忠，2018. 中国物权法总论 [M].4 版. 北京：法律出版社.

谭冰霖，2018. 论第三代环境规制 [J]. 现代法学，40（1）：118-131.

汤姆·泰坦伯格. 环境经济学与政策 [M]. 高岚等，译. 北京：人民邮电出版社，2011.

谭冰霖，2017. 碳交易管理的法律构造及制度完善——以我国七省市碳交易试点为样本 [J]. 西南民族大学学报（人文社科版），38（7）：70-78.

谭冰霖，2016. 环境规制的反身法路向 [J]. 中外法学，28（6）：1512-1535.

唐跃军，黎德福，2010. 环境资本、负外部性与碳金融创新 [J]. 中国工业经济（6）：5-14.

陶建钟，2014. 风险社会的秩序困境及其制度逻辑 [J]. 江海学刊（2）：95-100.

陶小马，杜增华，2008. 欧盟可交易节能证书制度的运行机理及其经验借鉴 [J]. 欧洲研究，26（5）：62-77.

陶小马，杜增华，2012. 英国能源效率承诺（EEC）制度设计及借鉴 [J]. 同济大学学报（社会科学版），23（4）：105-118.

田丹宇，2018. 我国碳排放权的法律属性及制度检视 [J]. 中国政法大学学报（3）：75-88＋207.

田磊，苏铭，2018.《能源生产和消费革命战略（2016—2030）》等政策出台 推动油气行业拥抱能源革命 [J]. 国际石油经济，26（1）：20-21.

田喜清，2011. 私法公法化问题研究 [J]. 政治与法律（11）：82-92.

童俊军，于仲波，范安成，罗敏怡，2019. 浅析用能权交易及其配额分配 [J]. 节能与环保（10）：36-37.

图依布纳，矫波，1999. 现代法中的实质要素和反思要素 [J]. 北大法律评论（2）：579-632.

万光侠，2000. 效率与公平——法律价值的人学分析 [M]. 北京：人民出版社.

汪斌，2002. 环境法的效率价值 [J]. 当代法学（3）：15-18.

王彬辉，2015. 我国碳排放权交易的发展及其立法跟进 [J]. 时代法学，13（2）：13-25.

王兵，赖培浩，杜敏哲，2019. 用能权交易制度能否实现能耗总量和强度"双控"？[J]. 中国人口·资源与环境，29（1）：107-117.

王贵松，2013. 风险社会与作为学习过程的法——读贝克的《风险社会》[J]. 交大法学

（4）：165-175.

王国庆，李符虹，2016. 关于产权交易风险管控的探索与思考 [J]. 产权导刊 (2)：31-34.

王慧，2016. 论碳排放权的法律性质 [J]. 求是学刊，43 (6)：74-86.

王慧，2017. 论碳排放权的特许权本质 [J]. 法制与社会发展，23 (6)：171-188.

王继远，伍青萍，2017. 法政策学视角下"河长制"的立法与实践——以《江门市潭江流域水质保护条例》为例 [J]. 地方立法研究，2 (5)：45-55.

王敬波，2013. 相对集中行政许可权：行政权力横向配置的试验场 [J]. 政法论坛 (1)：170-176.

王俊，2007. 全面认识自然资源的价值决定——从劳动价值论、稀缺性理论到可持续发展理论的融合与发展 [J]. 中国物价 (4)：40-42.

王锴，2019. 合宪性、合法性、适当性审查的区别与联系 [J]. 中国法学 (1)：5-24.

王明远，孙雪妍，2020. "能源正义"及其中国化——基于电力法制的分析 [J]. 中州学刊 (1)：60-69.

王明远，2010. 论碳排放权的准物权和发展权属性 [J]. 中国法学 (6)：92-99.

王浦劬，2014. 国家治理、政府治理和社会治理的含义及其相互关系 [J]. 国家行政学院学报 (3)：11-17.

王清军，2011. 排污权初始分配的法律调控 [M]. 北京：中国社会科学出版社.

王清军，2012. 公平与效率视野下排污权初始分配 [J]. 社会主义研究 (4).

王清军，2018. 法政策学视角下的生态保护补偿立法问题研究 [J]. 法学评论，36 (4)：154-164.

王树义，皮里阳，2013. 论第二代环境法及其基本特征 [J]. 湖北社会科学 (11)：165-168.

王伟，2018. 能源消费总量控制制度的法律解读 [J]. 能源与节能 (5)：2-5.

王卫国，2012. 现代财产法的理论建构 [J]. 中国社会科学 (1)：140-162＋208-209.

王小钢，2010. 托依布纳反身法理论述评 [J]. 云南大学学报（法学版），23 (2)：107-113.

王衍行，汪海波，樊柳言，2012. 中国能源政策的演变及趋势 [J]. 理论学刊 (9)：70-73.

王紫零，2016. 法经济学理论对环境法学的影响 [J]. 重庆社会科学 (4)：121-127.

王智斌，2006. 行政许可法的制度创新与私权潜能 [J]. 政法论坛 (6)：144-151.

王郅强，彭睿，2017. 西方风险文化理论：脉络、范式与评述 [J]. 北京行政学院学报 (5)：1-9.

王陟昀，2012. 碳排放权交易模式比较研究与中国碳排放权市场设计 [D]. 中南大学.

危怀安，2002. 论"法律效率"与"法律效益"的规范运用 [J]. 华中科技大学学报（人文社会科学版）（6）：47-51.

韦森，2009. 再评诺斯的制度变迁理论 [J]. 经济学（季刊），8（2）：743-768.

魏胜强，2017. 用什么样的法制节约能源——现代化进程中完善我国节能法制的思考 [J].
　　湖北警官学院学报，30（4）：79-93.

乌尔里希·贝克，2018. 风险社会 [M]. 张文杰，何博闻，译. 南京：译林出版社.

保罗·萨缪尔森，威廉·诺德豪斯. 经济学 [M]. 萧琛，译. 北京：商务印书馆，2012.

吴滨，庄芹芹，张茜，2018. 我国节能政策的演进及趋势分析 [J]. 重庆理工大学学报（社
　　会科学），32（9）：23-31.

吴汉东，2003. 财产的非物质化革命与革命的非物质财产法 [J]. 中国社会科学（4）：122-
　　133＋206-207.

吴晶妹，2015. 社会信用体系建设是时代所需 [J]. 征信，33（2）：1-4.

吴元元，2013. 食品安全信用档案制度之建构——从信息经济学的角度切入 [J]. 法商研
　　究，30（4）：11-20.

伍文虹，刘华，2017. 企业碳排放信息披露的标准化探讨 [J]. 标准科学（3）：35-40.

武奕成，2011. 中国能源立法目的及其价值取向的选择——兼论能源立法中能源利用与环
　　境保护的关系 [J]. 河北法学，29（11）：105-111.

夏梓耀，2016. 碳排放权研究 [M]. 北京：中国法制出版社.

夏和国，2014. 吉登斯风险社会理论研究 [D]. 北京：首都师范大学.

肖国兴. 能源效率与法律制度的理性选择 [J]. 环境保护，2005（12）：55-59.

肖国兴，2008. 论能源法律制度结构的功能与成因 [J]. 中州学刊（4）：66-68＋78.

肖国兴，2012.《能源法》制度设计的困惑与出路 [J]. 法学（8）：3-14.

肖国兴，2018. 能源革命与《能源法》的制度之维 [J]. 郑州大学学报（哲学社会科学版），
　　51（6）.

肖志明，2011. 碳排放权交易机制研究——欧盟经验和中国抉择 [D]. 福州，福建师范大学.

谢治菊，2013. 德沃金"资源平等理论"中的不平等及修补 [J]. 中共天津市委党校学报，
　　15（05）：80-85.

熊勇先，2020. 论行政机关变更、解除权的行使规则——基于司法裁判立场的考察 [J]. 政
　　治与法律（12）：84-94.

徐强，2019. 节能和提高能效正在发挥"第一能源"作用 [J]. 中国设备工程（19）：4-7.

徐以祥，刘海波，2014. 生态文明与我国环境法律责任立法的完善 [J]. 法学杂志，35
　　（7）：30-37.

许国志，2000. 民主法制与人大制度［M］. 上海：上海科技教育出版社．

许祖雄，朱言文，1999. 系统科学［M］. 上海：复旦大学出版社．

薛亚利，2014. 风险的民主化与科层制隐忧［J］. 学术月刊，46（11）：99-106.

严燕，刘祖云，2014. 风险社会理论范式下中国"环境冲突"问题及其协同治理［J］. 南京师范大学学报（社会科学版）（3）：31-41.

晏鹰，朱宪辰，2010. 从理性建构到认知演化——诺斯制度生发观的流变［J］. 社会科学战线（2）：54-60.

杨灿明，2020. 如何实现新技术与国家治理的深度融合［J］. 国家治理（46）：21-24.

杨德才，2016. 新制度经济学［M］. 南京：南京大学出版社．

杨芬，郭广生，张士运，2020. 技术创新、产业结构调整与能源消费［J］. 中国科技论坛（6）：75-84.

杨解君，陈咏梅，2014. 中国大陆行政合同的纠纷解决：现状、问题与路径选择［J］. 行政法学研究（1）：61-68，79.

杨卫国，程承坪，2007. 所有权、财产权及产权新辨——兼论马克思所有制理论与现代产权理论的异同［J］. 经济问题（1）：7-9.

杨尊源，2021. 规制四阶层论的形成机理、内容构造与运用实践——基于规制国理论与后规制国理论的思考［J］. 河北法学（2）：174-190.

阳芳，2011. 五种分配公正观及其当代价值［J］. 山东社会科学（8）：167-170.

叶必丰，2017. 行政组织法功能的行为法机制［J］. 中国社会科学（7）：109-130.

叶勇飞，2013. 论碳排放权之用益物权属性［J］. 浙江大学学报（人文社会科学版），43（6）：74-81.

喻文光，2016. PPP 规制中的立法问题研究——基于法政策学的视角［J］. 当代法学，30（2）：77-91.

于浩，2015. 迈向回应型法：转型社会与中国观点［J］. 东北大学学报（社会科学版），17（2）：193-197.

于立深，2019. 行政契约履行争议适用《行政诉讼法》第 97 条之探讨［J］. 中国法学（4）：207-222.

于立深，2017. 行政协议司法判断的核心标准：公权力的作用［J］. 行政法学研究（2）：36-53.

于文轩，李涛，2017. 论排污权的法律属性及其制度实现［J］. 南京工业大学学报（社会科学版），16（3）：51-56.

余凌云，2019. 行政协议的判断标准——以"亚鹏公司案"为分析样本的展开 [J]. 比较法研究（3）：98-115.

郁建兴，黄亮，2017. 当代中国地方政府创新的动力：基于制度变迁理论的分析框架 [J]. 学术月刊，49（02）：96-105.

袁易明，2013. 中国经济特区研究 [M]. 北京：社会科学文献出版社.

约翰·L. 坎贝尔. 制度变迁与全球化 [M]. 姚伟，译. 上海：上海人民出版社，2010.

约翰·罗尔斯. 正义论 [M]. 何怀宏等，译. 北京：中国社会科学出版社，2009.

约翰·康芒斯. 制度经济学（上）[M]. 赵睿，译. 北京：华夏出版社，2017.

约翰·穆勒. 政治经济学原理及其在社会哲学上的若干应用（上卷）[M]. 赵荣潜，等译. 北京：商务印书馆，1991.

曾宪义，王利明，杨立新，2013. 物权法 [M]. 4 版. 北京：中国人民大学出版社.

曾小波，2014. 社会治理：从理念到方法的变革 [J]. 西南民族大学学报（人文社会科学版），35（7）：196-200.

张宝，2018. 环境规制的法律构造 [M]. 北京：北京大学出版社.

张成福，谢一帆，2009. 风险社会及其有效治理的战略 [J]. 中国人民大学学报，23（5）：25-32.

张广利，陈盛兰，2014. 自反性现代化的动因、维度及后果——贝克、拉什自反性现代化思想比较 [J]. 东南学术（1）：51-56.

张广利，黄成亮，2016. 风险社会之动因、结构与后果——基于中西方的比较研究 [J]. 北京理工大学学报（社会科学版），18（4）：137-143.

张广利，王伯承，2016. 西方风险社会理论十个基本命题解析及启示 [J]. 华东理工大学学报（社会科学版），31（3）：48-59.

张广利，王伯承，2017. 西方脉络与中国图景：风险文化理论及其本土调适 [J]. 湖北民族学院学报（哲学社会科学版），35（1）：135-141.

张广利，许丽娜，2014. 当代西方风险社会理论的三个研究维度探析 [J]. 华东理工大学学报（社会科学版），29（2）：1-8＋16.

张广利，2019. 当代西方风险社会理论研究 [M]. 上海：华东理工大学出版社.

张国兴，等，2018. 京津冀节能减排政策措施的差异与协同研究 [J]. 管理科学学报，21（5）：111-126.

张海滨，张龙，2018. 国内外用能权有偿使用和交易最新进展及政策建议研究 [J]. 石油石化节能，8（6）：38-43＋9.

张继亮，2016. 功利主义不讲分配正义吗——论约翰·密尔的分配正义理论 [J]. 华中科技大学学报（社会科学版），30（4）：27-32.

张立锋，2017. 用能权相关法律问题辨析 [J]. 河北科技大学学报（社会科学版），17（4）：33-39.

张立锋，2017. 用能权相关法律问题辨析 [J]. 河北科技大学学报（社会科学版），17（04）：33-39.

张墨，王军锋，2017. 区域碳排放权交易的风险辨识与监管机制——以京津冀协同为视角 [J]. 南开学报（哲学社会科学版）（6）：76-81.

张宁，张维洁，2019. 中国用能权交易可以获得经济红利与节能减排的双赢吗？[J]. 经济研究，54（1）：165-181.

张骐，2003. 直面生活，打破禁忌：一个反身法的思路——法律自创生理论述评 [J]. 法制与社会发展（1）：13-29.

张倩倩，2018. 我国能源消费总量控制的经济及环境影响与优化研究 [D]. 中国矿业大学（北京）.

张瑞萍，2009. 论环境法的生态化转型 [J]. 法学杂志，30（6）：136-138.

张文显，2007. 法理学 [M]. 3 版. 北京：法律出版社.

张文显，2021. 习近平法治思想的理论体系 [J]. 法制与社会发展，27（1）：5-54.

张炎涛，唐齐鸣，2011. 能源稀缺性与关键要素把握：缘于国际比较 [J]. 改革（10）：30-36.

张益纲，2017. 碳排放配额供给机制研究 [D]. 吉林大学.

张永和，2015. 社会中的法理：第 7 卷 [M]. 北京：法律出版社.

张忠利，2018. 气候变化背景下《中华人民共和国节约能源法》面临的挑战及其思考 [J]. 河南财经政法大学学报，33（1）：132-139.

赵明轩，等，2021. 中国能源消费、经济增长与碳排放之间的动态关系 [J]. 环境科学研究，1-20.

赵晓丽，洪东悦，2010. 中国节能政策演变与展望 [J]. 软科学，24（4）：29-33.

郑婕，张伟，王加平，2015. 节能量交易机制研究综述 [J]. 科技管理研究，35（7）：209-213.

中共中央马克思恩格斯列宁斯大林著作编译局，2012. 马克思恩格斯选集（第 4 卷）[M]. 北京：人民出版社.

周海华，2019. "回应型法"视阈下用能权交易监管法律制度之检视与突破 [J]. 甘肃政法学院学报（3）：92-99，123.

朱玲，刘冰冰，2014. 第三方核查机构为碳排放权初始分配"保驾护航"[J]. 常州大学学报（社会科学版），15（2）：47-50.

朱鹏飞，2017. 基于排污权交易的环境管理及区域利益协调研究 [D]. 南京：南京大学.

庄立，刘洋，梁进社，2011. 论中国自然资源的稀缺性和渗透性 [J]. 地理研究，30（8）：1351-1360.

卓泽渊，2000. 论法的价值 [J]. 中国法学（6）：23-37.

Abramovay R，2010. Decarbonizing the Growth Model of Brazil：Addressing Both Carbon and Energy Intensity [J]. The Journal of Environment & Development，19（3）：358-374.

Adam B，Beck U，Van L J，2000. The Risk Society and Beyond：Critical Issues for Social Theory [M]. London：Sage.

Ahman M，Burtraw D，Kruger J，et al，2007. A Ten-Year Rule to Guide the Allocation of EU Emission Allowances [J]. Energy Policy，35（3）：1718-1730.

Asongu S，Montasser G，Toumi H，2016. Testing the Relationships between Energy Consumption，CO_2 Emissions，and Economic Growth in 24 African Countries：a Panel ARDL Approach [J]. Environmental Science and Pollution Research，23（7）：63-73.

Bertoldi P，Rezessy S，Lees E，et al，2010. Energy Supplier Obligations and White Certificate Schemes：Comparative Analysis of Experiences in the European Union [J]. Energy Policy，38（3）：1455-1469.

Billig M，2000. Institutions and Culture：Neo- Weberian Economic Anthology [J]. Journal of Economic Issues，（34）：771- 788.

Brown C，Scott C，2011. Regulation，Public Law，and Better Regulation [J]. European Public Law，17（3）：467-484.

Burtraw D，Palmer K L，Bharvirkar R，et al，2001. The Effect of Allowance Allocation on the Cost of Carbon Emission Trading [R]. Resources for the Future.

Button J，2008. Carbon：Commodity or Currency-The Case for an International Carbon Market Based on the Currency Model [J]. Harvard Environmental Law Review，32（2）：571-596.

Bye T，Bruvoll A，2008. Multiple Instruments to Change Energy Behavior：The Emperor's New Clothes? [J]. Energy Efficiency，1（4）：373-386.

Coase R H，1960. The Problem of Social Cost [J]. Journal of Law & Economics，3：1-44.

Commons J R, 1934. Institutional Economics: Its Place in Political Economy [M]. London: Macmillan.

Cramton P, Kerr S, 2002. Tradeable Carbon Permit Auctions: How and Why to Auction Not Grandfather [J]. Energy Policy, 30: 333-345.

Dales J H, 2002. Pollution, Property and Prices: An Essay in Policy-making and Economics [M]. UK Edward Elgar Publishing.

Davis L E, North D C, 1971. A Theory of Institutional Change: Concepts and Causes [M]//Davis L E and North D C, eds., Institutional Change and American Economic Growth. London: Cambridge University Press.

Demsetz H, 1967. Toward a Theory of Property Rights [J]. American Economic Review, 57 (2): 347-359.

Douglas M, Wildavsky A, 1983. Risk and culture [M]. Berkeley: University of California Press.

Edwards T H, Hutton J P, 2001. Allocation of Carbon Permits Within a Country: a General Equilibrium Analysis of the United Kingdom [J]. Energy Economics, 23: 371-386.

Ferrell O C, Ferrell L, 2008. A Macromarketing Ethics Framework: Stakeholder Orientation and Distributive Justice [J]. Journal of Macromarketing (3): 24-32.

Fullerton D, Metcalf G, 2001. Environmental Controls, Scarcity Rents, and Pre-existing Distortions [J]. Journal of Public Economics, 80: 249-267

Furubotn E G, Pejovich S, 1972. Property Rights and Economic Theory: A Survey of Recent Literature [J]. Journal of Economic Literature, 10 (4), 1137-1162.

Gagnon L, Belanger C, Uchiyama Y, 2002. Life-cycle Assessment of Electricity Generation Options: The Status of Research in Year 2001 [J]. Energy Policy, 30 (14): 1267-1278.

Georgopoulou E, Sarafidis Y, Mirasgedis S, et al, 2006. Next Allocation Phase of the EU Emissions Trading Scheme: How Tough will the Future be? [J]. Energy Policy, 34 (18): 4002-23.

Giraudet L G, Bodineau L, Finon D, 2012. The Costs and Benefits of White Certificates Schemes [J]. Energy Efficiency, 5 (2): 179-199.

Goulder L, Parry I, Williams R, et al, 1999. The Cost-effectiveness of Alternative Instruments for Environmental Protection in a Second-best Setting [J]. Journal of Public Economics, 72 (3): 329-360.

Hahn R W，1984. Market Power and Transferable Property Rights [J]. The Quarterly Journal of Economics，398（4）：753-765.

Hahn R W，1986. Trade-offs in Designing Markets with Multiple Objectives [J]. Journal of Environmental Economics and Management，13（1）：1-12.

Hahn R W，Stavins R N，1990. Incentive-Based Environmental Regulation：A New Era from an Old Idea [J]. Ecology Law Quarterly，18（1）：1-42.

Harter P J，1982. Negotiating regulations：A Cure for the Malaise? [J]. Environmental Impact Assessment Review，71（1）：75-91.

Heap B，Kasemo B，2010. Panel Discussion on Energy Efficiency [J]. Ambio，39（1 Supplement）：22-25.

Stavins R，Kehoane N，Revesz R，1998. The Positive Political Economy of Instrument Choice in Environmental Policy [J] Discusfion Papers.

Khan H，Khan I，Binh T T，2020. The Heterogeneity of Renewable Energy Consumption，Carbon Emission and Financial Development in the Globe：A Panel Quantile Regression Approach [J]. Energy Reports，6：859-867.

Krautkraemer J A，2005. Economics of Natural Resource Scarcity：The State of the Debate [J]. Discussion Papers（4）：5-14.

Krier J E，1994. Marketable Pollution Allowances [J]. University of Toledo Law Review.

Labanca N，Perrels A，2008. Editorial：Tradable White Certificates—a Promising but Tricky Policy Instrument [J]. Energy Efficiency，1（4）：233-236.

Lin J，1989. An Economic Theory of Institutional Change：Induced and Imposed Change [J]. Cato Journal，9（9）：1- 33.

Lupton D，1999. Risk and Sociocultural Theory：New Directions and Perspectives [M]. Cambridge：Cambridge University Press.

Lyon R M，1982. Auctions and Alternative Procedures for Allocating Pollution Rights [J]. Land Economics，58（1）：16-32.

Mackenzie I A，Hanley N，Kornienko T，2007. The Optimal Initial Allocation of Pollution Permits：a Relative Performance Approach [J]. Environmental and Resource Economics，39（3）：265-82.

Marshall A，1890. Principles of Economics [M]. London：Macmillan and Co. ，Ltd.

McCauley D A，Heffron R，Stephan H et al，2013. Advancing Energy Justice：The Triumvirate of Tenets and Systems Thinking [J]. International Energy Law Review, 107 (1), 1-8.

Meade J E, 1952. External Economies and Diseconomies in a Competitive Situation [J]. The Economic Journal (62): 54-67.

Milliman S R, Prince R, 1989. Firm Incentives to Promote Technological Change in Pollution Control [J]. Journal of Environmental Economics and Management, 22 (3): 247-265.

Mitchell W C, 1910. The Rationality of Economic Activity [J]. Journal Political Economy, 18 (2): 97-113.

Mundaca L, 2008. Markets for Energy Efficiency: Exploring the Implications of an EU-wide 'Tradable White Certificate' scheme [J]. Energy Economics, 30 (6): 3016-3043.

Nelson R R, Winter S G, 1982. An Evolutionary Theory of Economic Change [M]. Cambridge: Harvard University Press.

North D C, 1990. Institutions, Institutional Change and Economic Performance [M]. Cambridge: Cambridge University Press.

North D C, 2005. Understanding the Process of Economic Change [M]. Princeton: Princeton University Press.

Oikonomou V, Patel M K, Gaast W V D, 2009. Voluntary Agreements with White Certificates for Energy Efficiency Improvement as a Hybrid Policy Instrument [J]. Energy Policy, 37 (5): 1970-1982.

Pan H, Liu Y, Gao H, 2018. Impact of Agricultural Industrial Structure Adjustment on Energy Conservation and Income Growth in Western China: a Statistical Study [J]. Annals of Operations Research, 228 (1) : 23-33.

Parry I W H, Toman M, 2002. Early Emission Reduction Programs: An Application to CO_2 Policy [J]. Energy Journal, 23 (1): 73-95.

Parry I W H, Williams R C, 1999. A second-best Evaluation of Eight Policy Instruments to Reduce Carbon Emissions [J]. Resource and Energy Economics, 21 (3): 347-73.

Perrels A, 2008. Market Imperfections and Economic Efficiency of White Certificate Systems [J]. Energy Efficiency, 1 (4): 349-371.

Petrella A, Sapio A, 2012. Assessing the Impact of Dorward Trading, Retail Iiberalization, and White Certificates on The Ltalian Wholesale Electricity Prices [J]. Energy Policy, 40 (1): 307-317.

Pigou A C，1920. The Economics of Welfare [M]. London：Macmillan and Co.，Ltd.

Porter M E，Linde C V D，1995. Towards a New Conception of the Environment-Competitiveness Relationship [J]. Journal of Economic Perspectives，4（4）：97-118.

Powell J A，1990. New Property Disaggregated：A Model to Address Employment Discrimination [J]. University of San Francisco Law Review（1）：363-383.

Rayner S，Cantor R，1987. How Fair is Safe Enough? The Cultural Approach to Societal Technology Choice [J]. Risk Analysis，7（1）：3-13.

Roland G，2004. Understanding Institutional Change：First- Moving and Slow- Moving Institutions [J]. Studies in Comparative International Development，38（7）：109-131.

Rose A. Stevens B，1993. The Efficiency and Equity of Marketable Permits for CO2 Emissions [J]. Resource and Energy Economics，15（1）：117-146

Rosenbaum E，2001. Culture，Cognitive Models and the Performance of Institutions in Transformation Countries [J]. Journal of Economic Issues，35（6）：889-910.

Ruttan V W，1978. "Induced Institutional Change," in Induced Innovation：Technology，Institutions，and Development [M]. Baltimore：Johns Hopkins University Press.

Ruttan V W，Hayami Y，1984. Toward a Theory of Induced Institutional Innovation [J]. Journal of Development Studies，20（11）：203-223.

Saidi K，Rahman M M，Amamri M，2017. The Causal Nexus Between Economic Growth and Energy Consumption：New Evidence From Global Panel of 53 Countries [J]. Sustainable Cities and Society，33（8）：45-56.

Santo D D，Tomassetti G，Biele E，et al，2014. White Certificates in Industry：the Italian Experience [C] // IEPPEC - International Energy Policy & Programme Evaluation Conference.

Schultz T，1968. Institutions and the Rising Economic Value of Man [J]. American Journal of Agricultural Economics，50（8）：1113-1122.

Shapiro A，2005. Who Pays the Auditor Calls the Tune? ：Auditing Regulations and Clients' Incentives [J]. Social Science Electronic Publishing，35（3）：1029-1095.

Sidgwick H，1887. The Principles of Political Economy [M]. London：Macmillan.

Sovacool B K，Heffron R J，Mccauley D，et al，2016. Energy decisions reframed as Justice and Ethical Concerns [J]. Nature Energy，1（5）：16024.

Sterner T，Muller A，2008. Output and Abatement Effects of Allocation Readjustment in

Permit Trade [J]. Climatic Change, 86 (1-2): 33-49.

Stewart R B, 2001. A New Generation of Environmental Regulation? [J]. Capital University Law Review, 29 (21): 21-182.

Stranlund J K, Chavez C A, Field B C, 2010. Enforcing Emissions Trading Programs: Theory, Practice, and Performance [J]. Policy Studies Journal, 30 (3): 343-361.

Su H C, 2013. Economic Justice and Liberty: The Social Philosophy in John Stuart Mill's Utilitarianism [M]. London: Routledge.

Tiba S, Omri A, 2017. Literature Survey on the Relationships Between Energy, Environment and Economic Growth [J]. Renewable and sustainable energy reviews, 69 (3): 29-46.

Veblen T, 1989. Why is Economics Not an Evolutionary Science? [J]. The Quarterly Journal of Economics, 4 (12): 373-397.

Veblen T, 1899. The Theory of Leisure Class: An Economic Study of Institutions [M]. New York: Vanguard Press.

Vine E, Hamrin J, 2008. Energy savings certificates: A market-based tool for reducing greenhouse gas emissions [J]. Energy Policy, 36 (1): 467-476.

Viner J, 1932. Cost curves and supply curves [J]. Zeitschrift Für National Konomie, 3 (1): 23-46.

Wang S, Zhou C, Li G, et al, 2016. CO_2, economic growth, and energy consumption in China's provinces: Investigating the spatiotemporal and econometric characteristics of China's CO_2 emissions [J]. Ecological Indicators, 69: 184-195.

Woerdman E, 2000. Implementing the Kyoto protocol: why JI and CDM show more promise than international emissions trading [J]. Energy Policy, 28 (1): 29-38.

Zhu B, Wang K, Chevallier J, et al, 2015. Can China Achieve its Carbon Intensity Target by 2020 While Sustaining Economic Growth? [J]. Ecological Economics, 119: 209-216.

后　记

　　时光匆匆、求索漫漫。自从在哈尔滨工业大学经济与管理学院攻读博士学位以来，我便与能源经济领域的研究开始结缘。2019年获得博士学位后，我幸运地进入太原师范学院法律系任教。任教期间，我继续关注和思索与能源革命、用能权交易相关的问题，并主持、参与了四项省部级研究项目：司法部国家法治建设与法学理论研究专项任务课题（21SFB4073）、山西省软科学重点项目（2019042012－3）、山西省哲学社会科学规划课题（2020YJ166）、山西省高等学校哲学社会科学研究项目（2020W133）。本书是这几项研究成果的积累，是对当前研究工作的总结。用能权交易是新生事物，在全面深化改革，依法贯彻生态文明理念和推动绿色发展的进程中，探索构建用能权交易法律制度的新思路、新方向已经成为我国能源与环境领域理论支撑和实践操作的现实需求和挑战。本书既记录了我国用能权交易试点的创建与发展，也是对我国用能权交易法律制度构建问题的初步思考和阶段性研究成果，我将以此为基础继续努力耕耘，不断前行。

　　"雄关漫道真如铁，而今迈步从头越"，在本书付梓之际，回顾这一年以来的创作过程，种种情景犹如镜头快放般从脑中一闪而过，其中有亢奋、有苦楚、有激动，但更多的还是感激。

　　首先感谢我攻读博士学位时的导师于渤教授，深深感谢他四年以来对我严格的要求、悉心的指导、循循的鼓励和不断的鞭策。于老师教会了我严谨求实的科研思维、治学方法和解决问题的思维，引领我迈入了科学的殿堂。他渊博的知识、精益求精的治学态度、敏锐的学术眼光、深邃的洞察力、坦诚率真的大家风范令我在读博期间受益颇多，成为我取之不尽、用之不竭的宝贵财富。

　　自2019年进入太原师范学院工作以来，太原师范学院法律系的领导一直关怀和支持我和一批新进的教师，系里的同事们也给予我诸多帮助。特别要感谢傅丽副教授和刘恒科副教授，他们为我的学术研究与本书的写作提供了很多宝贵的学术意见，令我受益良多。能够与这一群热爱工作、热爱生活的领导和同事一起努力、一起拼搏、一起成长是我的荣幸，在此表示由衷感谢。

在此还要深深地感谢我的家人，是他们的爱护、鼓励、包容、付出与支持，让我在困难面前有了坚持前行的勇气。大爱无言，家庭之情让我感恩至深，他们永远是我前行的无穷动力。

本书得以出版，我还要感谢出版社编辑的付出，没有他们的精心组织、辛勤工作，本书难以如期出版。

最后，谨以此书献给所有帮助和支持过我的人，你们如柔和的日光也如和煦的微风，让我既平和又淡定地在学术的道路上努力前行。